广州市医学伦理学重点研究基地成果

广州市哲学社会科学发展"十三五"规划
重点委托课题（编号：2016SGZW-01）

广州市建立长期
护理保险制度研究

刘俊荣　黄远飞　范阳东　主编

红旗出版社

图书在版编目(CIP)数据

广州市建立长期护理保险制度研究 / 刘俊荣,黄远飞,
范阳东主编. — 北京:红旗出版社,2017.12
ISBN 978 - 7 - 5051 - 4349 - 4

Ⅰ. ①广… Ⅱ. ①刘… ②黄… ③范… Ⅲ. ①护理 -
保险制度 - 研究 - 广州 Ⅳ. ①F842.625

中国版本图书馆 CIP 数据核字(2017)第 271512 号

书　　名　广州市建立长期护理保险制度研究
主　　编　刘俊荣　黄远飞　范阳东
出 品 人　高海浩　　　　　　　责任编辑　刘险涛　周艳玲
总 监 制　李仁国　　　　　　　封面设计　文人雅士
出版发行　红旗出版社　　　　　地　　址　北京市沙滩北街 2 号
邮政编码　100727　　　　　　　编 辑 部　010 - 57274526
E - mail　hongqi1608@126.com
发 行 部　010 - 57270296
印　　刷　北京市金星印务有限公司
开　　本　710 毫米×1000　毫米 1/16
字　　数　225 千字　　　　　　印　　张　16.75
版　　次　2018 年 1 月北京第 1 版　2018 年 1 月北京第 1 次印刷
ISBN 978 - 7 - 5051 - 4349 - 4　　　定　　价　52.00 元

前　言

　　福利国家最新社会政策的有关改革显示，社会服务已成为社会给付的下一个转身。面对以税收为财源的政府主导型服务供给模式、以付费为基础的市场型服务供给模式等传统社会服务供给模式所遭遇的问题，以德国、日本和韩国为代表的社会保险型国家，结合自身福利体制，在养老服务领域建立了长期护理保险制度，创新社会服务供给模式，实现社会保险与社会服务有效衔接的探索。随着我国人口老龄化的加剧，现有的家庭结构已难以履行赡养义务，而现有医保制度和传统的家庭照护模式已不能满足新形势下失能老人的照料和日常护理的需求，需要政府强化社会养老责任。为贯彻党的十八届五中全会精神和落实"十三五"国家发展规划纲要任务部署，国家人力资源和社会保障部启动了长期护理保险制度试点工作，广州市成为国家首批长期护理保险试点城市之一，也是广东省唯一的试点城市。

　　本研究在对国内外研究成果进行梳理的基础上，界定了长期护理保险的相关概念，归纳总结了国内外典型的长期护理保险模式及具体实践，进一步佐证了"中国应以社会保险为主体，商业保险为补充，建立保基本、广覆盖、多层次的长期护理保险体系"的共识。随后，从广州市情出发，制定并明确了广州市长期护理保险制度的构建原则和目标。课题组通过实地调研、电话访谈和问卷调查等方法，获取了不同机构对失能人员的分级护理标准、收费标准和失能等级鉴定标准等基本数据，采用专家咨询法，制定了失能人员失能评估指标体系，重度失能人员失能护理服务项目包。通过挖掘第六次人口普查信息和广州近些年老年人口与老龄事业数据手册，利用自然增长率法和年龄移算法，对未来五年广州老年人口失能与半失能的规模进行了测算。同时，利用普查和抽样调查等多种方法，针对老年人口的不同护理模式与不同护理等级对护理需求的总量进行了估算，并结合对广州市不同护理模式与不同护理等级的收费计算，2016 年广州市社区居家护理和机构护理的总费用达到28.72 亿元，预计到 2020 年广州市长期护理总费用将达到 50.06 亿元。因此，个人、家庭、政府和社会需要共同积极应对长期护理风险，只有构建多方共担的费用分担机制才能应对广州未来庞大的长期护理需求和费用负担。通过采用普查和抽样调查等方式，全面获取了代表广州市长期护理供给能力的养老机构、医疗机构以及医养结合机构的床位数、护理人员数、区域分布、人均占有等多项具体指标。研究结果表明：广州已初步形成多层次和网格化的长期护理供给体系，但长期护理总体供给能力不足；养老机构的供给能力逐年增长，"医养护"一体化护理服务初显雏形，但对意识障碍和精神障碍人群服务的供给能力有限；医疗机构开展的老年护理医疗专区助推了医疗护理服务互补式发展，但医疗护理和生活护理的结合还不充分；养老护理员队伍逐步壮大，民营养老机构初步建立了创新管理激励机制，但养老护理员数量不稳定，年龄偏大，整体素质偏低等问题突出；基于理论研究与市情分析，提出了广州市构建长期护理保险制度的政策建议。

综合研究表明，广州市应承担其政府责任，采取起步适度严控，适时建立强制性的长期护理社会保险制度，在积极培育长期护理服务体系时，应规避德国、日本早期出现的过度机构化现象，将居家社区护理培育为广州长期护理服务模式的主体，通过构建高水平、高效率的信息平台，逐步实现大数据管理，避免制度"碎片化"以及长期护理保险与其他险种相互重叠等问题。

目 录
CONTENTS

① 导　论

进入 21 世纪，全球人口老龄化加剧了各国的经济和社会需求，成为当今社会最为严峻的挑战之一。我国作为人口大国，正在接近深度老龄化社会，失能老人日益增加，长期护理需求已成为我国社会化风险，探索我国长期护理保险制度的构建迫在眉睫。

1.1　研究背景

奥地利国际应用系统分析学会研究员卢兹曾说过：“如果 20 世纪是人口增长的世纪，那么 21 世纪将会是人口老龄化的世纪”。根据联合国的统计标准，一个国家或地区，60 岁以上的人口占总人口的比重达 10% 以上，或 65 岁以上的人口占总人口的比重达 7% 以上，就称为人口老龄化国家或社会。据联合国对 191 个国家和地区的统计，1999 年已进入老龄化社会的国家和地区包括我国在内共有 62 个，占统计国家和地区总数的 32.4%。据联合国人口司预测，到 2025 年，全世界总人口将达到 82 亿，其中，老年人口将达到 11.2 亿，占全世界总人口的 13.66%。这就是说，从 1950 年到 2025 年的 75 年间，全世界总人口从 25 亿将增长到 82 亿，增加 3 倍多，而老年人口却增加 5 倍多。到 2050 年全世界 91.6% 的国家和地区都将进入老龄化社会。可见，世界各国都将共同面临老龄化社会带来的老年医疗护理、养老、社会保障等各方面的压力。美国经济社会学家 Bengtson（2001）指出，发达国家在制定社会政策时都高度重视地将老年人的长期护理纳入其中，可以肯定，长期护理是 21 世纪各国政府和学术界一个重要的关注主题。

21 世纪的中国也是一个不可逆转的老龄化社会。20 世纪 80 年代初，我国人口结构已由年轻型转入成年型，1990 年以来，60 岁及以上的老年人口以年均 3.2% 的速度增长，65 岁以上老年人口比例于 2000 年达到 6.96%，说明我国在世纪之交已正式进入老龄化社会或国家。据 2012 年国家应对人口老龄化战略研究总课题组的研究报告显示，2010 年，我国老年人口占世界老年人口的 23.4%，2030 年将占到 26.9%，成为世界上养老负担最重的国家。截至 2015 年，我国老年人的人均寿命已达 76 岁，比第六次人口普查的年龄（74.83 岁）提高了 1 岁。统计数据表明，我国 65 岁以上老年人口增长到 14% 所需要的时间为 24 年，而法国是 115 年，瑞典是 85 年，美国是 66 年，日本则是 25 年。这使得我国应对人口老龄化的战略准备期大大短于发达国家，"未富先老"的问题十分严峻。

当前，我国的国情是加速发展的老龄化，以及 20 世纪 70 年代采取的独生子女政策的共同作用，使得我国"四二一""四二二"结构甚至"八四二一"结构的家庭及"空巢家庭"大量出现。我国家庭普遍面临长期护理风险：一是家庭结构小型化，传统家庭护理功能弱化；二是人均寿命延长，失能老人数量和比例增加；三是护工成本高昂，普通家庭承担长期护理风险的能力不足。据我国学者曾毅等（2010）的调查研究，我国老年人中生活不能自理的男性与女性比例为 7.7% 和 10.2%，全国不能自理的老年人比例达到 8.9%。这说明，我国老年人的长期护理问题突出，已从家庭内部走到了家庭之外，成为社会化风险。为此，我国于 2005 年 1 月由国泰人寿保险公司推出第一款长期护理保险产品"康宁长期看护健康保险"；2006 年中国人民健康保险股份有限公司推出"全无忧长期护理个人健康保险"，该保险为国内首个全国性具有全面保障功能的长期护理保险；2008 年瑞福康健康保险公司在上海推出仅包括长期护理保障和老年护理保障的第一款纯粹意义上的长期护理保险。目前国内私人保险市场已有 10 多种长期护理保险险种。尽管私人长期护理保险已有起步，但其产品供给仍存在诸多问题，如私人长期护理保险产品品种单一，同质化现象严重，长期护理保险产品价格偏高，给付条件苛刻，以及因信息不对称、道德风险、逆向选择等致使私人长期护理保险市场供给受制约。总的来说，私人长期护理保险市场的市场失灵致使我国长期护理商业保险供给少且覆盖面狭窄，无法满足日益庞大的老年群体长期护理的需求，很难成为主流模式，只能成为一种补充性长期护理保险模式。借鉴发达国家经验，特别是德国、日本和韩国经验，探索政府主导模式下的长期护理社会保险制度就十分必要。

2016 年 5 月 27 日中共中央政治局就我国人口老龄化的形势和对策进行了第三十二次集体学习。中共中央总书记习近平在本次学习中强调，要着力完善老龄政策制度，加强老龄科学研究，借鉴国际有益经验，搞好顶层设计，不断完善老年人家庭赡养和抚养、社会救助、社会福利、社会优待、宜居环境、社会参与等政策，增强政策制度的针对性、协调性、系统性。为贯彻习近平总书记系列重要讲话和党的十八大、十八届三中、四中、五中全会会议精神，应对我国老龄化日益严重的社会风险，国家人力资源和社会保障部开启了探索建立长期护理保险制度的重大举措。2016 年 6 月 27 日，国家人力资源和社会保障部正式出台《人力资源社会保障部办公厅关于开展长期护理保险制度试点的指导意见》（人社厅发【2016】80 号），并公布了启动长期护理保险制度试点的城市名单。广州市被国家人力资源和社会保障部确定为国家首批长期护理保险试点城市之一，是广东省唯一的试点城市。自 1992 年广州市进入老龄化社会后，经过 24 年的发展，老年人口规模持续加速增长，人口老龄化进一步加剧，呈现出家庭小型化、老龄化、高龄化、空巢化"四化叠加"的新态势。统计显示，包括独居老人在内的"空巢老人"达八成之多。2015 年，广州市 60 岁以上老年人口已经达到147.5313 万人，占户籍人口总量的 17.27%，已进入中度老龄化社会。广州市现有医保制度和传统的家庭护理模式已远远不能满足老龄化形势下失能老人的照料和日常护理的需求。广州市人大十六届六次会议将"关于建立长期护理保险制度解决我市失能半失能老人养老难题的建议"纳入了人大建议。伴随国家人力资源和社会保障部国家首批长期护理保险试点城市名单的公布，广州市人力资源和社会保障局率先启动并开展工作，印发了《广州市人力资源和社会保障局关于建立长期护理保险制度试点工作方案》的通知，明确了各项工作任务。为更好地总结分析长期护理保险国际经验和国内探索实践，深入调研广州市长期护理保险需求总量和结构、护理服务供给能力现状，分析存在问题与矛盾，测算资金支出规模，并对现阶段长期护理保险制度提出政策建议，对逐步完善护理体系建设提出发展思路，广州市人力资源和社会保障局与广州市社会科学规划领导小组办公室联合将"广州市建立长期医疗护理保险制度研究"列为广州市社会科学专项研究课题，作为重点课题（课题编号：2016SGZW－01）委托广州医科大学项目团队和市人力资源和社会保障局医保处合作开展相关研究。

1.2　研究目的与意义

探索建立长期护理保险制度，是应对人口老龄化、促进社会经济发展的战略举措，是实现共享发展改革成果的重大民生工程，是健全社会保障体系的重要制度安排。建立长期护理保险，有利于保障失能人员的基本生活权益，提升他们体面和有尊严的生活质量，弘扬中国传统文化美德；有利于增进人民福祉，促进社会公平正义，维护社会稳定；有利于促进养老服务产业发展和拓展护理从业人员就业渠道。"六普"统计数据表明，我国已经进入人口结构快速老龄化阶段，对现有养老服务体系和社会保障制度体系难以承载社会需求也达成共识。2006 年 12 月，中共中央国务院《关于全面加强人口和计划生育工作统筹解决人口问题的决定》（中发【2006】22 号文）就明确提出"探索建立长期护理保险等社会化服务制度"。2011 年 12 月国务院办公厅发布《社会养老服务体系建设规划（2011—2015 年）》（国办发【2011】60 号文），其中号召"有条件的地方，可以探索实施老年护理补贴、护理保险，增强老年人对护理照料的支付能力"。2013 年 9 月，国务院办公厅又下发了《国务院关于加快发展养老服务的若干意见》（国发【2013】35 号文），其中指出"鼓励老年人投保健康保险、长期护理保险、意外伤害保险等人身保险产品，鼓励和引导商业保险公司开展相关业务"。2015 年 10 月 29 日，中共十八届五中全会关于制定"十三五"规划中明确提出了"探索建立长期护理保险制度"的建议。本项目的研究目的和意义在于贯彻国家"十三五"规划关于"探索建立长期护理保险制度"的精神，进一步完善广州市的社会保障体系，为制定《广州市建立长期护理保险制度试行办法》提供数据和理论支撑，并提出相应的政策建议。

1.3　研究思路与方法

关于长期护理保险制度构建的相关理论与实践，国内外相关研究成果比较丰富，基于本研究的主要目的在于摸清广州市长期护理保险需求总量和结构、护理服务供给能力现状，测算资金支出规模，拟定长期护理服务包的具体内容，以便为广州市建立长期护理保险制度提供决策参考。为此，本研究的基本思路如下：首先，综述国内外有关长期护理保险制度相关理论成果，总结归纳国内外典型长期护理保险制度的实践经验，为构建广州市长期护理保险制度模式寻找参考依据。其次，基于广州市情，提出广州市构建长期护理保险制度的目标与原则。第三，广泛调查相关机构，访谈护理专家，系统研究广州市失能老人长期护理服务体系及评估鉴定标准。第四，采用随机问卷调查的方式，从社区居民和养老机构供需双方着手，系统研究广州市长期护理保险的总费用及结构，重点测算老年人口的失能人员与护理等级与模式的需求，并估算出广州市长期护理的总费用。第五，系统研究广州市长期护理供给能力，重点调研广州市养老机构、护理机构、医疗机构、社区服务中心等机构的长期护理供给能力。最后，针对广州市长期护理保险制度的构建，提出具体的政策建议（见图1-1）。

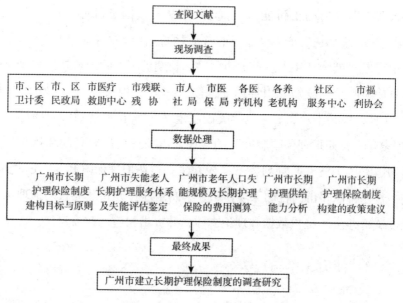

图1-1　研究思路

　　本项目主要采用文献综述法、实地调研法、问卷调查法、访谈法、比较分析法、趋势分析法等多种研究方法，在充分挖掘已有数据资料的基础上，通过广泛的实地调研、普查和随机抽样等多种扎实手段，以获取大量的一手数据。同时，在随机抽样的基础上，再采用"划类选典"式的判断抽样，先对调查对象总体进行分类，然后从各类中选择少数具有代表性的典型单位进行深入细致的调查，以此对调查对象总体进行推断估计（见图1-2）。

图1-2　研究方法

② 长期护理保险的理论与实践

长期护理保险尽管在福利国家普遍起步较晚，但仍因护理需求继疾病、养老、失业和工伤四大社会保障问题之后成为第五大社会风险而受到各国的高度重视，逐渐成为很多国家社会保障核心事业之一。英国很早就采取了以社区照顾为特色的措施以应对人口老龄化的老年长期护理问题；美国和法国先后于 20 世纪七八十年代开展了长期护理商业保险；荷兰于 1968 年颁布了长期护理社会保险法，随后以色列于 1986 年、德国于 1995 年、卢森堡于 1998 年、日本于 2000 年都颁布了社会化的长期护理保险法案。长期护理保险问题受到了理论界和实践界的普遍关注。

2.1 概念界定

2.1.1 失能与半失能

失能一般是指因年老、疾病、伤残等原因导致各种机体功能出现障碍，从而影响个体生活自理能力的一种情况。一般而言，失能包括身体方面及心智方面。国际上通常将失能（Disability）定义为一个人因年迈虚弱、残疾、生病、智障等而丧失或限制日常生活中的活动能力或生活能力，它是个体健康测量的重要指标。失能是一种或一种以上功能丧失或者损害的状态，失能者可能不止一种失能，同一失能症状在不同个体的表现程度也有差别，这就给失能程度评估带来难度。针对失能状况的评估需要从基本概念量化到明确的测量指标，并且对不同失能个体各项指标严重性质进行量化界定。

失能评估通常会从生理、心理和社会三个层面来进行，评估的工具主要分为功能性评估和认知评估两种。功能性评估主要有基础性日常生活活动（Activities of Daily Living，ADLs）和工具型日常生活活动（Instrumental Activities of Daily Living，IADLs）两种，其中 ADLs 慢性功能障碍表示基本自我照顾能力受限，需要他人提供个人照顾服务的协助，由于此类功能障碍来自慢性疾病的后遗症，其和护理服务的需要有很强的关联性，因而一般以护理服务的需要表示。评估的工具主要有柯氏量表（Katz Index）、巴氏量表（Barthel Index）等。柯氏量表由 Katz 在 1959 年提出并于 1976 年修订，以评估失能者日常生活中独立完成穿衣、吃饭、洗澡、上厕所、室内走动、上下床 6 项活动受限程度。巴氏量表则是美国巴尔的摩市州立医院物理治疗师 Barthel 在 1955 年创立并应用于测量住院中复健病患的进展状况，1965 年被公开发表在医学文献上，最终被广泛应用。它主要从进食、轮椅与床位间的移动、个人卫生、上厕所、洗澡、行走于平地上、上下楼梯、穿脱衣服、大便控制和小便控制 10 项活动评估失能者受限程度并加以量化，巴氏量表共分为 5 个等级，0—20 分属完全依赖，21—60 分属严重依赖，61—90 分属中度依赖，91—99分属轻度依赖，100 分属完全独立（见表 2 - 1）。

表 2 - 1　巴氏量表评估项目及分值量化标准

项目	分数	内容
进食	10	□自己在合理的时间内（约 10 秒钟吃一口），可用餐具取眼前的食物，若需要使用进食辅具，会自行取用穿脱，不需协助；
	5	□需要别人协助取用或切好食物或穿脱进食辅具；
	0	□无法自行取食。
轮椅与床位间的移动	15	□可独立完成，包括轮椅的刹车及移开脚踏板；
	10	□需要稍微协助（例如予以轻扶以保持平衡）或需要口头指导；
	5	□可自行从床上坐起来，但移位时需别人帮忙；
	0	□需别人帮忙方可坐起来或需别人帮忙方可移位。
个人卫生	5	□可独立完成洗脸、洗手、刷牙及梳头发；
	0	□需要别人帮忙。

项目	分数	内容
上厕所	10	□可自行进出厕所，不会弄脏衣物，并能穿好衣服，使用便盆者，可自行清理便盆；
	5	□需帮忙保持姿势的平衡，整理衣物或使用卫生纸，使用便盆者，可自行取放便盆，但需依赖他人清理；
	0	□需他人帮忙。
洗澡	5	□可独立完成（无论是盆浴还是沐浴）；
	0	□需别人帮忙。
行走于平地上	15	□使用或不使用辅具皆可独立行走 50 米以上；
	10	□需要稍微扶持或口头指导方可行走 50 米以上；
	5	□虽无法行走，但可独立操纵轮椅（包括转弯、进门及接近桌子、床沿）并可推行轮椅 50 米以上；
	0	□需别人帮忙。
上下楼梯	10	□可自行上下楼梯（允许抓扶手、用拐杖）；
	5	□需稍微帮忙或口头指导；
	0	□需别人帮忙。
穿脱衣服	10	□可自行穿脱衣服、鞋子及辅具；□在别人帮忙下可自行完成一半以上的动作；
	5	
	0	□需别人帮忙。
大便控制	10	□不会失禁，并可自行使用塞剂；
	5	□偶尔失禁（每周不超过一次）或使用塞剂时需人帮助；
	0	□需别人帮忙。
小便控制	10	□日夜皆不会尿失禁，并可自行使用塞剂；
	5	□偶尔会尿失禁（每周不超过一次）或尿急（无法等待便盆或无法及时赶到厕所）或需别人帮忙处理；
	0	□需别人处理。
总分		

IADLs 功能障碍表示日常生活必需的家务活动受限，需要给予社会服务方面的生活照顾，其评估工具有 Lawton – IADLs、OARs – IADLs 等，其评估的内容主要包括上街购物、外出活动、食物烹调、家务维持、洗衣服、使用电话的能力，服用药物和处理财务的能力 8 项并以分值量化，各项分值 2 分到 4 分不等，总分 24 分，分值越低代表失能程度越严重（见表 2 – 2）。ADLs、IADLs 这两类指标是目前长期护理保险

对象确认和评估最为常用的指标，前者的利用更多一些。一般情况下，根据 ADLs 量表，对失能的程度进行划分，在吃饭，洗澡，穿衣，控制大小便，上厕所，室内活动等六项指标中，有两项指标需要依赖他人进行照护即定义为"半失能"；三项以上指标需要他人提供帮助或完全性依赖他人协助完成，即定义为"失能"。随着失智人口的持续增加，认知评估量表的发展日益受到重视，目前简单操作的认知评估量表有心智状态问卷表（SPMSQ）和简易心智状态量表（MMSE）。目前，将认知障碍纳入失能评估指标体系正受到理论界的普遍关注。

表 2-2　　工具性日常生活活动评估项目及分值量化

项目	分数	内容
上街购物	3	□独立完成所有购物需求；
	2	□独立购买日常生活用品；
	1	□每一次上街购物都需人陪；
	0	□完全不会上街购物。
外出活动	4	□能够自己开车、骑车；
	3	□能够自己搭乘大众运输工具；
	2	□能够自己搭乘出租车但不会搭乘大众运输工具；
	1	□需有人陪同可搭乘出租车或大众运输工具；
	0	□完全不能出门。
食物烹调	3	□能独立计划、烹煮和摆设一顿适当的饭菜；
	2	□如准备好一切佐料，会做一顿适当的饭菜；
	1	□会将已做好的饭菜加热；
	0	□需别人把饭菜煮好、摆好。
家务维持	4	□能做较繁重的家事或偶尔需家事协助（如搬动沙发、擦地板、洗窗户）；
	3	□能做简单的家事，如洗碗、铺床、叠被；
	2	□能做家事，但不能达到可被接受的整洁程度；
	1	□所有的家事都需别人协助；
	0	□完全不会做家事。
洗衣服	2	□自己清洗所有衣物；
	1	□只清洗小件衣物；
	0	□完全依赖他人。
使用电话的能力	3	□独立使用电话，含查电话簿、拨号等；
	2	□仅可拨熟悉的电话号码；
	1	□仅会接电话，不会拨电话；
	0	□完全不会使用电话。

项目	分数	内容
服务药物	3 2 1 0	□能自己负责在正确的时间用正确的药物； □需要提醒或少许协助； □如事先准备好服用的药物分量，可自行服用； □不能自己服用药物。
处理财务 的能力	2 1 0	□可以独立处理财务； □可以处理日常的购买，但需要别人协助与银行往来或大宗买卖； □不能处理钱财。
总分		

2.1.2 长期护理

虽然目前学术界对长期护理已经进行了持久和广泛的讨论，但是至今仍未有一个精确并且被广泛认可的定义。长期护理相对于医疗护理来说，其概念的边界比较难以明确界定。医疗护理简单来说就是指在医生的指导下，以治愈疾病或保全病人生命为目的而展开的、由专职护理人员来承担的一系列服务。医疗护理专业性、针对性很强，应根据病人的病况来制定特定的护理程序，由专业护士来完成。而长期护理一词是由英文"Long - term Care"（简写：LTC）翻译而来，国内部分学者主张将其翻译为"长期照护"。美国健康保险学会对长期护理的定义是："在一个比较长的时期内，持续地为患有慢性疾病，如早老性痴呆等认知障碍或处于伤残状态下，即功能性损伤的人提供的护理。它包括医疗服务、社会服务、居家服务、运送服务或其他支持性的服务。"

世界卫生组织认为，长期护理是指由非专业照料者（家人、朋友或邻居等）和专业照料者共同进行的照料活动，以保证自我照料能力不完全的人的生活质量、最高程度的独立生活能力和人格尊严。这两个定义都强调长期护理的目的是对患慢性疾病或丧失日常生活能力的人进行修复和修补，并不是指治愈疾病或保全生命。与慢性疾病的治疗不同，长期护理旨在为失能、失智或半失能、半失智等失去或缺乏生活自理能力的人提供支持性服务，尽可能持久地维持和增进患者的生理机能，保证其生活质量。桑特勒和纽恩则强调长期护理是一项社会服务项目，即"在持续的一段时间内给丧失活动能力或从未有过某种程度活动能力的人提供的一系列健康护理、个人照料和社会服务项目。"我国学者戴卫东认为，准确且全面的长期护理定义应该是：由于患有慢性疾病或处于生理、心理伤残状态而导致生活不能自理或半自理，在一个比较长的时期内，需要依赖别人的帮助才能获得最大程度的独立与满足的个人，为其提供的医疗和日常生活服务的总称。

与传统的家庭照护模式不同，长期护理具有连续性、专业性、规范性等特点，其目的是为了满足失能和失智老人的日常生活照料与医疗护理需求，从而提升老年人晚年的生存质量，让老年人更有尊严地活着。与医疗护理相比，长期护理需要持续的时间长，并具有保健和生活照料相结合的特点。具体来说，长期护理所具有的主要特点有：第一，长期护理发生的缘由大多为因年老致身体机能的下降、因意外伤害或者疾病导致身体或精神功能的受损，并且，这些缘由带来的直接后果都是主体生活自理能力的部分或者全部丧失。第二，对接受长期护理服务的人员没有严格的年龄限制。无论是老年人还是年轻人，都存在失能的风险，区别只在于风险概率的高低而已，而一旦失能发生，符合条件的都可以申请长期护理服务。第三，护理服务并非是短期应急性的，而是具有长期性。第四，长期护理的目的主要是为了维持和增进失能者的身体机能，尽量使其达到与正常人一样的生活质量。最后，多样性的护理服务内容。既有医护人员提供的正规医疗护理服务，又有非专业的家庭成员提供的日常照料服务。

综合而言，国内外关于长期护理的内涵界定有广义和狭义之分，广义长期护理的内涵既包括对失能人员的生理、心理需求的日常护理、医疗护理，也包括社会服务支持和其他支持性服务。而狭义的长期护理主要是指日常生活活动护理和医疗护理。根据护理提供的来源，长期护理可划分为非正式护理和正式护理。非正式护理一般指的是由家庭成员、亲属、邻居或者朋友提供，大部分为日常生活照料服务。正式护理则通常是指由公共、志愿和商业性组织提供的服务。将非正式护理和正式护理糅合在长期护理保险制度当中，并充分发挥各自作用是德国长期护理保险制度的最大特色。

2.1.3 长期护理保险

"长期护理保险"是由"Long - term Care Insurance"（简称：LTCI）翻译而来的，其最早于 20 世纪 70 年代产生于美国，随后在德国、法国、日本等国相继发展起来。美国健康保险协会对长期护理保险的定义是"为消费者设计的，对其在发生长期护理时产生的潜在巨额护理费用支出提供保障"的保险种类；美国通用再保险股份公司认为，长期护理保险是"当被保险人非常衰弱，以至于在没有其他人帮助的情况下不能照顾自己，甚至不能利用辅助设备时，给付保险金的一种保险"。美国人寿管理协会重新界定了长期护理保险的定义，"长期护理保险是为那些由于年老或严重疾病或意外伤害需在家或护理机构得到稳定护理的被保险人支付的医疗及其服务费用进行补偿的一种保险"。此外，部分学者如 Black（1994）等认为长期护理保险是"保障当被保险人需要住在安养院或雇用护理人员到家中所产生的各种费用"，荆涛（2005）认为，长期护理保险是"对被保险人因为年老、严重或慢性疾病、意外伤害等导致身体上的某些功能全部或者部分丧失，生活无法自理，需要入住安养院接受长期的康复和支持护理或在家中接受他人护理时支付的各种费用给予补贴的一种健康保险"。

多数学者认为，长期护理保险就是当被保险人因年老、疾病或者意外伤害而致使生活自理能力部分或全部丧失时，为其提供长期护理服务或者对其支付长期护理服务费用进行补偿的保险。长期护理保险可从需求和供给两个方面考虑，所谓长期护理的需求是各等级失能老人在一定时期内，在各价格水平下愿意并且能够购买的护理服务量；长期护理的供给是各护理模式的供给者在一定时期内，在各价格水平下愿意并且能够提供的护理服务量。供给和需求均是愿望和能力统一的有效量。长期护理保险需求是在一定时期内，在不同护理模式下各等级失能老人所需的长期护理总费用；长期护理保险供给是在一定时期内，护理保险法定缴费人群按照一定的费率所缴纳的护理保险费总额。根据保险的一般分类，长期护理保险（LTCI）属于"人身保险—健康保险—医疗保险"的类别。长期护理保险是发达国家在应对老龄化挑战中逐步发展起来的一个全新险种，个人和家庭实现风险分担机制的有效办法。以上定义更多的是基于商业保险的内涵来界定长期护理保险。戴卫东认为，长期护理保险用英文准确表达应该是"Social Long – Term Care Insurance"，也就是社会护理保险的意思。课题组赞成戴卫东的这一主张，将长期护理保险重新界定为：国家颁布护理保险法律，以社会化筹资的方式，对由于患有慢性疾病或处于生理、心理伤残状态而导致生活不能自理，在一个比较长的时期内，需要依赖别人的帮助才能完成日常生活的人所发生的护理费用进行分担给付的保险。尽管长期护理保险的对象可以是任何年龄的人，但因为主要以老年人为主，长期护理保险在某些国家又被称为老年护理保险，还有的称为长期照护保险。

2.2　长期护理保险的理论依据

长期护理保险尽管目前在我国还未作为一个独立的险种，也尚未广泛实践，但在国外，该制度已经在广泛实践中，并取得了很好的社会效果。长期护理保险在实践中不断演变发展，在不同的阶段都有其相应的理论做支撑。

2.2.1　奥瑞姆的自我护理理论

世界卫生组织提出"个体、家庭和社会在决定和满足健康需求方面将扮演重要的角色，自我护理是一个发展趋势。"奥瑞姆（Orem）的自理模式也称自我照顾模式，强调自理的概念，认为自我照顾的需要是护理重点，主要包括自我护理和自理缺陷两部分内容。其核心是分析个体自我护理能力同自我护理需要的关系，以及当个体的自护能力不能满足自护需要时如何进行补偿。奥瑞姆对 4 个基本概念的阐述：一是人的概念：整体的人应具有躯体的、心理的、人际间的和社会的功能，并有能力通过学习来达到自我照顾。二是健康的概念：健康应包括身体、心理、人际关系和社会等方面的健康，健康有不同的状态，是一个连续的过程。三是环境的概念：人以外的所有因素，个体生活在社会中希望能够自我管理，并对自己及其依赖者的健康负责。对不能满足自理需要的个体，社会则提供帮助。四是护理的概念：克服或预防自理缺陷发生和发展的活动，并为自理需求不能满足的个体提供帮助。个体的健康状况及自我照顾的能力决定其对护理需求的多少。

奥瑞姆自理模式的主要内容由 3 个相互联系的理论结构组成。一是自理结构：自理是指个体为维持生命和健康而需要自己进行的活动，这些活动是按一定形式连续进行的。自理活动是有目的、有意义的行为，其是否有效将直接影响个体的健康。个体的年龄、健康状况、学习能力会影响其自理能力。同时个体所处的外界环境，如社会和家庭因素会对其自理活动产生影响。二是自理缺陷结构：当个体自理能力不能满足治疗性自理需求时自然产生自理缺陷，从而需要护理的帮助。三是护理系统结构：奥瑞姆依据个体自理缺陷的程度设计了 3 种护理补偿系统：（1）全补偿系统：病人完全没有自理能力，需要护理给予全面帮助，满足其所有的基本需要。（2）部分补偿系统：病人自理能力部分缺陷，需护理给予适当帮助。护士和病人均需参与自理活动。护士一方面补偿病人的自理缺陷；另一方面需要发挥病人的主动性，帮助其提高自理能力。（3）支持教育系统：当病人通过学习后才能具备完成某些自理活动的能力时，护士需为病人提供教育、支持、帮助，以促进病人自理能力的提高。

自护理论认为自护主体的自护能力受多种因素的影响，取决于 8 种基本条件因素和 10 种能力。8 种基本条件因素分别是：性别、年龄、生长发育阶段、健康状况、家庭系统、健康服务系统、社会文化背景、资源和利用，这 8 种基本条件反映了个体的特征及生活条件。10 种能力反映个体的基本能力，包括：对躯体运动的控制力、对身体能量的控制力、反应的稳定性和机警性、理解力、认识疾病和预防复发、知识和技能的储备、决策的技巧、寻求支持和帮助、将自护行为整合进生活方式的能力。

自护理论认为当自护能力有缺陷或受限时，自理需要不能得到满足，此时属于自理缺陷，必须寻找专业性的照护为量作为补充。根据自理缺陷水平可分为三种：全补偿系统、部分补偿系统和教育支持系统。其最终目标是帮助个人、家庭和社会弥补自理缺陷，维持、提高自护能力、提高健康水平和生活质量。

2.2.2　马斯洛的需求层次理论

马斯洛认为，人类的需要是分层次的，由低到高排列，即生理需要，安全需要，情感与归属需要，尊重需要和自我实现需要。同一时期，一个人可能有几种需要，但每一时期总有一种需要占支配地位，任何一种需要都不会因为更高层次需要的发展而消失。各层次的需要相互依赖和重叠，高层次的需要发展后，低层次的需要仍然存在，只是对行为影响的程度大大减小。老年群体尤其是失能老人是社会群体较为弱势的一个群体，他们生活不能自理，心理也比其他人更脆弱，渴望的是能尽可能保持现有的生活，有尊严地度过晚年生活，所以他们不仅需要生理、安全等低层次的需求，对情感与归属、尊重等高层次的需求更是充满了渴望，造成了这些需求经常相互重叠。

首先，生理上的需要。这是个体要维持自身生存的最基本要求，包括饮食、呼吸、睡眠、分泌等方面的要求。人们最低层次的需求如吃饭、穿衣、居住、交通等。如果这些需要不能得到满足，个体的生理机能将无法运转，甚至无法生存。从这个意义上来讲，生理需要是个体所有需要的基础，应该首先被得到满足。经济水平影响着老年人生理需要满足程度。可见，老年人的生理需要受到了影响，需要外界的支持与帮助，维持其基本生理需求。因此，对于失能老年人来说，基本的生活照料，包括吃饭、如厕等，是首先被满足的需要。

其次，安全上的需要。这是人类要求保障自身安全、避免疾病侵袭等方面的需要。包括居住安排、家庭安全、健康保障等。马斯洛认为，整个有机体可以看作是一个追求安全的机制，人的感受器官、效应器官、智能和其他能量都是寻求安全的工具。对于老年人来说安全需要主要指生病有治疗，能够健康长久；老年生活有保障，能够安享晚年。失能老年人选择什么样的居住类型是基于寻求家庭安全的需要；同样，失能老年人及照护者需要查体、家庭访视及医护人员的帮助，也是基于避免疾病、寻求安全的需要。然而我国的社会医疗保险和养老保险只能维持最基本的保障水平，远远不能满足越来越多的老年人尤其是失能老人和空巢老人的各方面的需求，满足老年人的长期护理需求不仅为家庭解忧，更为社会进步和经济发展做出贡献。

第三，情感和归属的需要。情感和归属的需要比生理上的需要更加敏感，也更加细致。情感的需要是指人人都需要得到相互的关心，需要保持家人、朋友之间关系融洽，保持友谊和忠诚。归属的需要是指人人都有一种归属于一个群体的感情，希望成为群体中的一员，并得到相互的关心和照顾。对于居家的失能老年人来说，最重要的情感需要来自于家庭成员的关心，而对于照护者来说，家人的理解和支持，朋友之间或某个机构、民间组织或社会团体的关心和帮助，都能增加他们对情感和归属需要的满足程度。

第四，尊重的需要。人们都希望自己的能力和成就得到社会的承认。马斯洛认为，如果尊重需要得到满足，人们会对自己和社会充满信心，也能体验到自己的用处和价值。对于照护者来说，如果仅仅把他们当作失能老年人的附属，其自尊需要就会被抑制；相反，如果把他们当作长期照护服务体系的组成部分，给予帮助和认可，他们的工作就更有意义，也能提高他们对自尊需要的满足程度。通过建立长期护理保险制度，可以为老年人提供就业培训服务，能够让更多有能力的老年人发挥自己的余热，同时实现自己的个人价值和社会价值，让老年人的心理得到一定的满足感和成就感。

第五，自我实现的需要。这是最高层次的需要，是指实现个人理想，最大程度的发挥个人的能力，完成与自己的能力相称的一切事情的需要，或者说人必须干称职的工作，这样才会使他们感到最大的快乐。马斯洛需要层次论的基本观点包括：（一）所有个体都有上述需要，一般来讲，低层次需要获得满足后，高一层的需要才会出现。但任何一种需要都不会因为更高层次需要的发展而消失。高层次的需要发展后，低层次的需要仍然存在，但是对行为的影响程度将大大减小。（二）同一时期，个体可能有多种需要，但总有一种需要占支配地位，对行为起决定作用，这种最迫切的需要应首先满足。（三）五种需要可分为两个级别，生理上的需要、安全上的需要和感情上的需要都属于低级别的需要，通过必要的外部条件就可以满足；而尊重的需要和自我实现的需要是高级别的需要，往往要通过内部因素才能满足。很多退休之后的老年人希望能够尽自己所及做一些有意义的事情发挥余热，让生命价值更宝贵，如积极参加公益活动、免费做社会志愿者、交通向导等等。通过建立长期护理保险制度，政府可以积极组织这样的活动，实现老年人的自我实现的需要。

2.2.3 市场失灵理论

所谓市场失灵，意指维持合乎需要的活动或停止不合需要的活动，其价格—市场制度偏离理想化状态，致使市场对资源的配置出现低效率。市场失灵理论的三个主要内容就是：垄断、外部性、公共品。其中，垄断直接涉及市场运行的结果。也就是说，正是市场本身的运行，产生了资源的集中，从而产生了垄断。我们把这一类强调市场运行下的直接结果的研究，归为一类市场失灵的研究。另一类市场失灵的研究是外部性和公共品。它强调存在于市场之外的、市场运行规则无法对他们发生作用的某些社会经济关系。围绕着能否将这部分经济关系和行为纳入市场，也就是能否让市场来内生化这一个问题，现代市场失灵理论展开了市场化和政府干预两条解决市场失灵的途径。

市场失灵中所涉及的信息至少有两方面：一是信息消费本身所具有的非竞争性，使信息也具有了公共品的特征，那么信息的生产与消费也是一个有关市场失灵的问题；二是在市场买卖双方信息不对称的情况下，如果产品的质量被买方低估，生产者提供信息的积极性将会减弱，从而将导致无效率的潜在可能。另外，信息不对称问题直接与偏好显示相联系。我们知道，偏好显示是公共品造成市场失灵的关键。由于偏好不能正确显示，搭便车问题就无法解决，公共品就无法得以定价。而市场失灵理论的一个发展方向就是如何克服信息不对称，从而有效地显示偏好。比如布鲁贝克尔（Earl R. Brubaker）就是顺着这条思路研究后提出，生产前合约的设计可在社区范围内解决搭便车问题。他指出，搭便车问题归结而言是偏好显示问题，也就是一个信息不对称（或称不完全信息）问题。他提出了一种可能，将公共品生产部门分散开来，展开竞争，以经济激励去争取消费者的偏好显示。

商业性长期护理保险一般涉及投保人、保险人、医护方等市场主体，如同其他的商业性保险一样，所涉及的三方主体都存在信息上的不对称。具体而言，在投保人的身体健康状况及真实的失能风险上，投保人较保险人拥有信息优势；在护理保险保单的内容上，保险公司比投保人有信息优势；在失能者所需护理等级及所需护理服务上，医护方占有信息优势。因而，在商业性护理险市场上，由于大量信息不对称情况的存在，市场运行效率将大大降低，从而导致市场失灵的发生，具体表现为逆向选择和道德风险。信息经济学认为，任何一项涉及信息不对称的交易，交易中占据信息优势的一方为代理人，信息处于劣势的一方为委托方。商业性护理保险市场上，投保人与保险公司在订立保险之前，投保人对于自己的健康状况及失能风险的高低较之保险人拥有信息优势，一些健康状况较差、失能风险较高的投保人在投保时出于自身利益的考虑会隐藏真实信息，从而降低了整个市场的失能风险。保险公司在确定护理保险费率时由于缺乏真实信息，只能根据市场的平均失能率进行厘定，而这种据平均水平而来的费率是高于低风险投保人所愿意接受的，是低于高风险投保人愿意接受的。如此，低风险投保人将退出护理保险市场，留下高风险投保人，造成保险公司的亏损，为了扭转亏损，保险公司一般会提高费率，从而又"驱逐出"风险相对较低的投保人，又亏损，又提高费率，如此这般往复，形成恶性循环。

信息经济学认为，道德风险是由于事后非对称信息引起的，交易双方在信息完全的情况下订立合约，签约后代理人依托自身的信息优势会采取利己而不利于委托人的自私行为。在商业性护理保险市场上，道德风险主要来自于投保人和护理服务供给者。投保后，由于失能而引起的护理费用将由保险人全部或部分承担，投保人在此意识下，较投保之前将减少对自身健康的投入，将更加漠视失能的风险。失能风险发生时，由于有护理保险的存在，投保人将倾向于消费更长的护理时间和更多、更优质的护理服务，引起资源的不必要浪费。另一方面，护理服务提供者依据其专业知识上的优势，为了实现自身利益的最大化，会故意要求投保者进行一些不必要的健康检查、提高护理等级、延长护理时间等诱导消费行为。从而加大了保险公司的保费支出，使得护理资源没有被真正的充分利用。信息问题是商业性护理保险市场的最大挑战，逆向选择和道德风险的存在使得商业护理保险市场运行效率的低下，甚至造成市场失灵。

2.2.4 政府失灵理论

西方经济学家在研究市场在资源配置中的基础性作用时，发现了市场失灵现象。为了弥补市场失灵，保证市场机制的有效运行，政府作为一大行为主体进入经济学家的研究视野。政府必须通过自己特有的方式，运用自身行为优势干预市场，弥补市场失灵，保障市场经济的健康发展。但是，政府干预的结果绝不是十全十美的，政府与市场一样存在着缺陷。至此，经济学家的研究进入政府与市场关系的考察中，纯粹的经济学研究方法已无法有效把握政府与市场失灵这一人类活动客观存在的现象。

西方经济学界对于政府的认识是随着市场的不断扩大、分化、复杂化以及"市场失灵"的明显化而逐渐深入的。尽管对于政府在市场经济的坐标系上处于何种位置见解不一，但他们一直秉承着古典自由主义者对政府与市场关系的经典界定：主导地位的市场和"有限"的政府。随着市场经济的发展，一个对政府更普遍、更深入的认识被逐步公开接受：政府是现代市场经济中一个极为关键的角色，它可以在一定的限度和范围内对经济的健康增长发挥作用，也会因为干预超出一定限度和范围而导致政府失灵。在经济学意义上，西方学者认为政府作为一种同市场交互作用的力量，是一种能为市场节约成本、提高收益的效率组织。政府失灵就是指政府干预市场经济中出现的经济效率低下，甚至破坏经济效率的政府行为。

亚当·斯密认为，市场机制作为"看不见的手"能够高效率的完成经济运行资源配置的任务，政府只应该承担以下三种职能：一是保护社会；二是保护社会上的人；三是建立并维持一些公共事业及某些公共设施。政府能当好"守夜人"的角色就已经足够了。斯密认为，国家干预市场经济的结果，会使劳动从比较有利的用途转到不利的用途上，年产品的价值不仅不会顺从立法者的意志而增加，相反还会减少，从而使社会进步受到阻碍。只有经济自由才能促使年产品价值增值，加速社会发展。因此，在亚当·斯密看来，任何政府经济干预行为都会破坏经济效率，导致政府失灵。针对资本主义世界的经济危机，凯恩斯对亚当·斯密自由主义的放任政府进行了批判。凯恩斯认为，要使经济持续高效率的发展，必须扩大总需求，实现有效需求，政府就是实现有效需求的关键力量。国家之权威与私人之策动力量相互合作，是解决平等与效率、自由之间矛盾的方法。使政府合理地干预市场，既医治了疾病，同时，又保留了效率与自由。凯恩斯开创了全面干预的政府理念，企图以政府干预弥补市场失灵。在凯恩斯看来，政府干预是保持经济高效率发展的有效手段，但其前提是保证市场对资源配置的基础作用，否则政府干预会出现失灵。

政府失灵理论是指由于政府自身机制的原因会导致资源配置的低效或无效，主要表现为公共政策失效或者效用迟滞、运行成本过高、政府内部性、组织的低效率及寻租现象。政府失灵的存在，有必要适当地引入市场的竞争机制。根据政府失灵理论，长期护理服务作为一种服务形态的产品，应当按照市场机制运行。如果由政府直接提供长期护理服务，不仅成本高，而且会限制长期护理服务市场的发展，造成不公平竞争；同时，高收入的失能老人得不到高层次的长期护理服务。因此，长期护理服务的发展走社会福利社会化和市场化的道路是必然的选择。Finkelstein 认为，德国公共长期护理保险制度模式最大的贡献在于解除了对公共长期护理保险不堪重负的担忧。政府主导下通过强制能够扩大保险的覆盖面，从而通过集合体来有效分散风险，降低投保人参保费率，同时，利用市场力量不断挖掘市场护理服务供给能力和市场筹资能力。通过制度创新，既弱化了市场失灵与政府失灵在长期护理保险问题的负面作用，又充分发挥了政府和市场的各自功能。

2.2.5 福利经济学理论

福利经济学是西方经济学家从福利观点或最大化原则出发，对经济体系的运行给予社会评价的经济学分支学科。福利经济学作为一个经济学的分支体系，最早出现于 20 世纪初期的英国。1920 年，庇古的《福利经济学》一书的出版是福利经济学产生的标志。福利经济学的主要特点：以一定的价值判断为出发点，也就是根据已确定的社会目标，建立理论体系；以边际效用基数论或边际效用序数论为基础，建立福利概念；以社会目标和福利理论为依据，制定经济政策方案。

本书研究的长期护理保险是社会保险的性质，通过现收现付制的筹资模式对所有在岗职工、城镇居民及农村居民统一征收长期护理保险费，向所有符合领取条件的失能老人提供长期护理服务或者支付相应的经济补贴。长期护理保险的建立可以使得失能老人生活不能自理的窘境得到改善，能够度过一个有尊严有质量的晚年生活，这无疑增加了整个老年群体的福利水平，也标志着社会福利的增加。其次，实行长期护理保险可以减轻有失能老人家庭的其他家庭成员的经济负担和精神压力，使得他们可重新进入劳动力市场或者更加全身心地投入工作，从而增加了整个社会的有效劳动时间，带来社会总财富的增加。另外，人口老龄化的加剧、失能风险的上升，长期护理保险将提供庞大的护理服务量，而这无疑促进了"银发市场"的发展，增加了市场就业岗位，既解决了一部分就业问题又增加了国民收入总量。于整个社会而言，长期护理保险可缓和社会矛盾，提升人们的幸福感。福利经济学理论解释了构建长期护理保险制度意义之所在，即回答了"为什么要开办公共性长期护理保险"。

2.2.6 护理经济学理论

护理经济学是研究护理资源配置及其行为的一门科学。即有效利用护理资源，系统核算护理成本，合理制定护理价格，综合分析护理效益，全面评价护理价值等。随着国内市场将逐渐开放，各行各业将面临更加严峻的挑战。护理服务属于第三产业，在大环境影响下，进入市场已成必然。为了适应加入护理服务市场的竞争、护理管理发展的需要，旨在以卫生经济学理论为依据，提高护理经济管理水平，塑造适应护理可持续发展的护理管理者。

1979 年，美国卫生经济学界著名学者保罗·J. 费尔德斯坦，最早在《卫生保健经济学》书中运用经济学原理分析长期护理市场、注册护士市场，为护理经济学的产生作出了贡献，奠定了基础。1983 年，《护理经济学》杂志在美国创刊，主要内容包括：护理市场开发、护理成本核算、护理服务相关政策、护理经济管理等。护理经济学杂志的出版，表明护理经济学研究已经登上学术论坛，标志护理经济学的形成。2000 年，美国 Cyril F. Chang 等主编出版《护理经济学》专著，它运用卫生经济学的理论和方法主要研究四部分内容：一是护理经济学概述，主要是市场、需求、供给、市场价格测定；二是护理劳动力市场；三是护理服务市场；四是护理经济相关问题。2002 年，中国在加入世贸组织后第一个国际护士节出版了国内第一本《护理经济学概论》专著，内容主要包括：护理经济的形成、护理经济学的产生与发展、健康生产中的护理价值、护理需求供给与市场、国外护理保险研究、护理成本价格与效益、护理评价与预测等。护理经济学虽然是一门新兴学科，但已有了比较扎实的基本理论体系，并且进入新的发展时期。另外，在认识上，Bond 认为 21 世纪护理面临新的机遇和挑战是开发长期护理需求；内容上，医院内外护理需求并重发展。Vickeer 更重视病人的特殊护理需求；实践上，Cahill 分析了住院病人与社区护理需求的变化趋势，提出护理服务要增加对老年人的健康教育，达到减少疾病，增进健康的目的。

护理经济学是主要分析在护理服务过程中所涉及的供需问题，研究如何实现护理资源的充分利用及有效配置，是一门新兴的学科。护理经济学的理论基础主要来自于健康生产观、资源配置观和护理成本观。健康生产观认为，随着年龄的不断上升，个体的健康存量会不断地贬值，而生活水平的提高使得人们更加重视自身的健康，他们为了缓和健康存量的贬值会增加医疗保健的支出，从而使得健康成为一种可以在市场上购买到的商品。资源配置观认为护理资源同样具有"稀缺性"的特质，护理经济学就是研究如何实现有限护理资源的效益最大化。护理成本观认为要实现护理资源的合理配置和效益最大化可通过加强护理成本的核算，提高护理的经济效率，使得护理成本最小化。平均寿命的延长、慢性病患病率的提高使得老年人余寿中的非健康时间越来越长，而生活水平的提高又使人们更加关注生活质量和对健康的诉求，老年人对护理服务的需求也是越来越大。但护理资源毕竟是有限的，长期护理保险的建立可以为不同等级的失能老人提供不同的护理模式和服务内容，这样就可以提高护理资源的利用效率，避免资源的浪费。而长期护理保险的给付水平是依据不同等级失能老人的护理成本来确定的，护理经济学回答了"为什么要进行不同护理模式的护理成本核算"的问题。

2.2.7　社会支持理论

关于社会支持的研究可追溯到法国社会学家迪尔凯姆，他在研究人口健康时将社会因素纳入其中进行考量，发现遭受社会排斥或社会融合度低的个体容易出现身心健康问题，且容易发生自杀行为。到 20 世纪 70 年代，社会支持理论被正式引入精神病学中。目前学术界对社会支持尚未形成统一界定，Lin 等认为社会支持是指个体处在危机之中可以获得的资源支持，这种支持来自他人、来自群体、来自社区等；Shumaker & Browenell 认为社会支持是在至少两个人以上之间进行的资源交换过程，这一过程被提供者或接受者理解为旨在增加接受支持一方的福祉；Barrera 等认为社会支持包括物质帮助、行为支持、亲密交往、指导、反馈和社会互动等 6 种形式。国外社会支持理论起源于对病理学研究，后来社会学家、精神病学家、流行病学家等都从不同的视角来阐释社会支持理论的内涵。19 世纪法国社会学家迪尔凯姆最初提出社会支持理论，他通过对自杀研究发现社会联系的紧密程度与自杀率有关，并把研究结果引入到精神病理学治疗中。托佐夫（1976）研究社会支持功能，认为社会支持是帮助某核心人物实现其个人目标，或者一个人的情感、自尊等需要通过他人支持得到满足。Sally A.（1984）认为社会支持系统要注重社会网络特性，考虑网络之间关系的连接，所有参与者相互依存的关系及特点；Iris Chi（2001）研究香港社会支持与老年人抑郁症状之间的关联程度，发现影响老年患抑郁症的社会因素里，社会支持是重要的显形要素，老年人需要物质和工具支持，与其情感支持一样重要。

国内学者在对社会支持理论的研究中比较有代表性的是：李强从社会支持刺激和个体心理健康之间关系角度，认为社会支持是一个人通过社会联系所获得的能减轻心理应激反应、缓解精神状态紧张、提高社会适应能力的影响；丘海雄等认为社会支持结构已从改革前资源主要由国家通过单位向个人提供的一元化结构，逐步转变为社会资源分布的多样化和社会支持的多元化结构；贺寨平运用社会网络分析，认为个人的社会支持网是指个人能借以获得各种资源支持（如金钱、情感、友谊等）的社会网络，通过社会支持网络维持日常生活运行，并解决遇到的问题和危机。社会支持的实现是一个由政府组织行为、非政府组织行为、社区行为和个人行为组成的社会系统工程。

社会支持包括两方面内容：一是包括物质支持，依靠稳定社会关系如婚姻、同事、朋友等，也可以依靠其他社会联系如非正式团体等，这种社会支持以客观存在的现实为条件；二是主观体验支持，即个人在社会生活中受尊重或被体谅的情感支持。社会支持是指一定社会网络运用一定的物质和精神手段对社会弱势群体进行无偿帮助的行为的总和。以社会支持理论取向的社会工作，强调通过干预个人的社会网络来改变其在个人生活中的作用。特别对那些社会网络资源不足或者利用社会网络的能力不足的个体，社会工作者致力于给他们以必要的帮助，帮助他们扩大社会网络资源，提高其利用社会网络的能力。失能老人由于生理、心理等原因，属于社会各阶层中的弱势群体，所以需要多方面的社会支持，包括正式支持和非正式支持。正式支持主要来自政府、社会正式组织的各种制度性支持，主要是由政府行政部门以及准行政部门的社会团体。非正式支持主要指来自家属、邻居和其他非正式组织的支持。在目前正式社会资源还不充足的情况下，建立多元化的社会支持体系对于全方位的满足失能老人的需求、建立和谐社会有着积极的意义。

2.3　国内外典型的长期护理保险制度

长期护理保险是将护理的费用由社会保险系统来支付的一种保险制度。与医疗保险和养老保险的不同在于，长期护理保险保障特定的人群，解决的是失能、半失能老年人的照护问题。根据实施主体的不同，可以将长期护理保险分为两大类：一类是社会性长期护理保险，即由政府强制力量保证实施的保险类别，以德国、日本为代表，另一类是由商业保险公司开发的商业性护理保险，以美国为典型代表。由于在国外推行长期护理保险起步较早，所以对其研究较为完善。OECD 组织依据两个维度，即长期护理给付的津贴范围和是否为一个独立的运行体系进行，将 OECD 国家的长期护理制度划分为三种类型，第一种为普遍性的独立运行模式，它又分为三种不同模式，即北欧地区的以税收为主的模式、德日韩等国家的公共长期护理保险模式，以及附属在医疗保险体系之下的比利时模式。第二种是混合模式，分为与收入相关的混合模式如法国，以及普遍性和收入调查相结合的混合模式，如瑞士、新西兰等。第三种为基本安全网模式，如美国和英国。课题组简单按实施主体不同，仅分为两种模式，即长期护理商业保险模式和长期护理社会保险模式。

2.3.1　国外典型的长期护理保险制度

2.3.1.1 长期护理商业保险模式

长期护理商业保险以美国为代表，覆盖范围最为广泛。长期护理商业保险遵循互济性的保险原则，实行由保险人和被保险人按照参保人所购买的保险合同共担风险的原则。保险公司与参保人建立契约关系，在实行过程中一般权利与义务对等，即参保人获得的待遇水平是由缴纳的保险费用所决定的。1975 年，美国的商业保险公司销售了第一代长期护理商业保险产品，成为最早销售商业长期护理保险的国家，美国之所以选择长期护理商业保险模式，也是由多方面因素所决定的。

第一，长期护理风险成为社会风险是长期护理商业保险制度发展的基本条件。20世纪50年代美国人口老龄化的加剧使长期护理风险成为一种社会风险，人口老龄化的压力是美国长期护理商业保险发展的基本动因，政府迫于人口老化的问题，在公共部门缺乏老年人照护政策的条件下，需要实施新的政策来鼓励和推动长期护理商业保险市场的发展。

第二，长期护理昂贵的费用是民众购买长期护理商业保险的主要动因。美国是市场化程度较高的国家，国家在提供社会福利方面作用较小，大部分照护费用是民众自己购买。长期护理所需费用昂贵，超过美国普通家庭的承受能力，迫使更多人会针对未来长期护理风险进行投资，由此促进了长期护理商业保险的发展。

第三，政策缺失是长期护理商业保险发展的重要因素。美国一直没有形成覆盖全体国民的医疗保障或者医疗保险制度，医疗照护保险和医疗救助制度所提供的照护仅限于提供机构照护，那些希望在家中接受照护的人就必须依赖非正式照护机构给予照护。医疗照护和医疗救助这种有限的服务范围为长期护理商业保险的发展提供了潜在因素。

第四，政府的积极干预是发展长期护理商业保险的催化剂。美国政府对于商业保险市场的态度较为积极，并且配以相应的一系列政策保护商业保险的发展，尤其州政府通过一些鼓励保险市场发展的政策来影响商业保险市场的覆盖范围，在一定程度上避免产生政府的公共计划对于长期护理商业保险的挤出效应。如联邦政府作为大型的团体保单购买者，其雇员可以通过联邦政府购买长期照护商业保险。无论在覆盖范围还是费用共享上，政府都鼓励有能力支付长期护理商业保险的群体自愿购买。

第五，财政体制中的分权制是长期护理商业保险发展的又一推手。美国是三权分立的联邦制国家，政府分为联邦、州、地方三级，其财政体制也按联邦、州、地方三级划分，各级政府均有各自的财政收入和支出范围，各级政府财政相对独立，无法通过资源共担方式扩大社会保险计划，因此，联邦政府只能鼓励长期护理商业保险的发展，试图满足有长期照护需求的人。

第六，美国传统的意识形态有助于长期照护商业保险的发展。个人主义是美国传统价值的核心，这种价值观念反映到美国人的长期护理模式选择上就是美国人喜欢用自己的积蓄来满足老年时的生活需求。综合以上因素，长期护理商业保险模式更适合美国的国情。

美国的长期护理除了商业性长期护理保险之外，美国的老年人医疗辅助计划、低收入家庭补助计划等社会医疗制度也承担了部分长期护理保险的责任，它们共同构成了美国的公共长期护理保险制度。

2.3.1.2 长期护理社会保险模式

除美国外，大多数实施长期护理保险的国家采用的都是社会保险的形式，在世界上实施长期护理社会保险的国家中，德国无疑是最典型的国家。早在 1844 年左右，在普鲁士国王的推动下德国就成立了劳动阶层福利总会，并且最早提出了普鲁士公共老年人赡养机构计划。德国在 1889 年通过了《伤残暨老年保险法》，这是一部专门办理残障与老人年金保险的法律，后来成为世界各国推行社会保险的模范。之后在 1995 年，德国又颁布了《长期护理保险法》，并于 1996 年 7 月全面实行，从此长期护理社会保险作为德国第五大社会保险支柱的地位得以建立。那么德国为什么选择长期护理社会保险模式呢，究其原因大概包含以下几个方面：

第一，德国的人口老龄化现状以及社会结构的变迁是其实施《长期护理保险法》的直接原因。过早地进入人口老龄化社会的德国出现了很多问题，随着人口的老化、生育率的降低、家庭结构的转变、离婚率增加、女性工作参与率的提升与德国整体环境因素的改变，长期照护的问题由个人层面转移至社会层面，单靠个人或家庭的能力已经无法解决这一问题，因此只有依赖社会整体力量才能处理。

第二，德国的财政压力是其实施《长期护理保险法》的根本原因。在实施长期照护保险以前，德国的其他社会保险都不为长期护理付费，很多人只能是依赖社会救助金和社会福利体系生活，这使得负担社会救助金的德国地方政府不堪重负，迫于财政压力，德国不得不尽早实施长期护理社会保险以解燃眉之急。

第三，社会福利价值理念是德国实施《长期护理保险法》的润滑剂。作为以社会市场经济的运作为核心的国家，德国经济的主要特征是国家应积极而有效地履行市场经济所赋予其的经济职能。全民福利是社会市场经济的基本目标，在这一目标指引下，需要消除社会贫富悬殊的现象，使大多数人能够共享经济繁荣的果实；同时德国又提倡自由竞争，反对任何市场垄断，市场竞争制度是社会市场经济体制的核心，强调个人的权利与义务对等，确保个人自由与社会义务的良性互动。因而社会保险的形式更能体现德国福利国家要实现效率和公平特点的筹资手段。

第四，财政体制是实施长期护理保险制度的必要条件。德国是多级财政分权体制，这使得州政府能够积极地参与政治决策，当负责社会救助的地方政府的财政压力过大时，他们能够通过参与政治决策来影响政策的决定；另一方面，德国的财政体制是具有共享税收收入的财政联邦主义体制，在这种体制下，州政府和地方政府的收税权力很小，州政府依靠联邦政府的补助资金，这种体制导致一些次级政府应对的负担最终会影响其他地区，使得地方政府在面临巨大财政压力的时候能够做出集体反应。由于社会保险计划可以由政府间资源分担，因此，德国政府更倾向于建立长期护理社会保险。德国是现代社会保障制度的起源国，也是第一个通过立法强制性、全民性推行长期护理保险制度的国家。

德国的长期护理保险制度虽然实施较早，但其政策发展平稳，其制度框架一直没有大幅度的改动，只是随着社会需求政府适时地对政策做出调整，其改革总的趋势是：一是不断提升专业化护理的水平；二是继续加大力度扶持非正式的家庭成员、亲属等提供的护理服务。正式护理与非正式护理双管齐下正是德国长期护理保险制度实施至今有效化解护理风险的成功之处。2008 年 5 月德国政府通过了长期护理保险制度最重要的一次改革,7 月 1 日正式开始实施《长期护理保险结构改善法》。本次改革的核心内容主要包括有:一是实施护理假制度;二是鼓励并加强复健服务;三是实施个案管理与服务咨询;四是进一步改善护理服务质量;五是调整长期护理保险给付;六是调整并扩大护理需求对象范围。

日本是长期护理社会保险模式的另一个典型代表。1990 年,日本 65 岁以上的老年人占日本总人口的比重为 12%,此后,日本老龄化急速发展。2006 年,日本老年人的比例高达 20.8%,为世界老年人口比例最高,预计 2025 年,老年人的比例将达到日本总人口 30%。人口的老龄化使老年人的护理需求增加,日本政府于 2000 年推出了长期护理保险制度,目的是延缓老年人身体状况下降,让老年人尽可能长时间地在社区独立生活扩大社区护理。日本长期护理保险制度的覆盖对象分为两类,其中 65 岁以上的居民为第一类被保险人,40—65 岁的医疗参保者为第二类被保险人。第一类被保险人只要有护理需求,就可以申请护理服务;而第二类被保险人只有在患有痴呆、心脑血管疾病等 15 种疾病之时才可以申请护理服务。

日本的长期护理保险制度主要事务由市町村负责,具体包括征收保险费、受理保险赔付申请、提供必要的保险服务、监督保险服务质量等老年保险福利事务,同时国家和都道府县对市町村提供财政及行政方面的支持。护理服务具体划分为 7 个等级,即"要支援 1—2""要护理 1—5","要支援""要护理"的每一个护理等级都有具体的费用规定。服务项目分为两种:一是在家护理,二是专门机构护理。在日本长期护理保险中,被保险人所缴纳的保险费占保险费用的 50%,另外 50% 由政府承担,其中中央政府承担 25%,都道府县和市町村各承担 12.5%。65 岁以上的被保险人由市町村制定具体比例,按其收入核算保险费,每三年做一调整,保险费从其退休金中扣除;40—65 岁的被保险人的保险费先由国家统一征收，然后根据市町村的支出情况进行分配。需要指出的是，低保对象免缴保险费，生活困难者、医疗救济对象、低收入者减免50%。被保险人利用保险服务时，90%由护理保险进行支付，而其自身只需负担10%的费用。如果利用设施服务，则需另外支付伙食费和日常生活费。

日本从德国引入长期护理保险制度，但没有刻意完全仿效德国，而是结合了本国国情，创新性地发展了适合本国的长期护理保险制度。日本的长期护理保险制度沿着本国注重专业化发展的基本路径，完善就地养老的原则，专注发展社区整合型护理，取得了显著的成效。日本自2000年建立该制度后，分别在2005年和2010年经历了两次改革。2005年日本长期护理保险制度改革的基本方向主要有：一是向预防型为中心的体系转换；二是调整机构给付；三是确立新型服务体系；四是继续提升服务质量；五是调整筹资标准。2010年日本第二次对长期护理保险制度实施改革，再次对社区服务、服务质量的保障和保险费等方面做了改善和调整。其主要意图有：一是加强和保障护理服务的专业性，如社区服务的建设、长期护理服务质量的保障和提升、护理从业者资格提升等；二是控制费用，如再次平衡给付和缴费，在加强政府责任的同时引导个体依照个人收入增加个人费用负担比例。

作为"亚洲四小龙"之一的韩国，在人口老龄化并不严重时就前瞻性地启动了长期护理保险制度的构建，成为新兴国家的典范。韩国的长期护理保险制度选择了从重症老年人开始，逐渐扩大覆盖范围，阶梯式提高缴费率，走出了一条具有本国特色的长期护理保险制度构建之路。进入21世纪后，韩国老年人比例加速增长，患慢性疾病的老年群体对护理需求越来越高，从而引发传统护理方式难以为继、老年人及其家庭经济负担加重两个较为突出的社会问题。1999年10月，以大韩民国老年协会会长、首尔大学社会福利专业崔成载教授为首的老人福利领域的专家向金大中总统提交了《老年人保障福利中长期发展计划促进报告》，提出了长期护理的相关政策议题，并提出组织建设"老年人长期护理研究团"。2001 年 8 月 15 日的总统选举公约中，金大中第一次正式向全民公布了《老年人长期护理保险制度的引入计划》，使得长期护理保险制度首次进入公众的视野。之后，由政府主导的少数精英团体开始将制度的实施方案具体化。经过几年的讨论，韩国于 2007 年 4 月颁布了《老年人长期护理保险法》，从政策企划到立法预备案颁布历时两年零六个月。

韩国的长期护理保险机构为国家健康保险机构（National Health Insurance Corporation，NHIC），该机构在全国各地（市、县、区等单位）设置分支机构，并组织 15 人以下认定长期护理需求的审议评估团队，其成员包括医疗从业者、社工等在内的 7 名成员。韩国的长期护理保险制度由中央政府负责总策划、指导和监督，扶助推动老年性疾病预防事业；地方政府负责护理机构的设立、审评和监督；具体运营由保健福利部指导和监督的健康保险机构负责。

韩国的长期护理保险制度的受益人群为两类：一是超过 65 岁的老年人群；二是 65 岁以下患有老年性疾病的人群。65 岁以上患有重症的老年性疾病的老人可享受长期护理保险制度提供的护理服务；65 岁以上的老年群体中，患有较轻微症状的老人可享受家庭和社区护理服务；65 岁以下的人群中一部分属于一等级的残障人士，他们通过残障人活动保障服务获得护理服务；65 岁以下的人群一部分患有老年性疾病的人群也可享受长期护理保险制度提供的护理服务。韩国在缴费人群上与德国类似，其缴纳者不仅包括在职员工，同时也包括有老年群体，其费用征收采用随同医疗保险费的原则。尽管同时征收，但是分账管理，其缴费率从 2008 年的 4.05% 以上调到现在的 6.55%。韩国的长期护理保险服务费由三方面组成：参保人缴费（60%）、政府补助（20%）以及使用者负担（20%）。为引导更多的受益人使用居家服务，居家服务的自付额低于机构服务，为 15%。同时，为了维护和保障各类收入困难群体的利益，低收入群体无需付费，次上位阶层人群仅须支付费用的一半，即可享受服务。

韩国的长期护理保险制度迄今为止发展的历史很短，政府采取稳健的方式，一边不断扩大覆盖范围，一边通过提升护理服务的质量，保障合理公平的分配护理保险金以及保持财政的稳定性来增强国民对该制度的信心。韩国政府采用不断试点，逐渐铺开，不断扩大覆盖人群，有序推进长期护理保险制度的做法值得我国借鉴（见表2－3）。

表2－3　德日韩三国长期护理保险制度的基本内容①

	德国	日本	韩国
实施年份	1995 年	2000 年	2008 年
实施时的老龄化程度	18.7%	17.2%	11.9%
法律基础	《护理保险法》	《介护保险法》	《韩国老人长期照护保险法》
组织体制	护理保险机构为长期护理保险主体，虽然依附于健康保险机构，但为独立的自治行政公法人，为权利义务主体（行政委员会和理事会作为自治机构的主体）	政府组织体系强势主导，以厚生省为主，加上财务省和自治省的配合，通过都道府县以及市町村区作为保险人	政府组织体系强势主导，以保健福利部为主，全国健康保险公社为保险人
参保人群	全体国民（包括年金领取者、失业者等）	65 岁以上的老年人和40—65 岁的中老年人	全体国民（包括老年群体、低收入可减免部分费用；参加人群体可免缴费）
受益人群	通过资格审核的参保人	65 岁以上老人为主，包括 40—65 岁因特定疾病引发残障而需要护理者	65 岁以上老年人为主，少部分患有老年性疾病的 65 岁以上人群
资金组成	保险费	保险费（50%）＋政府补助（50%）	保险费

① 陈诚诚：《德日韩长期护理保险制度比较研究》，北京：中国劳动社会保障出版社，2016 年版，第111 页。

	德国	日本	韩国
保险费征收标准	收入的 2.05% （2013年）	40～65 岁：健康保险费额×护理保险费率；65 岁以上：第四期基准额为4160 日元	健康保险费额×护理保险费率（6.55%）
服务费用组成	保险费＋个人负担部分＋社会救助金兜底	保险费＋政府补助＋个人10%	保险费（60%）＋政府补助（20%－25%）＋个人（居家15%，机构20%）
服务内容	居家给付（实物/现金/混合）、机构给付	居家给付（实物给付）、机构各付（社区整合性服务体系）	居家给付（实物给付）、机构给付

2.3.2 国内部分城市的长期护理保险实践

当前的中国正处于社会转型、经济转轨和文化转变的深刻变革时期，与此同时，也正在经历着人口快速老龄化导致的从年轻社会向老龄社会的急剧转变。在我国与老龄化相伴出现的还有高龄化和失能化，越来越多的老年人需要各种医疗护理，随着失能、半失能老人对生活质量要求的提高，因护理带来的经济压力越来越大，单个家庭难以应对，必须倡导社会化养老，充分发挥政府在照护老人方面的职责。然而目前仅仅依靠现有的医疗保险、养老保险已不能很好地缓解老龄化所带来的整个社会的生存压力，因此我们迫切需要采取各种措施来拓宽筹资渠道，提高保障水平，通过对发达国家应对人口老龄化的经验进行分析，结合我国国情，不难发现，建立长期护理保险是一条行之有效的途径，它能够有效地应对人口老龄化的挑战，减轻照护失能、半失能老人给家庭带来的资金困扰。

《中共中央关于制定国民经济和社会发展第十三个五年规划的建议》中提出"探索建立长期护理保险制度"，表明长期护理保险将是未来五年我国社会保障建设的重点之一。长期护理保险制度作为一项应对人口老龄化、家庭小型化以及疾病结构慢性病化等风险因素的重要制度安排，在国外早已有之。由于受到各国政治、经济及文化差异的影响，国外的长期护理保险呈现不同的制度模式和运行方式，但这一制度的确立都不同程度地缓解了本国的社会矛盾。2014 年，我国 60 岁以上的人口占了总人口的 15.5%，65 岁以上的人口占了总人口的 10.1%；随着我国人口老龄化的不断加剧，人口的预期寿命也在不断地延长，1990 年我国人口预期寿命为 68.55 岁，2000 年为 71.40 岁，2010 年预期寿命已经是 74.83 岁，按照此规律，预期寿命会进一步提高。而且我国传统的养老模式是家庭养老，相对应的老年人护理也是由子女来完成。但是，我国近十年家庭规模不断地缩小，由 2004 年的 3.36 降到 2013 年的 1.98，"8422"或者"8421"已经成为家庭规模的常态化趋势。另外，女性就业逐渐的常态化，职业化的女性角色与原来在家庭中扮演的角色发生了冲突。当前我国的失能群体在不断地增多，截至 2014 年底，我国失能半失能老人约有 4000 万。随着政策导向、社会结构和意识形态等领域的转变，我国长期护理保险已经成为当前亟需深入研究和积极建构的政策制度。

2.3.2.1 青岛市的长期护理保险实践

在老龄化逐渐加剧和失能群体不断增多的情况下，青岛市的基本医疗保险已经不能满足失能群体的庞大开支，所以青岛市积极探索长期护理保险。2006 年青岛市就开始探索医疗护理保险，青岛市的探索大致可以分为三个重要的阶段：第一阶段，从 2006—2011 年，先后出台了老年医疗护理、医院专护等政策，在政策层面为医疗护理探索提供支持；第二阶段，2012 年对原有政策进行整合，率先在全国建立了护理保险制度，出台了《关于建立长期医疗护理保险制度的意见（试行）》；第三阶段，从 2015 开始，以"政府令"的方式实现城乡全覆盖，重点是把护理保险延伸到农村，因为青岛市农村地区的老龄化程度和失能老人状况比城市较为严重。2012 年 7 月青岛市正式颁布《关于建立长期医疗护理保险制度的意见（试行）》，在全市范围实施长期医疗护理保险制度，探索运用社会保险机制来解决失能人员医疗护理，在全国率先建立长期医疗护理保险制度。2014 年，青岛市 780 万户籍人口中，60 岁以上老年人口达到 153 万，占总人口的 19.6%，高出全国 4.1 个百分点。其中，半失能老人接近 20 万人，完全失能老人接近 10 万人，失能老人占老人总数的 19%。青岛市的这一严峻形势，恰恰需要加快推进其长期医疗护理保险制度。

青岛市长期医疗保险制度规定，凡参加城镇基本医疗保险的在职职工及退休人员、老年居民、重度残疾人、城镇非从业人员，均同时参加长期医疗护理保险。护理保险费主要通过调整基本医疗保险统筹账户和个人账户结构进行筹集，财政根据基金使用情况给予补助，用人单位和个人不需另行缴费。护理保险基金按照划拨来源，分为城镇职工护理保险和城镇居民护理保险两部分，实施统一管理、分账核算，统一支付，分开核算收入、支出和结余。在定点服务机构接收医疗护理、医疗专护或居家接受医疗护理照料的参保人发生的符合规定的医疗护理费等相关费用，可纳入护理保险基金支付范围。参保人享受长期医疗护理保险待遇期间，不能重复享受住院、门诊大病、普通门诊等应由城镇基本医疗保险基金支付的相关待遇。

青岛市在探索医疗护理保险过程中很好地把握了医疗和养老的关系，其制度设计的核心就是把护理服务和医疗服务适当的分开，把医疗和养老结合起来。在这个基础之上，青岛市构建了四种护理模式，分别是医院专护、护理院护理、居家护理和社区（镇村）巡护。这四种护理在形式和内容上都存在不同的地方，第一种医院专护主要针对的是重症的失能老人，主要依托二、三级医院，利用现有的医疗资源，并且按每床日 170 元的价格实行包干。2015 年底青岛市的医院专护有 15 家，床位的数量达到了 1030 张，服务累计的人数达到了 2640 人。第二种是护理院护理，这种护理模式的主要对象是生命历程后期需要临终关怀的老人，依托社区的护理院，主要利用社区的护理资源，按 65 元/日/床的价格实施包干。第三种是居家护理，主要利用家庭的资源，服务于那些愿意在家接受护理的老人，虽然在家护理，但需要依托社区的医疗机构。由于受到我国传统的居家养老的影响，大部分老人愿意在家安度晚年，所以这种模式的护理服务人数较多，达到了 30541 人。第四种是社区（镇村）巡护，这种模式主要针对农村的老年人，主要依托乡镇卫生院和村卫生室，采取直接进入农村需要护理的家庭进行巡诊护理。对于需要护理的对象，按每人每周巡护不少于 2 次，而且每年需要付出 1600 元实施包干。目前此类机构数量达到了 4000 余家，服务的人数已经累计达到 2751 人。

青岛市在探索长期护理保险时没有财政的投入，也没有增加缴费群体的缴费负担，主要是通过调整基本医保基金的支出结构，分别从职工医保基金和居民医保基金中划出部分资金，分别设立了职工护理基金和居民护理基金。据统计，2015 年共筹集的护理基金达到了 8 亿元，其中职工医保基金有 5 亿元，居民医保基金有 3 亿元。经过三年的基金运行可以发现，基本医疗保险和长期护理的基金总体保持平稳。同时青岛市也加强对长期护理制度的监管服务，一是在"互联网＋"的背景下将信息技术融入监管中，如实行 APP 智能监管，通过 GPS 定位、指纹识别等技术手段，对服务情况进行实时监控，确保服务质量和基金安全；二是对失能人员进行生活能力评估，对护理服务机构实施资格准入和协议管理，护理服务通过 APP 进行智能监管。三年来取得了一定的成效：首先，减轻了护理家庭及个人的负担。由于青岛市长期护理保险不设立起付线，参保职工的报销比例达到 90％，参保居民的报销比例达到 80％。综合上述的四种模式计算得出，护理保险产生的人均费用只有 56.2 元/日/床，相当于二、三级医院同等花费的 1/20；护理保险产生的人均个人费用为 4.2 元/日/床，相当于二、三级医院的同等花费的 1/77。这样就大大地减轻了护理者的经济负担，同时也节约了基本医疗保险的基金。其次，推动了护理机构的发展。由于政府给予护理机构政策上的支持，使护理机构得到快速的发展。

2.3.2.2 长春市的长期护理保险实践

据统计，目前长春市 60 岁及以上老年人口 131.6 万人，占户籍人口的 17.4%。随着全市老龄化进程的加快，家庭结构少子化、小型化结构普遍形成，现有的医保制度和传统的家庭照护模式已无法满足老龄化形势下对失能老人生活照料和日常护理的需求。从 2014 年下半年开始，长春市人社局就成立了专门的课题小组对长期照护需求进行了调研，发现目前长春市医保参保人员中，每年因疾病导致失能需要入住医疗机构进行一级护理的达 9 万人次左右，其中重度失能人员有 7162 人，并且依据医保的数据进行测算，得到的结果是：实施照护保险制度所需资金约占医保基金结余的 5%，即医保基金结余还能保持在 10% 左右能够确保医保基金安全运行。在经过实地调研和数据分析的基础上，征求参保人群、经办服务机构和专家学者等意见，2015 年 2 月初，长春市出台了《关于建立失能人员医疗照护保险制度的意见》和《长春市失能人员医疗照护保险实施办法》，以便从制度上解决全市失能参保患者的医疗照护问题。接着，长春市通过多种途径对长期照护进行逐步地推广和实施，如逐步试点、部门联合、立体宣传、规范管理等。

长春市长期照护的对象主要是完全失能群体，长期照护基金主要补偿完全失能人员的日常照料费用和医疗护理费用。保障的范围主要是入住定点的养老或医疗护理机构接受长期日常照料和医疗护理的参保人。长春市长期照护的资金也主要是从医保基金中划拨，一方面从基本医疗保险统筹基金历年结余中一次性划拨 10%，作为长期照护保险的启动资金；另一方面来源于基本医保基金。对于城镇职工基本医保，如参加统账结合医疗保险的，以当月职工医保缴费工资基数为标准，分别从职工医保个人账户中划转 0.2 个百分点、统筹基金中划转 0.3 个百分点，而参加住院统筹医疗保险的，从医保统筹基金中划转 0.5 个百分点。对于城镇居民基本医保，从城镇居民基本筹集基金中按每人每年 30 元标准划转，列入城镇居民医疗照护保险资金。另外，财政依据长期照护运行的情况给予部分补贴。医疗照护保险资金单独筹资，独立建账，单独监管。

长春市失能人员医疗照护保险制度实施几个多月的时间就取得了一定成效。一是失能人员及家庭的经济负担得到部分缓解。二是定点机构的照护专业化水平得到提升。过去对失能人员的照护，主要以家庭为主，靠亲人"轮岗值班"的方式提供非专业化照料。三是促使长期照护的产业化，将形成强大的就业需求。目前，长春市拥有专业的护理人员 4000 多人，但是按照 1∶3 的失能人员护理比例，全市大约需要 3 万名专业护理人员，这就会促使专业护理的产业化发展，成为解决就业的一个重要手段。

2.3.2.3 南通市的长期护理保险实践

南通市在 1983 年就已经进入老龄化社会，目前全市老年人口达到 194 万，占总人口的 26.1%，远高于全国的老龄化水平。而且，据 2013 年的数据显示，全市 80 周岁以上的老人达到了 32 万人，占老年人总数的 16.63%，90—99 岁的老年人口超过了 4 万人，随着预期寿命的延长，老年人的高龄化现象严重。而且空巢老人的数量较多，目前全市空巢老人接近 98 万人，占老年人口数的一半，其中农村空巢老人达 56 万人，约占农村老年人人口的 48%；城市空巢老人有 42 万，占城市老年人的 54%。因此，南通市在面临着人口老龄化、高龄化以及老年人独居等情况下积极的探索本市的长期照护保险。

早在 2000 年南通市就建立了家庭病床制度，对于符合住院条件、但可以居家治疗的失能患者，由医保定点医院办理家庭病床上门治疗。2012 年，南通市出台了定点护理院管理办法，将护理院纳入医保定点范围。2013 年，启动了基本照护保险的调研，建立了独立于五险之外的第六险，于 2015 年出台了《关于建立基本照护保险制度的意见（试行）》。南通市的基本照护保险目前保障的对象为市区（崇川区、港闸区、市经济技术开发区）范围内的职工基本医疗保险和居民基本医疗保险的参保人员。长护保险建立初期，保险基金按照南通市上年城镇居民人均可支配收入的千分之三左右确定，筹集标准暂定为每人每年100元，其中个人缴纳每人30元，医保统筹基金筹集每人30元，政府补贴每人40元。该基金的筹集按年度一次性筹集，根据社会经济发展情况，逐步提高个人缴费、政府补贴在筹资总额中的比重。另外，也接受企业、单位和慈善机构等社会团体和个人的捐助。个人缴纳部分，参加职工基本医疗保险的人员，由市医疗保险经办机构统一从医疗保险个人医疗账户中划转；参加居民基本医疗保险的人员，在缴纳居民基本医疗保险费时一并缴纳，其中未成年人（含在校学生）以及城镇最低生活保障家庭、特困职工家庭、完全或大部分丧失劳动能力的重残人员（1—2级）由政府全额补助，个人无需缴纳。医保统筹基金筹集部分，每年年初按照参加照护保险的职工医保和居民医保人数分别从职工医保统筹基金和居民医保统筹基金筹集。政府财政补助部分，由市财政于每年年初一次性划入。其待遇享受的条件为因年老、疾病、伤残导致失能，经过不少于6个月的治疗，符合《日常生活活动能力评定量表》（Barthel指数评定量表）重度失能标准，生活不能自理、需要长期照护的参保人员。

通过该制度的推行，南通市的基本照护保险也取得了一定的成效。首先，减轻了失能患者及家庭的经济负担。之前的一些失能群体一般需要反复的住院和长期住院，付出巨大成本的同时家人陪床也困难重重，但是制度建立后可以享受居家护理和机构护理，就大大减轻了负担。其次，提高资源的利用效率和基金的使用效率。失能群体之前需要长期占用着医院的床位，这样就导致了床位的紧缺，同时浪费大量医保基金。照护保险建立后，就可以让失能群体回到家庭或者专业护理机构去，提高了医院床位的保证率，也减少了医保基金的浪费。最后，刺激了护理行业的发展和增加了就业岗位。建立照护保险后有了稳定的资金来源，吸引大量的照护服务机构参与，激发了市场的活力，让更多的主体参与进来，而且形成了较多的就业需求。

2.3.2.4 上海市的长期护理保险实践

上海是我国步入老龄化最早的城市，老年人口数量多，比重大。人口老龄化加剧，而家庭照护功能的弱化以及长期护理费用的持续攀升推动了上海市长期护理保险的探索。上海市"十二五"规划提到要逐步建立健全多层次老年护理制度，加强老年护理队伍建设，足见政府对老龄化问题的高度关注。早在 2005 年，上海市就根据本市情况，提出构建服务方式多样、服务功能多层、实施主体多元的老年人生活支持体系的"上海模式"。

上海市人口基数大，老龄化问题突出。因此，老年人护理问题一直受到上海市政府的高度重视，并不断实施制度创新。为了进一步强化老年护理服务，2013 年 7 月，上海市在 3 区 6 个街镇正式启动以面向居家老人为主的高龄老人医疗护理计划试点。2014 年 10 月将试点扩至 6 区 28 个街镇，2016 年 1 月又扩至全市所有区县。此次高龄老人医疗护理计划的试点对象是本市户籍参加"职保"且经评估护理需求达到相应等级的 70 岁以上老人。需求评估不单要评估老人的健康状况和生活自理能力，还增加了对老人认知能力的评估，评估结果分为一般、轻度、中度和重度 4 个等级。通过评估后的老人可获得以下服务：基础护理、常用临床护理以及相应的护理指导，由医保、卫生部门共同制定服务标准。同时，该护理计划明确规定了相应的服务时间：轻度老人每周 3 小时，中度老人每周 5 小时，重度老人为每周 7 小时。护理服务的费用支付标准及办法：新增设立居家医疗护理服务项目，现行收费标准为 50 元/小时，医保基金支付 90%，个人自付 10%；医疗照护员服务收费标准为 65 元/小时，执业护士则为 80 元/小时。上海市通过先后建立老年照护统一需求评估制度，开展高龄老人居家医疗护理试点计划，以及加快护理人员队伍建设等老年护理服务，取得了较好的成效。

上海市是在 2016 年 6 月被国家人社部确定为国家首批长期护理保险试点城市之一。2016 年 12 月 29 日，上海市政府正式发布《上海市长期护理保险试点办法》通知，2017 年 1 月 1 日正式实施，有效期至 2018 年 12 月 31 日。按照"分步实施"的原则，上海市长期护理保险制度在徐汇、普陀、金山三个区先行试点，时间为 1 年左右，择期扩大到全市范围。先行试点期间，长期护理保险基金在市医保中心的医疗保障专项资金账户下开设子账户进行核算，并按照试点启动当月职工医保基金中单位缴费的 1%，由职工医保财政专户结余划转至长期护理保险财政专户，用于支付先行试点期间符合长期护理保险规定的费用；先行试点期间资金不足时，按照上述规定另行申请划转；先行试点结束后，划转结余至长期护理保险财政专户第一类人员子账户。先行试点期间，暂不执行第六条有关资金筹资的规定。

上海市长期护理保险的参保人员有两类人员组成：一是参加本市职工基本医疗保险（简称"职工医保"）的人员（以下简称"第一类人员"）；二是参加本市城乡居民基本医疗保险（简称"居民医保"）的 60 周岁及以上的人员（以下简称"第二类人员"）。上海市长期护理保险筹资是按照"以收定支、收支平衡、略有结余"的原则合理确定，并根据本市经济社会发展和基金实际运行情况，及时进行调整。具体办法是：第一类人员由用人单位按照本单位职工医保缴费基数之和 1% 的比例，缴纳长期护理保险费；在职职工个人按照其本人职工医保费基数 0.1% 的比例，缴纳长期护理保险费，试点阶段个人部分暂予减免。退休人员个人不缴费；第二类人员按照略低于第一类人员的人均筹资水平确定其人均筹资标准，个人缴费部分占总筹资额的 15% 左右。其余部分，由市、区财政按照 1∶1 比例分担。上海市根据护理方式的不同，制定了不同支付标准与待遇。社区居家照护待遇：（1）评估等级为二至六级的参保人员，可以享受社区居家照护。试点阶段，每周上门服务的频次为：评估等级为二级或三级的，每周上门服务 3 次；评估等级为四级的，每周上门服务 5 次；评估等级为五级或六级的，每周上门服务 7 次。每次上门服务时间为 1 小时。（2）为体现鼓励居家养老的原则，对于评估等级为五级或六级接受居家照护服务的参保人员，连续接受居家照护服务 1 个月以上 6 个月（含）以下的，由其自主选择，在规定的每周 7 小时服务时间的基础上，每月增加 1 小时的服务时间，或者获得 40 元现金补助；连续接受居家照护服务 6 个月以上的，由其自主选择，在规定的每周 7 小时服务时间的基础上，每月增加 2 小时的服务时间，或者获得 80 元现金补助。（3）市医保中心按照规定，与定点护理服务机构通过服务协议，约定社区居家照护服务的协议价格和长期护理保险支付标准。（4）对参保人员在评估有效期内发生的社区居家照护的服务费用，长期护理保险基金的支付水平为 90%。养老机构照护待遇：（1）评估等级为二至六级的参保人员，可以享受养老机构照护。保基本类养老机构的准入条件，按照相关规定执行。（2）市医保中心按照规定，与定点护理服务机构通过服务协议，约定养老机构照护服务的长期护理保险支付标准。（3）对参保人员在评估有效期内发生的符合规定的养老机构照护的服务费用，长期护理保险基金的支付水平为 85%。住院医疗护理待遇：参保人员在住院医疗护理期间发生的符合规定的费用，其待遇按照其本人所参加的本市职工医保或居民医保的相关规定执行。住院医疗护理的收费标准，按照本市现行医疗机构医疗服务项目和价格汇编等的相关规定执行。试点阶段，逐步推进参保人员经由老年照护统一需求评估后享受住院医疗护理。

③ 广州市长期护理保险制度
构建的目标与原则

建立长期护理保险制度，是应对人口老龄化、促进社会经济发展的战略举措，是实现共享发展改革成果的重大民生工程，是健全社会保障体系的重要制度安排。广州市作为广东省唯一全国试点城市，其制度的构建具有创新性、开拓性和全局性等显著意义。

3.1 广州市长期护理保险制度构建的背景

2015 年末广州市常住人口 1350.11 万人，其中户籍人口 854.19 万人。在认真贯彻落实中央和省的各项方针政策中，广州市委、市政府主动适应和引领经济发展新常态，全力推进稳增长、调结构、促改革、惠民生，经济实力显著增强，产业转型升级步伐加快，国家中心城市功能和民生福祉持续提升。2015 年，广州市实现地区生产总值（GDP）18100.41 亿元，增长 8.4%；广州地区的财政总预算收入 5116 亿元，增长 5.8%；全年城市常住居民人均可支配收入 46734.6 元，增长 8.8%，农村常住居民人均可支配收入 19323.1 元，增长 9.4%；全市参加基本养老保险 1159.4 万人，其中参加城镇职工基本养老保险 1008.24 万人，参加城乡居民养老保险 129.27 万人，参加农转居人员养老保险 21.89 万人；参加基本医疗保险 1052.62 万人，其中，参加城镇职工基本医疗保险 607.62 万人，参加城乡（镇）居民基本医疗保险 444.99 万人；全社会保险基金收入 882.92 亿元，增长 10.7%；年末五种保险基金累计结余 1611.28 亿元，增长 13.7%；全年医疗救助 51.3 万人次，其中，民政部门资助参加医疗保险人数达 17.6 万人。年末享受低保救济的困难群众达 5.7 万人，其中，城镇 2.4 万人，农村 3.3 万人。各类收养性社会福利单位床位 4.5 万张，收养人员 2.6 万人。城镇各种社区服务设施 0.2 万个，其中，综合性社区服务中心 173 个。共发行销售福利彩票 39.4 亿元，筹集福利彩票公益金 11.3 亿元，直接接收社会捐赠 2.6 亿元。尽管广州市的国民经济和社会事业得到了长足发展，但仍面临诸多挑战。

3.1.1 现实需要

自 1992 年广州市进入老龄化社会后，经过 24 年的发展，老年人口规模持续加速增长，人口老龄化进一步加剧，呈现出家庭小型化、老龄化、高龄化、空巢化"四化叠加"的新态势。统计显示，包括独居老人在内的"空巢老人"达八成之多。截至 2015 年底，广州户籍人口总量为 854.19 万人，其中 60 岁及以上老年人口约为 147.53 万人，占人口比重约 17.27%，已进入中度老龄化社会。除了老龄化程度高，广州老龄化人口增长速度也十分迅速。自 2010 年至 2014 年以来，4 年间老年人口每年的增长总量分别为 4.9 万、5.2 万、6.61 万和 7.61 万，增长率分别为 4.2%、4.3%、5.3% 和 5.4%。据测算，至 2020 年，户籍人口中 60 岁及以上的老年人将约为 190 万。广州市人口的老龄化大大加重了独生子女的赡养负担，使"4＋2＋1"的家庭结构难以履行赡养义务，强化了社会养老的政府责任。

广州市在人口老龄化不断加重的同时，老年人中失能半失能人口比例越来越高，老年人长期护理风险逐渐社会化。据 2010 年全国第六次人口普查数据和广州市老年人口和老龄事业数据手册数据的综合计算，2015 年广州市老年户籍人口中完全失能人数为 26261 人、半失能人数为 84535 人，共计 110796 人。预计到 2020 年，失能人口将达到 49709

人，半失能人口为159859人，共计209568人。较高的残障率、失能率和患病率，使老年人的长期护理成为一个普遍的社会风险。而现有医保制度和传统的家庭照护模式已远远不能满足当前老龄化形式下失能老人的照料和日常护理的需求。尽管我国于2005年就已推出了商业性长期护理保险，但至今市场上长期护理保险的品种并不多，且销量十分有限，难以缓解老年人长期护理所产生的社会风险。构建广州市长期护理保险制度自然成为健全社会保障制度，完善社会医保制度的一种现实需要。

3.1.2　政策要求

全国第六次人口普查统计数据表明，我国已经进入人口结构快速老龄化阶段，对现有养老服务体系难以承载社会需求也已达成共识。2006年12月，中共中央国务院《关于全面加强人口和计划生育工作统筹解决人口问题的决定》（中发〔2006〕22号文）就明确提出"探索建立长期护理保险等社会化服务制度"。2011年12月，国务院办公厅发布《社会养老服务体系建设规划（2011—2015年）》（国办发〔2011〕60号文），其中号召"有条件的地方，可以探索实施老年护理补贴、护理保险，增强老年人对护理照料的支付能力"。2013年9月，国务院办公厅又下发了《国务院关于加快发展养老服务业的若干意见》（国发〔2013〕35号文），其中指出"鼓励老年人投保健康保险、长期护理保险、意外伤害保险等人身保险产品，鼓励和引导商业保险公司开展相关业务"。9月28日，《国务院关于促进健康服务业发展的若干意见》（国发〔2013〕40号文）又更明确地指出"积极开发长期护理商业险"。国务院的上述四个文件中都提及探索建立长期护理保险制度。2015年10月29日，中共十八届五中全会关于制定"十三五"规划中明确提出了"探索建立长期护理保险制度"的建议。广州市委、市政府为贯彻国家"十三五"规划关于"探索建立长期护理保险制度"的精神，在广州市人大十六届六次会议将"关于建立长期护理保险制度解决我市失能半失能老人养老难题的建议"纳入了人大建议。2016 年 6 月，国家人力资源和社会保障部正式将广州市列入国家首批长期护理保险制度试点城市，拉开了广州市构建长期护理保险制度的序幕。

3.1.3　必然选择

商业长期护理保险在我国的发展经历表明了在私人长期护理保险市场上存在明显的市场失灵。长期护理保险具有较大的不确定性，包括长期护理时间的不确定性、长期护理费用的不确定性。这种高度不确定性的存在使得长期护理保险价格的制定变得困难，导致商业长期护理保险市场存在较为严重的市场失灵。政府利用公共权力的介入，实施强制性参保，并以政府财政作为长期护理保险基金的后盾，使得长期护理社会保险模式运转顺利。德国、日本和韩国的实践经验得以证明。这种模式有其优越性：首先，强制性参保能有效保证样本数量多且较稳定，能确保政府较准确地估计长期护理风险概率和风险损失。其次，强制性有利于消除逆向选择风险，能以较低的保险费率保障被保险人风险的赔付。第三，强制性消除了短视行为的同时，让制度具有明显的规模经济效应。另外，从制度变迁理论可知，任何新的制度都无法脱离产生该制度的社会背景，都必然会存在"路径依赖"。德国、日本和韩国之所以选择长期护理社会保险模式，与其社会背景紧密相关。我国作为社会主义市场经济国家，已经建立了以社会保险为主的社会保障体系，这一国情背景，必然会成为我国在构建长期护理保险制度的最大国情。因此，政府主导下的长期护理社会保险制度模式就自然成为广州市长期护理保险制度构建的必然选择。

3.2　广州市长期护理保险制度的构建目标和特征

3.2.1　长期护理保险制度构建的目标

广州市长期护理保险制度的构建目标应重点关注因身心功能蜕化、

老年慢性疾病等原因而迫切需要长期护理服务的失能与半失能老年人，解决其因经济、社会条件等现实原因而无法享受到长期护理服务或无力承担长期护理服务费用的社会问题。通过建立法定长期护理保险制度，以责任共担、资金共享为基本原则，运用社会保险的强制性力量为被保险人直接提供护理服务或分担使用长期护理服务所产生的护理费用。广州市长期护理保险制度的构建目标应有短期目标、中期目标和远期目标构建。（1）短期目标（2017—2021）：通过医保经费的专项调拨，以及其他筹资的方式，以职工医保覆盖人群为对象，针对完全失能人员启动实施长期护理保险，逐步理顺经费筹集方式，将覆盖人群扩展到居民医保和新农合医保人群；同时，建立长期护理救助制度，推动商业长期护理保险发展。（2）中期目标（2022—2026）：实现长期护理保险制度的独立构建，健全政府、企业、个人和社会多方筹资方式，实现责任共担，以覆盖所有户籍和常住人口，保障对象从完全失能人员扩展到失能半失能人员；进一步健全长期护理救助制度，继续促进商业长期护理保险的发展。（3）远期目标（2027—2030）：采用社会保险、商业保险和政府救助综合发展的模式，以社会保险为主体，以商业保险和政府救助为补充，健全并完善保基本、全覆盖、多层次的长期护理保险体系，以满足群众的多元化需求。

3.2.2 长期护理保险制度构建的特征

根据长期护理保险制度实施的国内外经验和广州社会保险制度的实践经验，广州市长期护理保险制度应该是一个具有统一性、福利性、普惠性、强制性等特征的社会保障制度，旨在为广州市民提供标准化的基本护理保障。

（1）统一性。广州市长期护理保险制度应该是一个广州市全市统一的制度，即在全市不分城乡、不分地区采取相同的制度框架。"碎片化"发展是中国社会保障制度建设的一大弊端，多年来饱受诟病。一直以来，无论是我国的养老保险制度还是医疗保险制度，都存在着人群分割、地区分割和基金分散等问题，致使制度的"碎片化"，形成了待遇差别、重复参保、重复补贴、转移接续难等一系列严重的问题。这使得制度的并轨和基金的整合已经成为当前社会保障制度改革的重要任务。长期护理保险制度作为一种新的社会保障制度，要避免出现养老保险、医疗保险发展过程中的人群有别、先城后乡、基金分散等情况，就要从制度建立之初就实施统一的制度，避免再走弯路和走错路。

（2）福利性。广州市长期护理保险制度必须具备一定的社会再分配性质，必须有部分资金来源于公共财政，以承担长期护理保险中的托底功能。这方面可以借鉴日本、韩国和我国南通等国家和地区的做法。公共财政投入主要是通过政府补贴的形式，对部分低收入困难群体的参保和使用服务进行补贴，确保低收入群体可以参与到制度中来，并确保他们可以享受到护理服务。对长期护理进行公共投入是发达国家的普遍做法，世界上建立了长期护理保险制度的国家大多在制度筹资机制中将公共投入作为重要资金来源。如日本长期护理保险制度规定，在使用者承担10%后，剩余部分由保费和"公费"各承担50%；韩国的长期护理保险服务费由三方面组成，参保人缴费（60%）、政府补助（20%）以及使用者负担（20%）。

（3）普惠性。广州市长期护理保险制度应该成为一项广覆盖的制度。广覆盖一直是广州在养老、医疗领域的社会保障制度所追求的目标，同样也应该成为长期护理保险制度的目标。长期护理保险制度建立后，作为一项基本的社会保障制度，应尽可能惠及全体市民。所有参保人员特别是老年人，只要是在需求评估过程中确认其符合长期护理保险支付条件，都应该被纳入保险支付范围，尤其是要尽量将广大农村老年人纳入保障范围，尽管这需要一段时间，需要一个过程，但普惠性是该制度所应该具有的特征。

（4）强制性。广州市长期护理保险制度应该是一项要求凡是符合条件的参保人都必须参与其中的制度。强制性是大多数社会保险制度的基本特征。由于社会保险的再分配功能,容易出现逆向选择问题,即风险大的人倾向参加,而风险小的人倾向不参加,因此强制性往往成为避免市场失灵,保证社会保险制度顺利实施的必要条件。

(5)基础性。广州市长期护理保险制度应该覆盖最基本的护理服务。护理需求是一个多层次的需求,其服务内容和水平可以有不同的标准。与国内已经建立长期护理保险制度的地区相比,广州目前的经济发展水平还相对领先,但仍不能为全市所有市民提供一个较高水平的护理保障。实际上,即便是像韩国这样人均 GDP 已经超过 2 万美元的国家,对长期护理保险的服务内容也进行了较为严格的规定。广州目前还处于起步阶段,不宜对护理服务的内容和水平设定过高,而应该从实际出发,坚持低水平起步。如在内容上可以限定一个基本护理服务范围,原则上可以帮助服务利用人获得一定的独立、自主和生活质量改善为目标;今后随着广州社会经济发展水平的提高,可逐步提高长期护理服务的标准。

(6)规范性。广州市长期护理保险制度必须建立一个标准化的服务提供体系:首先,要建立标准化的需求评估和分级机制;其次,要对每个护理等级的服务内容和时间进行明确的规定;再次,对服务提供者的报酬和相应服务的价格也应有明确的规定;最后,对护理服务所涉及的相关产品范围和价格等也必须予以明确说明。标准化体系可使服务利用者、提供者对自己的权利和义务有明确的了解,有利于保证长期护理保险制度的顺利实施。

3.3 广州市长期护理保险制度的构建原则

基于"未富先老"的基本国情,围绕国家关于进一步完善社会保障体系,探索建立长期护理保险制度的总体部署,依据国家人力资源和社会保障部关于开展长期护理保险制度试点的指导意见,广州市长期护理保险制度的构建应在认真分析国情、省情和市情的基础上,遵循基本原则，循序渐进，逐步实施。

3.3.1　规范先行原则

法治思维是治国理政的重要方式，国际上建立长期护理保险制度通行的惯例是立法先行。人的行为具有不可预测性，而由人组成的组织有机体其行为自然也面临诸多不确定性，唯有通过法律的规范形成统一的规则，才能协调社会成员的预期，促进合作的达成。以法律为支撑和依据，从法律上确认护理保险制度才可以保证制度的稳定性和严肃性。中央政府正大力推进法治建设，要求依法治国、依法行政，各项领域的改革要以法律为制度保障。在当前制度改革实践中，应结合国情，以政策性意见、决定、通知等规范性文件为长期护理保险制度的实施保驾护航，待时机成熟之际则在全国层面进行制度立法。广州市长期护理保险制度的构建，需要严格遵循规范先行原则，以确保制度推行有章可依。

3.3.2　协调适应原则

社会制度不能孤立的实施，其推行要秉持协调统一的理念，与其他各项要素相互配合。长期护理保险制度作为上层建筑，需要与支撑该制度的经济基础相适应，二者相互协调，才能在发展中不断相互促进。如果长期护理保险制度所要求的筹资水平高于经济实力，就会对经济发展产生掣肘，给经济发展造成沉重的负担。如果低于经济实力，就不能提高护理的质量，难以满足民众的需求，该制度就起不到应有的社会效果。当然，长期护理保险制度也要与社会发展状况相适应，与社会价值观、社会心理、历史文化等社会环境保持一致。广州市目前社会经济发展稳步向前，财政收入稳健增长，在人口和家庭发生深刻变化之际，构建广州市长期护理保险制度的时机适宜。依据日本发展长期护理保险制度的经验，广州市长期护理保险制度的构建与发展应与社会经济发展相适应，统筹眼前和长远利益，合理确定保障范围和待遇标准，不可盲目冒进。

3.3.3 责任共担原则

社会保险的原则是风险共担，其实现形式是国民共同缴纳保险费共同防备未来风险。对于国家来说，政府有保障公民基本生存权利的责任，当失能半失能人员陷入需要护理的窘境时，政府有责任维护其尊严，帮助其尽可能自立地维持日常生活。对于企业来说，员工把自己的青春和智慧奉献给了企业，在给企业创造利润的同时理应从利润中划出一部分作为员工的长期护理保险费，防范员工年龄增长后的护理风险。对于个人而言，作为权利义务的主体，既享有选择护理服务机构和享受护理保险服务的权利，也应履行缴费义务。广州市长期护理保险制度的构建应以责任共担为原则，逐步建立个人、单位、政府和社会多方筹资模式，合理划分筹资责任和保障责任。

3.3.4 重视预防原则

借鉴日本经验，长期护理保险制度的构建也需要融入预防理念。2003 年日本颁布《健康促进法》，此后又制定了"特定健康检查""特定保健指导"两大制度，以达到"增进健康，预防疾病"的目的。日本的长期护理保险制度经过 2006 年体制性改革后，进一步把预防护理纳入到护理保险体系中，设立地区综合支援中心，为护理需要者制作护理预防的护理计划，包括访问护理、访问入浴护理、访问看护、康复训练、居家疗养管理指导等。日本早在 1982 年老人保健制度中就引入了医疗外保健事业，规定市町村保健中心或保健所向 40 岁以上的居民提供保健服务，包括发放健康手册，进行健康教育、健康检查、康复训练等，强调健康管理从中年开始，这些预防保健事业全部由公费负担。德国在 2008 年的改革中通过新的奖励和惩罚规定：一是在机构护理中因复健而使护理等级降低时，提供 1536 欧元的奖励；二是若医事服务处在护理鉴定后做出复健服务的建议，但疾病基金未提供的话，则需要缴纳 2072 欧元的罚金。通过此类措施以激励预防与复健服务的提供。因此，在长期护理保险中应把保险环节前移，不仅提供护理所需费用，还要注重预防费用支出，并且鼓励人们积极预防保健，在改善生活习惯、运动上着力，通过健康检查和指导，预防慢性病发生，延长健康寿命，同时强化复健服务的有效提供。广州市长期护理保险制度的构建纳入预防理念，强化社区卫生服务机构的健康管理职责，培育各类护理机构提供预防护理服务。

3.3.5 居家护理为主原则

随着老年福利事业的深入发展和老年群体服务需求的快速增长，单纯依靠政府的财政投入无法满足不断增长的护理需求，政府办机构护理服务缺口严重。当前，国际护理保险改革从单一的行政举措向护理保险社会化的方向迈进，鼓励社会资本广泛参与护理事业，通过社会力量向空巢、独居老人提供多种多样的护理服务，也给家庭照料者提供喘息的机会。德国、日本和韩国等为代表的社会保险型国家，通过建立长期护理保险制度，创新了一种"保险—服务"一体化的社会服务供给模式，以满足社会对护理服务的巨大需求。目前，我国正在提倡和推行居家养老服务为主导，社区和机构养老为辅，依靠家庭力量和社区资源实现"在地老化"。因此，在长期护理保险制度中也应以居家护理为主，辅之以社区护理、机构护理和医院专护。广州市长期护理保险制度的服务体系构建中，必须遵循居家护理为主导，社区护理、机构护理和医院专护为辅的原则。

④ 广州市老年人失能评估及
长期护理服务体系

本课题组通过实地调研、电话访谈、问卷回收等方法，调查了广州市部分社区卫生服务中心、公办或民办养老机构、居家失能老人的情况，了解到社区卫生服务中心按居民病种分类，且仅提供医疗照护；公办或民办养老机构对失能老人的分级护理标准不一，收费多样，且主要集中在生活照料方面，仅少数有护理院的养老机构可提供较好的医疗照护。除综合性三甲医院会对入院患者，尤其是老年人进行日常生活能力评估外，社区卫生服务中心、养老院都没有统一使用针对老年人日常生活能力的测评工具。本课题组根据现有的失能老人分级标准，制定了针对重度失能老人的基础生活服务包和整理了与生活密切相关的医疗护理服务项目。

4.1 调研概况

4.1.1 调研方法

2016 年 7—8 月，本子课题组团队在广州通过实地调研、电话访谈、问卷调查、文献回顾的方法进行资料收集。先后赴政府机构、医院、社区卫生服务中心、养老机构、护工公司、家庭进行调研，访谈人数 30 多人。在以下机构进行了实地考察及资料收集：广州市民政局、广州市卫计委、广东省卫计委、六榕街社区卫生服务中心、北京街社区卫生服务中心、大东街社区卫生服务中心、光塔街社区卫生服务中心、华林街社区卫生服务中心、龙凤街社区卫生服务中心、站前街社区卫生服务中心、松鹤养老院、颐寿养老院、红升侨颐养老院、广州市老人院、珠吉街日间托老服务中心、嘉禾街日间托老服务中心、广州市社会福利服务协会等。对卫生主管部门领导及行政管理人员、老人院主管、社区卫生服务中心护理主管、老人院护理主管及护理人员、医院护理部护工管理人员、失能老人及其家属等进行了半结构式访谈。另外，在社区卫生服务中心护士的带领下，课题组成员进行了 5 户失能老人家庭访问，同时先后对失能老人及其照顾者发放调查问卷 200 份，回收 150 多份，并进行资料的统计分析。

4.1.2 调研内容

（1）老人失能状况测评方法；

（2）失能老人长期护理（分级护理）概况；

（3）失能老人长期护理服务支出情况；

（4）其他与失能老人长期护理相关的事项。

4.1.3 调研结果

4.1.3.1 社区卫生服务中心提供长期护理情况

（1）有住院部的社区卫生服务中心实施分级护理，分级护理的标准与综合医院的一样，但各级别护理包收费不同。不同级别的医院收费标准有差异。

（2）社区医院人员上门服务不分级别护理，主要按患者病情需要，医生开设医嘱，医生或护士上门提供服务。

（3）社区护士对失能老人提供基础护理和康复护理为主，生活护理主要在护士的指导下，由家属或保姆提供；在社区卫生服务中心住院的患者则由护工提供生活护理。

（4）社区卫生服务中心按患者疾病进行分类管理，较少关注失能人员的评估。

（5）社区卫生服务中心按治疗项目收费，目前物价局正在调整价格，今年底将出台新的医疗护理项目收费标准，护理项目的收费会适当增加。

4.1.3.2 养老机构提供长期护理情况

（1）民办养老机构没有统一使用评估入住老人的生活能力表格，多为粗略和经验判断，从而划分入住老人的护理照顾级别。

（2）各民办养老机构的老人服务分级护理的内容有所不同，且仅针对生活照料，不涉及医疗照护，分级护理的收费有一定的差别。

（3）养老机构分级护理服务按护理级别收费，不按项目和次数收费。

4.2 老年人失能评估与分级工具

4.2.1 Barthal 指数量表

日常生活活动（Activities of Daily Living，ADL）是指人们在生活中，为了照顾自己的衣、食、住、行和在社区中生活所必需的一系列的基本活动。日常生活活动能力，则是从事这一活动的能力。一般分为基本日常生活活动（Basical Activities of Daily Living，BADL）和工具性日常生活活动（Instrumental Activities of Daily Living，IADL）。BADL 是在生活中的穿衣、进食、修饰、移动、保持个人卫生等活动内容。IADL是指在社区内或多或少借助一些工具所要完成的活动内容，如做家务、购物、驾车、去医院、室外活动等。

现在运用最广的是 Barthel 指数量表，该量表于 1965 年由美国学者Mahoney 和 Barhel 正式发表，其后有大量的关于该量表信效度的研究并被广泛使用，国内使用情况包括长春市失能老人医疗照护保险、广州市三甲医院患者入院评估、社区康复训练、康复模式的制定、护理分级、护理服务需求、对老年人心理情绪的影响因素分析、脑卒中、脑梗死、帕金森病、肠癌、胃癌等疾病的中医或物理疗法等干预手段后的效果评价等。此量表仅从运动方面评估失能程度，缺乏认知等方面内容的评估。

其一，评估指标

评定内容共 10 项，见表 4-1，有进食、转移、如厕、洗澡、穿衣、控制大小便、平地行走、上下楼梯等。每项根据是否需要帮助或帮助程度分为 0 分、5 分、10 分、15 分四个等级，总分 100 分（见表 4-1）。

表 4-1　Barthel 指数量表评估指标

序号	项目	完全独立	需部分帮助	需极大帮助	完全依赖
1	进食	10	5	0	—
2	洗澡	5	0	—	—
3	修饰	5	0	—	—
4	穿衣	10	5	0	—
5	控制大便	10	5	0	—
6	控制小便	10	5	0	—
7	如厕	10	5	0	—
8	床椅转移	15	10	5	0
9	平地行走	15	10	5	0
10	上下楼梯	10	5	0	—

其二，能力等级

得分越高生活独立能力越好，需要辅助量越小；根据评分的不一样，可分别是重度、中度、轻度依赖和无需依赖（见表 4-2）。

表 4-2　Barthel 指数量表能力分级

自理能力等级	等级划分标准	需要照护程度
重度依赖	总分≤40 分	全部需要他人照护
中度依赖	总分 41-60 分	大部分需他人照护
轻度依赖	总分 61-99 分	少部分需他人照护
无需依赖	总分 100 分	无需他人照护

4.2.2 老年人能力评估标准

由专业的医疗机构人员上门，使用 2013 年由国家民政局发布的标准《老年人能力评估》进行评定。该标准是在参考美国、日本、澳大利亚、英国等国家及我国香港和台湾地区老年人能力评估工具的基础上编制的。与现在广州综合医院、部分养老院或社区卫生服务中心住院部常用的测评成人日常生活活动能力的 Barthel 指数量表不同的是，《老年人能力评估》除了关注老人日常生活能力之外，还结合了老人的精神状态、感知觉与沟通和社会参与，较为综合的评估老人能力情况。标准的制订为老年人能力评估提供统一、规范和可操作的评估工具，科学划分老年人能力等级，建议作为政府制定养老政策，以及为老年人提供适宜养老服务的依据。

其一，评估指标

一级指标共 4 个，见表 4-3。包括日常生活活动、精神状态、感知觉与沟通、社会参与。二级指标共 22 个。日常生活活动包括 10 个二级指标，精神状态包括 3 个二级指标，感知觉与沟通包括 4 个二级指标，社会参与包括 5 个二级指标。

表 4-3　老年人能力评估指标

一级指标	二级指标
日常生活活动	进食、洗澡、修饰、穿衣、大便控制、小便控制、如厕、床椅转移、平地行走、上下楼梯
精神状态	认知功能、攻击行为、抑郁症状
感知觉与沟通	意识水平、视力、听力、沟通交流
社会参与	生活能力、工作能力、时间/空间定向、人物定向、社会交往能力

其二，能力等级

综合日常生活活动、精神状态、感知觉与沟通、社会参与 4 个一级指标的分级，将老年人能力划分为 4 个等级，能力等级划分标准，见表 4-4、表 4-5。

表4-4 老年人能力等级划分

能力等级	等级名称	等级标准
0	能力完好	日常生活活动、精神状态、感知觉与沟通的分级均为0，社会参与的分级为0或1
1	轻度失能	日常生活活动的分级为0，但精神状态、感知觉与沟通中至少一项的分级为1及以上，或社会参与的分级为2； 或日常生活活动的分级为1，精神状态、感知觉与沟通、社会参与中至少有一项的分级为0或1
2	中度失能	日常生活活动的分级为1，但精神状态、感知觉与沟通、社会参与的分级均为2，或有一项的分级为3； 或日常生活活动的分级为2，且精神状态、感知觉与沟通、社会参与中有1—2项的分级为1或2
3	重度失能	日常生活活动的分级为3； 或日常生活活动、精神状态、感知觉与沟通、社会参与的分级均为2； 或日常生活活动的分级为2，且精神状态、感知觉与沟通、社会参与中至少一项的分级为3

注1. 处于昏迷状态者，直接评定为重度失能。若意识转为清醒，需重新进行评估。

2. 有以下情况之一者，在原有能力级别上提高一个级别：①确诊为认知障碍/痴呆；②确诊为精神病；③近30天内发生过2次及以上意外事件（如跌倒、噎食、自杀、走失）。

表4-5 老年人能力评估结果判定卡

能力等级	日常生活活动	精神状态				感知觉与沟通				社会参与			
		0	1	2	3	0	1	2	3	0	1	2	3
0 能力完好	0												
	1												
	2												
	3												
1 轻度失能	0												
	1												
	2												
	3												

能力等级	日常生活活动	精神状态				感知觉与沟通				社会参与			
		0	1	2	3	0	1	2	3	0	1	2	3
2 中度失能	0												
	1												
	2												
	3												
3 重度失能	0												
	1												
	2												
	3												

注：使用结果判定卡时，一般根据日常生活活动进行初步定位，锁定目标区域，然后根据其他三项能力，在判定卡上同一颜色区域定位查找相应的能力等级。以下为几种特殊情况：

1. 当日常生活活动为0，精神状态、感知觉与沟通有一项为1及以上，或社会参与为2，判定为轻度失能。

2. 当日常生活活动为1，后三项有一项为0或1，判定为轻度失能；后三项均为2或某一项为3，则判定为中度失能。

3. 当日常生活活动为2，后三项全部为2或某一项为3，判定为重度失能，否则为中度失能。

4.2.3 国外长期护理对象失能评估的复合指标法

相对于我国长期护理保险首批试点城市所采用的 Barthel 指数量表等单一评估指标而言，国外已实施长期护理保险制度的诸多国家对护理对象失能状况的评估多采用复合指标进行评定。例如，荷兰采用的是世界卫生组织的"功能、失能与健康国际分类标准"来评估失能程度，该分类系统提供了能统一和标准的反映所有与人体健康有关的功能和失能的状态分类，为从生物、心理和社会角度认识损伤所造成的影响提供了一种系统模式。德国依据长期照护需求的概念，将个人卫生、营养、移动、家务管理等四个部分作为评估的主要内容，依照四个部分的时间消费总量换算成每周的平均护理时间，作为等级划分的依据。日本由其自主研究的专门调查问卷（85 项内容）进行评估，评估内容包括了身体状况、精神状况以及疾病与医疗状况等，随后对数据进行分析，构建数学模型估计护理时间，结合认定的护理时间将护理需要划分为六个等级，依次是要支援、要护理 1（轻度）、要护理 2（中度）、要护理 3（重度）、要护理 4（痴呆）、要护理 5（最重度）。韩国将长期护理服务内容分为五大部分，即躯体机能、认知能力、行动变化、看护处理、康复保健等共包含 52 个项目，对这些项目进行调查并采用决策树的建模方法，计算每个评估者的护理时间，同样依据护理时间将护理对象划分为五个等级。

老年人失能等级的科学评估是长期护理保险制度实施过程中的核心枢纽。精准的评估工具保障是具有长期护理需求的老年人的权益保障，也联系着保险的成本计算、服务内容设置与服务质量评估。综合本课题组调查得到的国内外老年人等级评估工具的现状与进展可知，国内目前广泛采用的评估工具相对简单易用，能有效提示老年人生活自理能力和相应的直接护理需求，但是对于因认知能力、社会交往能力下降的老年人筛选能力有限，因此单一指标只能作为评估工具的一部分。老年人能力应包括日常生活活动能力、心理状态、社会参与状况等多方面的内容，尽管我国民政局出台的《老年人能力评估》标准较好囊括了这些方面，但在我国的长期护理保险制度试点城市并未应用这一工具来评估老年人的失能等级。目前实施长期护理制度的国家通过实践证明，除了对老年人活动依赖程度做出客观评估，更需要找到老年人整体身心状态与护理需求之间的数学逻辑关系，对老年人所需要帮助服务的程度做出客观评估。纵观各国经验，与使用单一量表相比，在长期护理等级评估时通常兼容了不同量表的部分，使得评估更为客观、准确。基于此，老年人能力等级评估未来的发展方向应当是参考国际经验构架新的维度，尝试建立能与长期护理服务对接的复合量表。

4.3 老年人长期护理服务体系

4.3.1 家庭护理

家庭护理，也称家庭养老或非正式护理，是我国最为传统的养老方式，主要以家庭为单位，护理需求者居住在家中，由家庭成员或宗亲来为其提供主要的护理服务，其基本支持系统为血缘关系。家庭护理的优点是能让护理需求者继续生活在家中，享受家庭的温暖、支持与对情感慰藉的需求，但由于家庭规模小型化、核心化，以家庭为核心的传统护理模式正面临着冲击和弱化。另外，随着观念的转变和经济的发展，越来越多的年轻人离开家庭，外出打拼，空巢家庭的出现对传统的家庭护理模式提出了挑战。同时，随着老人年龄的增长、身体日渐衰老、慢性疾病的发生与进展对家属护理能力造成了新的挑战，基于以上种种原因，传统家庭护理逐渐由居家护理所取代。

4.3.2 居家护理

"居家护理"是以家庭护理为主，社区机构护理为辅，在为居家老人照料服务方面，又以上门服务为主，托老所服务为辅的整合社会各方力量的养老护理模式。这种模式的特点在于：让老人住在自己家里，在继续得到家人照顾的同时，由社区的有关服务机构和人士为老人提供上门服务或托老服务。

4.3.2.1 社区卫生服务中心服务内容与收费

由原来的二级医院或专科医院转变为社区卫生服务中心的，一般会设有2—4层的住院部，且以收治中风、合并多种慢性病等生活不能自理的高龄老人为主，荔湾区部分社区卫生服务中心还设有临终关怀病房，向老人和家属提供临终关怀服务。中心的住院部与普通医院相似，提供吸氧、负压吸痰等服务，且根据老人的病情实施三级护理。生活护理一般由聘请的或与相关公司合作提供一定数量的护工负责，以1个护工照顾多个老人的模式为主。老人若出现更危重的情况需送往上级医院救治。老人病情稳定后需出院回家休养，住院时间一般 15 天为一个周期。

走访越秀区、荔湾区、海珠区等社区卫生服务中心后，了解到社区卫生服务中心的家庭病床，只提供上门的医疗护理服务，并不提供上门的生活照料服务，但社区医护人员会对符合建立家庭病床的失能老人和主要照顾者提供生活照料的指导，而这些失能老人，条件稍好的有专门聘请保姆对其进行照料，经济条件一般或比较差的，一般与配偶或子女同住，由家人轮流照顾，且居家环境差异大，照顾条件参差不齐。

社区卫生服务中心一般会与邻近的养老院进行合作，即管辖范围内的符合建立家庭病床的老人，可以选择在就近养老院居住，社区护士或医生前往养老院提供上门医疗护理服务，如压疮护理、管道护理、康复理疗等。但服务对象并不多，主要是社区老人喜欢在家养老，认为养老院是被家人"遗弃""等死""坐牢"的地方，即得不到贴心的照顾与陪伴，费用又昂贵。

社区上门服务方面，已建立家庭病床的老人，在条件允许并在严格采取了安全防范措施的前提下，社区护士或医生会开展肌肉注射、静脉注射、静脉输液、皮下注射、抽血、换药、褥疮护理、雾化、口腔护理、测血压、导尿、吸氧、换胃管、封包、低频、医用 TDP 治疗、会阴抹洗、膀胱冲洗、康复指导、护理指导、用药及营养指导、健康宣教、针灸、推拿等服务。

社区服务收费方面，出诊费用为 15 元/次，巡诊为 17 元/次，此笔费用由患者自费，且社区提供发票。其余服务项目收费按物价局定价，根据患者病情需要进行护理并收取相关费用，且每项收费已包含护理费。如：一名护士巡诊，上门进行定期更换导尿管，其收费是：护士巡诊费 17 元 + 导尿 13.6 元 + 引流管更换 12 元 = 42.6 元，其中患者自费17 元，其余项目收费累计，建立了家庭病床者按医保定额报销。详见表 4 - 6、表 4 - 7。

表4-6 社区卫生服务中心护理项目与收费

生活护理	项目	单价（元）	单位	项目	单价（元）	单位
	口腔护理	1.6	次	会阴冲洗	4.8	次
合计			6.40元			
基础护理	肌注	1.2	次	住院静脉留置针	4.8	组
	皮下注射	1.2	次	心内注射	6.4	次
	皮试（皮内注射）	1.2	次	动脉加压注射	8.0	次
	静注（静脉注射）	2.0	次	动脉采血	8.0	次
	静脉采血	2.0	次	使用微量泵或输液泵加收	0.8	小时
	静滴（门诊静脉输液）	9.6	组	静脉高营养治疗配置	12.0	次
	门诊静脉输血	9.6	组	肠内营养液配置	2.4	瓶
	接滴（静脉输液连续输液第二组起）	0.8	组	静脉切开置管术	46.4	次
	静脉输血连续输血第二组起	0.8	组	静脉穿刺置管术	28.0	次
	住院静脉输液	4.8	组	中心静脉穿刺置管术	46.4	次
	住院静脉输血	4.8	组	深静脉穿刺置管术	46.4	次
	静脉注药	2.0	组	中心静脉测压	4.8	次
	氧气雾化吸入	7.2	次	蒸汽雾化吸入	4.8	次
	鼻饲管置管	9.6	次	鼻饲管置管注食、注药、十二指肠灌注	7.2	日
	胃肠减压	8.0	日	洗胃	32.0	次
	洗胃（使用洗胃机）	41.6	次	引流管冲洗	9.6	次
	气压治疗	16.0	次	引流管更换	12.0	次
	酒精擦浴	12.0	次	拔除引流管	6.0	次
	冰袋降温	1.6	次	灌肠	12.0	次
	冰袋降温（持续24h）	24.0	天	灌肠（保留灌肠）	12.0	次
	特殊物理降温	4.8	小时	清洁灌肠	24.0	次
	坐浴	2.0	次	清洁灌肠（经肛门清洁灌肠）	24.0	次
	冷热湿敷	2.0	次	清洁灌肠（经口全消化道清洁洗肠）	24.0	次
	心电监测	2.8	小时	导尿	13.6	次
	血氧饱和度监测	4.0	小时	留置导尿	1.2	日

生活护理	项目	单价（元）	单位	项目	单价（元）	单位
基础护理	心脏电除颤术	64.0	次	肛管排气	6.0	次
	心肺复苏术	68.0	次	膀胱灌注	20.0	次
	呼吸机辅助呼吸	18.4	小时	放腹水治疗加收	24.0	次
	无创辅助通气	16.0	小时	腹膜透析换液（含药）	24.0	次
	门诊静脉输液注药（输液中注药）	2.0	次	膀胱冲洗	9.6	次
	静脉输液药物配置（其他药物）	2.4	组	持续膀胱冲洗	48.0	次
	压疮护理	8.0	次	伤口负压辅助愈合治疗（小型创面 100cm 以下）	480.0	次
	糖尿病足护理	22.4	次	电脑血糖监测（快速血糖）	4.0	次
	持续尿量监测/小时	0.8	时	血糖试纸/（张）	3.7	次
	小抢救	16.0	日	心电图检查	13.6	次
	中抢救	32.0	日	常规心电图（三通道十二通道加收）	7.2	次
	大抢救	64.0	日	特大换药（50cm^2 以上）（包括拆线）	36.8	次
	中药封包（特大）	27.2	次	大换药（31—50cm^2）（包括拆线）	18.4	次
	中药封包（大）	20.0	次	中换药（15—30cm^2）（包括拆线）	13.6	次
	中药封包（中）	13.6	次	小换药（14cm^2）包括拆线）	9.6	次
	中药封包（小）	6.4	次	小换药（包括拆线）	9.6	次
	低流量给氧	4	小时	中流量给氧	5	小时
	高流量给氧	6	小时			
合计				1696.70 元		
康复护理	紫外线治疗（每个照射区）	9.6	部位	可见光治疗（物理治疗）	8.8	个
	红光治疗（体皮系统）	12.0	部	红外线治疗（每个照射区）	9.6	个
	激光疗法（每个照射区）	24.0	个	电按摩 $	9.6	次
	低频脉冲电治疗	16.0	次	电子生物反馈疗法	28.0	次
	中频脉冲电治疗	13.84	部	电针（二穴）	16.0	次
	电脑中频电治疗	13.84	部	电针（超二穴，每增加一对加收）	8.0	次

续表

生活护理	项目	单价（元）	单位	项目	单价（元）	单位
康复护理	颈椎病推拿治疗	32.0	次	灸法（二穴）	16.0	次
	肩周炎推拿治疗	32.0	次	灸法（超两穴，每穴加收）	4.0	穴
	腰椎间盘突出推拿治疗	40.0	次	关节松动训练（区）（大小关节、指关节）病区	24.0	次
	膝关节骨性关节炎推拿（区）	24.0	次	有氧训练（公费自付）	16.0	次
合计	357.28 元					
总计	2060.38 元					

资料来源：六榕街社区卫生服务中心治疗项目收费

表4－7　建立家庭病床及医护人员上门服务收费标准

项目名称	项目内容	单价（元）	单位
家庭病床建床费	含建立病历和病人全面检查	20	次
家庭病床巡诊费	含定期查房和病情记录	17	次
出诊	包括急救出诊	15	人/次（按医护人员数计价）

资料来源：广东省《医疗服务价格》2013 年版

居家的家庭病床无设立三级护理，主要是依据患者病情需要，医生或护士上门服务。设有住院部的社区卫生服务中心，据住院患者的病情进行分级护理：即特级、一级、二级、三级护理，分级护理标准与综合医院相同，但不同级别医院分级护理收费标准不同，详见表4－8。

4.3.2.2 日间托老中心服务内容与收费

日间托老中心是老人白天入托接受照顾，晚上回家享受家庭生活的社区照顾，是一种少于 24 小时照料的服务模式。提供的服务主要包括：生活照顾、膳食服务、社交活动、休闲娱乐、接送服务、护理服务、康复及治疗活动、健康教育与咨询、照顾者支持等。以天河区珠吉街日间托老服务中心为例，日间托老服务中心一日的服务流程如下表4－9：

· 67 ·

表4-8　社区卫生服务中心住院部与综合医院分级护理及收费标准

护理级别	分级依据	护理要点	综合医院收费	社区卫生服务中心（住院部）收费
特级护理	（一）维持生命，实施抢救性治疗的重症监护患者； （二）病情危重，随时可能发生病情变化需要进行监护、抢救的患者； （三）各种复杂或大手术后、严重创伤或大面积烧伤的患者。	（一）严密观察患者病情变化，监测生命体征； （二）根据医嘱，正确实施治疗、给药措施； （三）根据医嘱，准确测量出入量； （四）根据患者病情，正确实施基础护理和专科护理，如口腔华丽、压疮护理、气道护理及管道护理等，实施安全措施； （五）保持患者的舒适和功能体位； （六）实施床边交接班。	7元/小时 168元/日	——
一级护理	（一）病情趋向稳定的重症患者； （二）病情不稳定或随时可能发生变化的患者； （三）手术后或者治疗期间需要严格卧床的患者； （四）自理能力重度依赖的患者。	（一）每小时巡视患者，观察患者病情变化； （二）根据患者病情，测量生命体征； （三）根据医嘱，正确实施治疗、给药措施； （四）根据患者病情，正确实施基础护理和专科护理，如口腔华丽、压疮护理、气道护理及管道护理等，实施安全措施； （五）提供护理相关的健康指导。	12元/日	9.6元/日
二级护理	病情趋于稳定或未明确诊断前，仍需观察，且自理能力轻度依赖的患者； 病情稳定，仍需卧床，且自理能力轻度依赖的患者； 病情稳定或处于康复期，且自理能力中度依赖的患者。	（一）每2小时巡视患者，观察患者病情变化； （二）根据患者病情，测量生命体征； （三）根据医嘱，正确实施治疗、给药措施； （四）根据患者病情，正确实施护理措施和安全措施； （五）提供护理相关的健康指导。	8元/日	6.4元/日

护理级别	分级依据	护理要点	综合医院收费	社区卫生服务中心（住院部）收费
三级护理	病情稳定或处于康复期，且自理能力轻度依赖或无需依赖的患者。	（一）每3小时巡视患者，观察患者病情变化； （二）根据患者病情，测量生命体征； （三）根据医嘱，正确实施治疗、给药措施； （四）提供护理相关的健康指导。	3元/日	2.4元/日

资料来源：①中华人民共和国国家卫生和计划生育委员会：《护理分级》，2013年版

②卫生部：《综合医院分级护理指导原则（试行）》，2009年版

③广东省发改委：医疗服务价格，2013年版

④六榕街社区卫生服务中心调研会议记录

⑤北京街社区卫生服务中心调研会议记录

表4-9 日间托老服务中心服务流程

时间	活动	内容
8：30—9：00	签到	长者每天到达中心后签到，签到后可自由活动（可选择阅读刊报、品茶等）
9：00—9：30	晨练	工作人员带领长者进行简单的晨练（手指操等）
9：00—10：30	休闲活动	长者可自行进行阅读报纸杂志、看电视等休闲活动
10：30—11：30	社工服务	由社工带领长者开展不同形式的活动
11：30—12：45	午膳	长者进食营养午餐时间（午餐：10元/位）
12：45—14：00	午休	提供一定床位，为有需要的长者提供午休之便
14：00—14：50	康复训练	由专业人员带领长者进行康复训练
14：50—17：00	自由活动	自由活动或者参加由社工组织的活动
17：00—17：30	"爱回家"	长者自行回家或者等候家人前来接送，需进行"签离"登记

日间托老中心会收取一定的费用，如逢源街长者日托，每月收护理、康疗费200元，每日提供一餐午饭约10元，一个老人在日托中心每月开销不超过500元。也有按套餐进行收费的，如嘉禾街日间托老服务中心，A餐15元/天，服务内容包括：①护士提供健康检查及照顾；

②康复师指导康复训练；③营养午餐；④安静午休；⑤舒适按摩；⑥长者团体休闲娱乐；⑦长者技能学习；⑧社工协助健康提示、情感关怀；⑨咨询观看、报刊阅读。B 餐 13 元/天，服务内容较 A 餐减少了第①、②、④项目。

但对于失能老人来说，他们很难出门来到日间托老中心，"不能下楼"，"没人接送"，所以普遍认为这些服务对他们来说是不切合实际的。

4.3.2.3 家庭综合服务中心服务内容与收费

在街道层面建立的家庭综合服务中心是以政府购买服务的形式进行运作。社工是家庭综合服务中心的主力。提供的服务依据各区的实际情况，开展长者服务、家庭服务、青少年服务、残障服务、就业服务、义工服务、社区发展服务。其中长者服务一般会提供康乐活动、居家探访计划、养老课堂、长者义工队、个人服务等。但由于申办机构资质不足，经费来源不稳、使用不合理，行政化趋势加大，社工队伍年轻化且资历偏低，人才短缺，居民知晓度低，参与性不足等原因，实际受惠的老人有限，失能老人就更难以顾及。

4.3.2.4 居家保姆服务内容与收费

以广州一家依养老服务有限公司为例，该公司在社区居家养老服务中，主要提供康复照护服务、医疗保健服务、精神慰藉服务、儿童青少年服务、家政服务和义工发展服务，详见表 4-10。这些服务主要由该公司招聘的经过考核后的护理员提供，公司对员工质量的控制主要是依赖完成服务项目的次数以及接受该公司上级主管的上门检查与家访来了解护理员的工作情况。不同的工作地点和护理级别，收取的费用也不一样，详见表 4-11。

表4-10　一家依养老服务有限公司社区居家养老服务具体内容
（仅列出与本报告相关内容）

服务项目	服务内容
康复照护	协助长者的日常生活起居、口腔卫生、头发及面部清洁护理、助浴、床上擦浴、褥疮护理、如厕和二便失禁护理。
医疗保健	为长者提供身体健康状况实时监测、跟踪查询、健康咨询及指导、预约挂号、陪同就医等服务，提高疾病预防、紧急救援及日常健康保健能力。
精神慰藉	关注长者精神需求，为被照护长者读书、读报、陪伴散步；逢节日、生日对被照护长者进行电话、贺卡或上门探望慰问，营造温暖贴心的亲情氛围；并为长者提供法律支援，维护长者的合法权益。
家政服务	餐饮准备与喂食、服药辅助、做饭助餐、清洗衣服、打扫居室卫生、代购等服务。

资料来源：广州一家依养老服务有限公司宣传册

表4-11　护工公司收费情况

名称		一般照顾护理	半照顾护理	全照顾护理
综合医院	1对1	150—200元/天		
	1对多	25元/天	40—60元/天	70—90元/天，个别公司100元/天
居家保姆（住家）		——		6000元/月 家政5000元/月，无公司管理

资料来源：①广州一家依养老服务有限公司调研会记录；②广州多家医院护理部调研结果汇总

4.3.2.5 失能老人居家护理小结

在失能老人评估方面：社区卫生服务中心对老年人健康管理服务规范是依据《国家基本公共卫生服务规范》执行，使用《老年人生活自理能力评估表》。部分中心的住院部有自行设计的老人评估单，也有的是根据普通医院入院评估，涉及老人跌倒评分等，但无专门使用测量日常生活能力的量表，也没有专门按老人的失能程度进行分级护理，而是依据老人的病情进行分级护理，据病种进行分类管理。

在失能老人生活照料方面：能大部分自理的老人，主要照顾者负责家务劳动；大部分不能自理的老人，主要照顾者既要负责家务劳动又要负责身体皮肤的管理如翻身，排泄物处理、洗澡、吃饭、协助服药等生活照料。若家中白天无家属照料的老人,保姆还需负责药费、家庭病床费的结算等。

在费用花销方面:居家重度失能老人聘请保姆的费用约为3000—4500元/月;老人的生活用品如一次性成人纸尿垫、各类营养辅食等,费用约1500元/月;药费约400—800元/月;诊疗费约250—400元/月;医用材料,如血糖测试纸,防压疮用物、胰岛素注射针头、胰岛素笔、一次性胃管、尿袋、胃管灌注器、医用棉签、胶布、纱布、消毒液、造口护理用品等,费用约300—500元/月;已购买的各类辅助用具如轮椅,助行器、防滑板、医用病床、移动便盆、翻身枕等,费用约1000—2000元/月。

以某位失能评分为0分重度失能的中风后遗症老人,聘请了一位全职保姆4000元/月,使用纸尿垫,补充各类营养辅食需要1500元/月,药费400元/月,诊疗费100元/月,医用相关耗材费如棉签、消毒液、血糖测试纸等费用约200元/月,则该为失能老人的月花销为4000+1500+400+100+200=6200元/月。此外,已购买轮椅、移动便盆、医用病床辅助用具约1000元,保姆伙食、水电通讯等费用每月约800—1000元。

表4-12 37位居家重度失能老人平均月支出情况

保姆费	生活用品费	药费	诊疗费	医用材料费	已购买的辅助用品费	总计
3685.95 ± 1075.21	900.00 ± 428.80	669.44 ± 804.21	339.71 ± 423.51	248.18 ± 405.18	1370.97 ± 1459.50	6724.05 ± 2885.15

4.3.3 机构护理

机构养老是社会化养老的一种模式,是通过社会途径的养老方式。养老机构主要包括养老院、社会福利院、老年养护院、敬老院、养老社区等各类为老年人提供集中居住和照料等综合性服务的机构,可分为公办养老机构、营利民办养老机构和非营利民办养老机构。

广州市现配备有医疗资源的养老院较少，公办养老院如广州市老人院配备有老人院医院，民办的广州友好老年公寓、天河区珠吉街养老院配备有护理院，也有与社区医院合作，构建医养结合模式，如白云区的榕树湾颐养院。但绝大多数的养老机构在医疗服务方面较为欠缺。

对于入住老人的评估方面，各养老院有各自的评估单，没有统一标准，对老人的自理能力，即失能程度也多凭经验判断，少数养老院是根据简易的 ADL 量表去评定，或设置有医务部和护理院的养老机构入院时对老人的身体机能状况做系统的评估。因此，对于失能老人的评估需要建立统一的标准。

另外，一位老年人的自理能力评估是一个动态的过程，经过治疗、康复、护理照料后，自理能力是会发生变化的，需要动态的评估。因此老人生活能力的评定涉及较多的专业判断，需要由多方参与评估，要求评估员应具有医学或护理学学历背景，或获得社会工作者资格证书，或获得高级养老护理员资格证书，并经过专门培训获得评估员资格认证。

对于老人服务分级护理方面，现主要分为一级（全护/介护）、二级（半护/介助）、三级（一般照顾/自理），还有更加细致和符合老年人需求的划分，如特殊护理（专人护理），痴呆护理（因失智症群体特殊而建立，部分条件较好的养老院在完成一级护理照顾各服务内容外，会选择性的增加康复护理、智力训练、记忆训练等），高级护理（享受院方诊疗的优先权）。穗价［2014］118 号广州市物价局、广州市财政局、广州市民政局《关于规范我市养老服务收费问题的通知》中，制定出公办养老机构护理等级、住房等级及收费标准，详见表 4－13、表4－14、表4－15。广州市民办社会福利机构分级护理收费标准，详见表 4－14。但无论是公办养老机构还是民办养老机构的分级护理，都不涉及医疗照护方面，属于生活照顾的分级护理。

表 4 – 13　公办养老机构护理等级

护理等级	护理内容
一级护理 （全照顾护理）	1. 每天清扫房间、卫生间 1 次，保持房间清洁卫生，随脏随清洁。室内应无蝇、无蚊、无老鼠、无蟑螂、无臭虫。保持室内空气新鲜，无异味。 2. 服装经常换洗或有必要时随时换洗。 3. 每天整理床铺，保持床铺整洁，必要时随时换洗。 4. 每月一次或有必要时随时换洗被罩、床单、枕巾等。 5. 帮助老人起床穿衣、睡前脱衣。 6. 为老人洗头、洗澡、定期修剪指甲。 7. 早晨起床后帮助老人洗漱、口腔护理清洁无异味。 8. 定期上门理发，保持老人仪表端庄。 9. 毛巾、洗脸盆、便器应经常清洗、消毒。 10. 送餐到居室，需要时喂水喂食。 11. 帮助老人排便，保持大便通畅。 12. 压疮发生率为零，如发生严重低蛋白血症、全是高度浮肿、癌症晚期、恶液质等患者除外。对因病情不能翻身而患压疮的情况应有详细记录，并尽可能提供防护措施。 13. 视天气情况和老人身体情况，组织老人康乐活动。 14. 服务人员 24 小时值班，视老人情况调整护理等级。
二级护理 （半照顾护理）	1. 每天清扫房间、卫生间 1 次，保持房间清洁卫生，随脏随清洁。室内应无蝇、无蚊、无老鼠、无蟑螂、无臭虫。保持室内空气新鲜，无异味。 2. 服装经常换洗或有必要时随时换洗。 3. 协助老人整理床铺，保持床铺整洁，必要时随时换洗。 4. 每月一次或有必要时随时换洗被罩、床单、枕巾等。 5. 督促老人洗头、洗澡、理发、修剪指甲。 6. 定期上门理发，保持老人仪表端庄。 7. 毛巾、洗脸盆、便器应经常清洗、消毒。 8. 搀扶老人上厕所排便。 9. 压疮发生率为零，如发生严重低蛋白血症、全是高度浮肿、癌症晚期、恶液质等患者除外。对因病情不能翻身而患压疮的情况应有详细记录，并尽可能提供防护措施。 10. 服务人员 24 小时值班，视老人情况调整护理等级。
三级护理 （一般照顾护理）	1. 每天清扫房间、卫生间 1 次，保持房间清洁卫生，随脏随清洁。室内应无蝇、无蚊、无老鼠、无蟑螂、无臭虫。保持室内空气新鲜，无异味。 2. 服装经常换洗。 3. 协助老人整理床铺，保持床铺整洁，必要时随时换洗。 4. 每月一次或有必要时随时换洗被罩、床单、枕巾等。 5. 督促老人洗头、洗澡、理发、修剪指甲。 6. 服务人员 24 小时值班，视老人情况调整护理等级。

资料来源：广州市物价局、广州市民政局、广州市财政局文件《关于规范我市养老服务收费问题的通知》（穗价〔2014〕118 号）

表4-14　公办养老机构与民办养老机构护理等级收费标准（元／人／月）

名称	一级护理（专护）	一级护理（介护）	二级护理（介助）	三级护理（自理）
公办养老机构	——	800	640	320
94家民办养老机构（平均收费）	1777	1167	832	533

资料来源：①广州市物价局、广州市民政局、广州市财政局文件《关于规范我市养老服务收费问题的通知》（穗价［2014］118号）；②广州市福利协会2015年民办养老机构注册会员分级护理费用

表4-15　公办养老机构与民办养老机构住房收费标准（元／人／月）

类别	收费标准	单人间	双人间	三人间	多人间（四人及四人以上）	备注
公办养老机构	一级	1000	700	480	350	公办养老机构住房据房间使用面积和配备划分为一级、二级。
	二级	750	500	380	250	
94家民办养老机构（平均收费）		1132	955	686	414	

资料来源：①广州市物价局、广州市民政局、广州市财政局文件《关于规范我市养老服务收费问题的通知》（穗价［2014］118号）；②广州市福利协会2015年民办养老机构注册会员分级护理费用

对于养老院的收费方面，主要涉及护理费、住房费、伙食费，水电费，民办机构还有管理费、赞助费或一次性生活购置费。民办养老机构的各类收费参考广州市福利协会2015年民办养老机构注册会员共94家的收费情况，其中有29家需要收取一次性生活购置费，42家有多种一次性生活设施购置费选择。养老机构根据住房类别和签约入住年限的不同，一次性生活设施购置费一般由5000—10000元起，部分高级住房可达5万—7万元，甚至到达10万元以上。《关于规范我市养老服务收费问题的通知》中，制定的公办养老机构的收费标准为政府最高限价，可适当下浮。各类收费标准详见表4-14、表4-15、表4-16、表4-17、表4-18、表4-19。部分养老院会要求接受痴呆护理的老人加收20%的护理费用，或收取比一级护理更高的费用。另外，入住老人的生活用品，如纸巾、纸尿垫等需另行购买，如松鹤老人院收取老人失禁用品费用每月450

元。所有的分级护理收费均为包干收费，不按项目和次数收费。

表4-16 广州市老人院与民办养老机构平均伙食费（元/人/月）

类别		收费标准	平均收费
广州市老人院	普通餐	600	——
	鼻饲营养餐	700	——
94家民办养老机构		500-800	574

资料来源：广州市老人院官方网站

表4-17 42家民办养老机构管理费（元/人/月）

名 称 ＼ 管 理 费	收费范围	平均收费
42家民办养老机构	90-900	247

资料来源：广州市福利协会2015年民办养老机构注册会员分级护理费用

表4-18 公办养老机构和民办养老机构主要收费合计（元/人/月）

分类			一级护理	伙食费普通餐	合计	二级护理	伙食费普通餐	合计	三级护理	伙食费普通餐	合计
公办养老机构	单人间	一级1000	800	600	2400	640	600	2240	320	600	1920
		二级750	800	600	2150	640	600	1990	320	600	1670
	双人间	一级700	800	600	2100	640	600	1940	320	600	1620
		二级500	800	600	1900	640	600	1740	320	600	1420
	三人间	一级480	800	600	1880	640	600	1720	320	600	1400
		二级380	800	600	1780	640	600	1620	320	600	1300
	多人间	一级350	800	600	1750	640	600	1590	320	600	1270
		二级250	800	600	1650	640	600	1490	320	600	1170
民办养老机构（平均收费）	单人间	1132	1167	574	2873	832	574	2538	533	574	2239
	双人间	955	1167	574	2696	832	574	2361	533	574	2062
	三人间	686	1167	574	2427	832	574	2092	533	574	1793
	多人间	414	1167	574	2155	832	574	1820	533	574	1521

注：1. 此表格公办养老机构伙食费按普通餐收费，鼻饲营养餐各加收100元。

2. 此表格民办养老机构的费用为平均费用。

3. 此表格民办养老机构的费用不含管理费、赞助费或一次性生活购置费。

表4－19　94家民办养老院及居家聘请保姆费用情况

	一级护理A（专护）	一级护理B（助护）
94家民办养老院费用（元）	3674.87±1720	2969.46±882.14
居家聘请保姆费用（元）	3685.95±1075.21	

注：养老院的费用含对应的一级护理费、单人房费、伙食费、管理费

　　以松鹤养老院价格为例，一位重度失能老人（非痴呆者）接受一级护理，居住在四人房，暂居住一年，则该位老人基本月费为一级护理级别费（1200元）＋四人床位费（1100元）＋膳食费（800元）＋服务费（360元）＝3460元，另外入住时需要交纳一次性生活购置费11100元。另外，若这位失能老人需要委托洗衣、药物管理和服务，有大小便失禁，需要接受医疗、康复理疗和外诊陪护，有留置导管，则需要另外加收委托洗衣费（90元）＋自带药物管理服务费（130元）＋失禁用品费（450元）＋留置导管（150元）＝820元。所以，这位重度失能老人入住老人院，每月至少需要花费4280元。

4.4　广州市失能老人长期护理服务的形式、内容与费用

4.4.1　护理服务提供形式

　　居家护理既能降低护理成本，又可以提升老年人的生活质量，因而成为国际上较为通行的一种养老方式，尤其在中国家庭中，居家养老符合老年人的传统心理和情感需要，受到老年人的广泛欢迎与重视。然而，随着家庭小型化的加剧，独居老年人的增多，家庭的服务能力在不断下降，在这一背景下，机构护理成为老年人的必然选择。因此，对于失能老人护理的提供建议居家与机构护理并重。

4.4.2　护理服务内容

4.4.2.1　居家护理服务内容

　　根据老人失能程度，在日常生活照料、医疗照护、精神慰藉这3方

面给予服务。建议涉及医疗服务部分由社区医护人员或家庭签约医生团队提供，其余生活照料可由保姆或家属提供。具体见表4-20。

表4-20 不同程度的失能老人居家护理服务内容

	等级	服务内容
居家护理	一级护理（重度失能）	按老人需求提供以下服务： 1. 帮助老人进行个人卫生清洁，洗脸梳头、口腔护理，定期洗发、洗澡或抹身体（夏天1天一次，冬天2天一次）。 2. 帮助老人剃须、剪指（趾）甲、理发。 3. 帮助老人清理排泄物，更换尿片，清理和消毒便器。 4. 对不能自行进食者喂食。 5. 经护士培训后，可对留置胃管或导尿管的老人进行喂食或导尿，截止到管道使用日期，由护士上门更换。 6. 长期卧床者定时翻身，防压疮（病情特殊者需在护士指导下进行）。 7. 帮助老人服药或进行肢体锻炼。 8. 帮助老人整理床铺、更换床单、卧室清洁。 9. 帮助老人上下床或外出散心。 10. 医护人员每周巡访老人2次，必要时开展心理护理。 11. 医护人员上门实施医疗护理服务。
	二级护理（中度失能）	按老人需求提供以下服务： 1. 协助老人进行个人卫生清洁，洗脸梳头、漱口。 2. 协助老人洗澡时调节水温。 3. 协助老人剃须、剪指（趾）甲、理发。 4. 帮助老人清洗便盆，定期消毒便盆。 5. 协助老人进食。 6. 协助老人服药或进行肢体锻炼。 7. 协助老人整理床铺、更换床单、卧室清洁。 8. 陪同老人外出看病或散心。 9. 医护人员上门实施医疗护理服务。
	三级护理（轻度失能）	按老人需求提供以下服务： 1. 协助老人服药。 2. 提供三餐伙食。 3. 鼓励和协助老人参加适当的康复娱乐活动和锻炼，必要时开展心理护理。

4.4.2.2 机构护理服务

对入住养老机构的老人采用统一的评估标准，根据入住的养老院提供的护理等级内容作为护理服务内容。有护理院或医护部的养老机构，涉及医疗服务部分建议由本养老院提供；无医疗条件提供的养老院建议与社区医院合作或允许邻近医院的医生护士多点执业，由家庭签约医生团队或邻近医护人员提供。

4.4.3 失能老人长期护理保险补助标准

4.4.3.1 失能老人居家护理补助

据本课题组调查的"家庭对老人照护的花销"资料，建议按照护理等级提供以下补助，一级护理补助 60 元/天，二级护理补助 40 元/天，三级护理补助 20 元/天，同时提供相应级别的实物补助，详见表 4-21。

表 4-21　不同程度的失能老人居家护理补助标准

等级	补助用物	补助费用
一级护理（重度失能）	医用病床　1 张 翻身枕　2 件 防压疮贴　1 件/月 一次性成人尿垫　2 包/月	60 元/天（按月结算）
二级护理（中度失能）	移动便盆　1 件 浴室安全扶手或洗澡椅　1 对或 1 张 轮椅　1 张	40 元/天（按月结算）
三级护理（轻度失能）	肢体锻炼用物　1 件	20 元/天（按月结算）

4.4.3.2 失能老人入住养老机构补助

据本课题组收集的养老机构收费标准及其设施配备，建议按照护理级别提供以下补助，一级护理补助 35 元/天，二级护理补助 25 元/天，三级护理补助 15 元/天，同时对中重度失能老人提供一定的实物补助，详见表 4-22。

表 4-22　不同程度的失能老人入住养老机构补助标准

等级	补助用物	补助费用
一级护理（重度失能）	翻身枕　2 件 一次性成人尿垫　2 包/月	35 元/天（按月结算）
二级护理（中度失能）	移动便盆　1 件 轮椅　1 张	25 元/天（按月结算）
三级护理（轻度失能）	无	15 元/天（按月结算）

4.5 重度失能人员护理服务包及医疗护理项目

4.5.1 广州市重度失能人员基本生活护理服务包

4.5.1.1 概述

对于因年老、疾病、伤残及失智等导致重度失能，（即 Barthel 指数评定量表评分总分小于或等于 40 分），生活无法自理，完全依赖他人照护的失能人员，拟提供下述基本生活照料服务项目，给予其身心整体护理，保持清洁、舒适，减轻或消除疼痛等不适，改善自理能力，提高生活质量及人文关怀水平；对于临终的失能人员，使其无痛、无压力、有尊严、安宁的走完生命历程。

4.5.1.2 重度失能人员基本生活护理服务包的项目

重度失能人员基本生活护理服务内容包括但不仅限于房间清洁、个人卫生、营养饮食、排泄照料、助行与更换体位、睡眠护理、预防压创、心理慰藉等项目，详见表 4 – 23。

表 4 – 23 广州市重度失能人员基本生活护理服务包

护理服务 项目名称	项目内涵
1. 房间清洁	每天清扫房间、卫生间 1 次，定期用消毒液消毒房间的地板、桌面及家具，保持住所清洁卫生，随脏随清洁；每天至少两次打开门窗，每次 30 分钟，保持室内空气新鲜，无异味；室内无蝇、无蚊、无老鼠、无蟑螂、无臭虫。
2. 个人卫生	（1）经常换洗衣裤，必要时随时换洗，保持衣物清洁、干燥。 （2）每天整理床铺，保持床单清洁、干燥、平整，至少每月更换一次被罩、床单、枕巾等，必要时随时换洗。 （3）帮助失能人员起床穿衣、睡前脱衣。 （4）每周至少一次为失能人员洗头、洗澡，每天梳头、清洁面部、手部、足部、会阴部，每两周修剪指（趾）甲一次，男性失能人员每天或隔天刮须一次。 （5）早晨起床后帮助失能人员洗漱，早晚做口腔护理各一次，根据失能人员情况选择刷牙、漱口、棉棒擦拭、假牙清洁、棉球擦拭等方法，保持口腔清洁无异味。 （7）定期理发，剃胡须，保持失能人员仪表端庄、整洁。 （8）毛巾、洗脸盆、便器使用后随时清洗，每周至少消毒一次，或必要时消毒。

续表

护理服务项目名称	项目内涵
3. 饮食营养	（1）根据失能人员的需要准备适宜的膳食，确保营养供应与食品安全。 （2）协助失能人员进食，送水、送饭到床前，负责喂饭、喂水，餐后清洗、消毒餐具。喂食过程中注意根据情况选取适当的体位，防止噎食、呛咳和误吸。 （3）协助口服喂药。 （4）在专业护理人员的指导下，按需经胃管或十二指肠管注入营养物，并做好管饲饮食管道的护理。
4. 排泄照料	（1）帮助失能人员排便，保持大便通畅。在专业护理人员的指导下，对便秘的失能人员，采用适宜的通便法，解除便秘。 （2）对二便失禁的失能人员，及时更换污染的尿垫、衣裤、床单、被套，并做好会阴部、臀部和肛周皮肤的护理，清洗后擦干皮肤，保持局部的清洁干燥，防止皮肤发生皮疹、炎症。必要时，在专业护理人员的指导下，使用一些油膏或消炎药膏擦拭肛周皮肤，保证皮肤的完整性。 （3）对有结肠造瘘口的失能人员，每天按需更换并清洁便袋（不包括腹部适透膜的更换）。 （4）对留置导尿管的失能人员，每天按需倾倒集尿袋的尿液，在专业护理人员的指导下，更换尿袋，并做好管道护理。
5. 助行和更换体位	（1）根据失能人员情况选择适当的手杖、拐杖、步行器、轮椅等助行工具，扶助失能人员安全移动。 （2）帮助失能人员更换体位，保持失能人员舒适和处于功能体位。 （3）在专业护理人员的指导下，每周至少两次，每次至少15分钟为失能人员提供被动或鼓励其进行主动的肢体运动，防止肌肉萎缩。
6. 睡眠护理	安排安全、舒适的睡眠环境与作息时间，睡前做好洗漱，保持良好的睡眠姿势，盖好被子，确保失能人员身体清爽、温暖和舒适。
7. 预防压疮	（1）用正确的方法为失能人员定时翻身，对于长期卧床的失能人员每2小时翻身一次，并保持肢体功能位。 （2）使用软枕或海绵垫置于骨隆突处和支撑身体的空隙处，防止局部受压过久；对因病情不能翻身而患有压疮的失能人员，应做好详细记录，并尽可能提供防护措施。 （3）保持皮肤干燥、清洁，预防皮肤受伤。
8. 心理慰藉	（1）及时满足失能人员的身心需求，尊重、关爱失能人员，在护理的过程中注重与失能人员聊天，用积极乐观的心理影响失能人员，鼓励其宣泄不良情绪；视天气情况和失能人员身体情况，适当组织失能人员康乐活动。 （2）杜绝对失能人员的虐待：严禁打骂失能人员、强迫进食、忽视失能人员的自尊和情感需要、怠慢失能人员等。

81

续表

护理服务项目名称	项目内涵
9. 其他	（1）每半小时至一小时巡视一次，24小时有护理人员值班。 （2）失能人员出现异常情况及病情变化时，及时报告并处理。 （3）痴呆失能人员需防走失或伤及自己和他人。 （4）防止发生意外伤害。

4.5.1.3 人工服务费

其一，广州重度失能人员居家养老聘用家政人员的人工费：

（1）依据广州医科大学负责的"广州建设长期护理保险制度研究"课题报告：广州市失能人员长期照护服务项目及收费情况，37位重度失能人员居家养老聘用家政人员人工费为平均每月3686元，详见表4-24。

表4-24 广州市重度失能人员基本生活护理人工服务费

项目/费用	家庭支付住家保姆费用	家政公司收取保姆费用	养老机构收费
平均服务费（元/月）	3685.95	3750	3674

（2）多家家政公司家政人员服务收费为每月3000—4500元，平均每月3750元。

其二，养老机构对重度失能人员收费情况：94家民办养老院收取的单人房费、伙食费、管理费、一级护理A（专护）的总费用每月平均为3674元，其中一级护理A（专护）每月平均收费为1777元。

4.5.2 广州市重度失能人员医疗护理服务项目包

4.5.2.1 概述

重度失能人员大多罹患各种慢性疾病，需要给予日常生活照顾、营养膳食、治疗护理、健康保健、休闲康乐、心理社会等方面的服务，其内容涵盖基础护理、专科护理和特殊护理的概念。

注册护士定期巡诊，对失能人员进行护理评估，针对存在的护理问题，进行相应的治疗护理、健康教育、营养指导、心理护理、康复治疗等。指导失能人员的照顾者（家属）及养老护理员做好病情观察与记录、基础护理、心理安慰等工作。注册护士做好血压及血糖的监测，遵医嘱执行口服、注射及其他途径的给药；做好尿管、胃管、造瘘管等多种管道的护理，指导并实施口腔护理、压疮防治、造瘘护理、吸痰护理、换药、膀胱冲洗及会阴冲洗等；指导吸氧机的使用；采集并送检检验标本；对病情发生重大变化的失能人员及时协助转诊；对终末期失能人员进行临终关怀，减轻疼痛等不适，提高生活质量，维护生命尊严。

4.5.2.2 重度失能人员医疗护理服务项目及其价格

重度失能人员医疗护理服务内容包括但不仅限于以下项目，详见表4-25。治疗护理所使用的一次性材料及用物等，如长效抗菌材料、一次性吸痰管，一次性吸引瓶内胆、注食器、灌食器等按市场价格进行收费。

表4-25 广州市重度失能人员医疗护理服务项目及其价格

序号	项目名称	项目内涵	除外内容	计价单位	说明	各级别医院医疗服务价格（元）		
						三级	二级	一级
1	气管切开护理	含吸痰、药物滴入、定时消毒、更换套管及敷料，包括气管插管护理	一次性引流管，一次性气管套管，一次性吸痰管，功能性敷料，人工鼻（湿热交换器）	日		60	54	48
2	吸痰护理	含叩背、吸痰；不含雾化吸入	一次性吸痰管，一次性吸引瓶内胆	次	一天收费最高不得超过48元	2	1.8	1.6
3	机械辅助排痰	指无力自主排痰的机械振动辅助治疗		次	一天收费最高不得超过30元	10	9	8

序号	项目名称	项目内涵	除外内容	计价单位	说明	各级别医院医疗服务价格（元）		
						三级	二级	一级
4	造瘘护理	包括肠造口护理	一次性造瘘管、造口袋	次		10	9	8
5	口腔护理			次		2	1.8	1.6
6	会阴冲洗	包括会阴抹洗	一次性扩阴器、一次性冲洗器	次		6	5.4	4.8
7	压疮护理	使用压疮评估表确定压疮分级及危险因素，对存在的压疮隐患给予相应处理措施，不含换药	长效抗菌材料	次	每天收费不超过120元	10	9	8
8	糖尿病足护理	指导患者足部皮肤保养、足部运动、预防足外伤、剪趾甲等措施，正确处理鸡眼、脚癣及局部溃疡，不含换药	长效抗菌材料	次		28	25.2	22.4
9	鼻饲管置管			次		12	10.8	9.6
10	注食、注药、十二指肠灌注	含胃肠营养置管	注食器、灌食器	日		9	8.1	7.2
11	引流管冲洗	包括结肠造瘘冲洗		次		12	10.8	9.6
12	引流管更换			次	拔除引流管减半收费	15	13.5	12
13	灌肠	包括一般灌肠、保留灌肠		次		15	13.5	12
14	清洁灌肠	指经肛门清洁灌肠		次	回流灌肠加收15元	30	27	24

续表

序号	项目名称	项目内涵	除外内容	计价单位	说明	各级别医院医疗服务价格（元）		
						三级	二级	一级
15	导尿	包括一次性导尿和留置导尿	导尿包、尿管、尿套及尿袋	次		17	15.3	13.6
16	尿管护理			日		1.5	1.35	1.2
17	膀胱冲洗		一次性膀胱冲洗材料	次		12	10.8	9.6
18	肛管排气			次		7.5	6.75	6
19	特大换药			次	创面50（不含）cm^2以上或长度25（不含）cm以上	46	41.4	36.8
20	大换药			次	创面30（不含）—50（含）cm^2或长度15（不含）—25（含）cm	23	20.7	18.4
21	中换药			次	创面15（不含）—30（含）cm^2或长度10（不含）—15（含）cm	17	15.3	13.6
22	小换药			次	创面15（含）cm^2以下或长度10（含）cm以下	12	10.8	9.6
23	电脑血糖监测	含床旁血糖监测	血糖试纸	每试验项目		5	4.5	4

序号	项目名称	项目内涵	除外内容	计价单位	说明	各级别医院医疗服务价格（元）		
						三级	二级	一级
24	酒精擦浴			次		15	13.5	12
25	冰袋降温	包括冰帽降温		次	冰袋降温一日最高不得超过30元	2	1.8	1.6
26	特殊物理降温	包括特殊物理升温。指使用专用设备升温、降温		小时		6	5.4	4.8
27	坐浴		药物	次		2.5	2.25	2
28	冷热湿敷		药物	次		2.5	2.25	2
29	雾化吸入	包括超声、高压泵、氧气雾化、蒸汽雾化吸入及机械通气经呼吸机管道雾化给药	药物、一次性雾化器	次	氧气雾化吸入加收3元	6	5.4	4.8
30	低流量给氧			小时		4	4	4
31	中流量给氧			小时		5	5	5
32	高流量给氧			小时		6	6	6
33	肌肉注射	包括皮下、皮内注射		次		1.5	1.35	
34	家庭巡诊	含了解服务对象健康状况、指导疾病治疗和康复、进行健康咨询		次		17	17	17
35	健康咨询	指个体健康咨询		次		5	5	5
36	疾病健康教育	指群体健康教育		人次		2	2	2

序号	项目名称	项目内涵	除外内容	计价单位	说明	各级别医院医疗服务价格（元）		
						三级	二级	一级
37	Ⅱ级护理	含需要护士定时巡视一次，观察病情变化及病人治疗、检查、用药后反应，测量体温、脉搏、呼吸，协助病人生活护理，作好卫生宣教及出院指导		日		8	7.2	6.4
38	Ⅲ级护理	含需要护士每日巡视2—3次，观察、了解病人一般情况，测量体温、脉搏、呼吸，做好卫生宣教及出院指导		日		3	2.7	2.4

注：三级、二级、一级医疗服务价格分别指三级、二级、一级公立医疗机构基本医疗服务价格。其中一级医疗服务价格包含一级公立医疗机构、社区卫生服务机构、公办养老机构经卫生行政主管部门核准的内设医疗机构的医疗服务价格。

⑤ 广州市老年人口失能规模及
长期护理费用的测算

当前，广州人口老龄化正处于快速发展时期，截止到 2015 年底，60 岁及以上老年人口已经达 1475313 人[①]，占户籍人口总量的 17.27%，65 岁及以上老年人口为 987701 人，占户籍人口总量的 11.56%，2012 年至 2015 年 60 岁及以上老年人口数量每年以净增 7 万人的速度增长，老年人口数量和高龄人口比例也继续增加，这表明广州市人口老龄化的速度加快，老龄化程度将进一步提高。由于年老、疾病、伤残和功能衰退等因素的影响，失能老年人口是失能人群中最主要的部分。伴随老龄化程度的提高，失能老年人群的长期护理需求必将快速增长。从宏观角度对老年人口数量及失能规模进行测算，对老年人群长期护理服务需求趋势、总费用开支等情况进行分析，是制定广州市养老服务业发展规划、建立体现广州市情的长期护理保险制度必不可少的基础工作。

5.1 60 岁以上老年人口及其失能、半失能情况

失能老人的人口规模取决于老年人口总量和失能率两个因素[②]。关

---

① 广州市老龄办（穗统函［2015］208 号）。

② 王乐芝，曾水英，《关于失能老人状况与老年长期护理保险的研究综述》，《人口学刊》，2015 年总第 212 期。

于失能率的测算，课题组以广州市第六次人口普查结果为依据①，把握老年人口的基本情况及发展动态规律，把关于老年人健康状况抽样调查结果中的"不健康，但生活能自理"人群类同于"半失能"人群；把"生活不能自理"人群类同于"全失能"人群（以下简称失能），计算失能半失能老年人占老年人总量的比例，即失能率（见表5-1），并对未来失能老年人口数量变化趋势进行预测。

表5-1　2010年广州市60岁及以上老年人口年龄别失能率（单位:%）

分组	60岁及以上人口	不健康，但生活能自理	生活不能自理	半失能率（%）	全失能率（%）
60-69岁	63150	1519	279	2.41	0.44
70-79岁	39661	2849	703	7.18	1.77
80岁及以上	16099	2451	1137	15.22	7.06
合计	118910	6819	2119	5.73	1.78

数据来源：广州统计信息网．第六次人口普查 http://www.gzstats.gov.cn/pchb/rkpc6/

说明：该数据是2010年第六次人口普查中对广州市老年人口进行抽样调查的数据

上述数据显示，老年人口失能率随年龄而上升，60岁以上老年人失能率只有0.44%，70岁以上老年人失能率上升到1.77%，80岁老年人失能率达到7.06%。这表明，年龄别失能率随年龄增加而显著提高。

表5-2　2012—2015年广州市60岁及以上老年人口人数及各年龄组所占比重（单位：人,%）

年份	60-69岁组（%）	70-79岁组（%）	80岁及以上（%）	合计
2012年	663575（52.48）	405370（32.06）	195368（15.45）	1264313
2013年	715392（53.77）	402705（30.27）	212315（15.96）	1330412
2014年	772946（54.96）	407011（28.94）	226532（16.11）	1406489
2015年	826464（56.02）	410709（27.84）	238140（16.14）	1475313

数据来源：广州市民政局，2013、2014年广州市老年人口与老龄事业数据手册；广州市老龄办，穗统函［2015］208号文

① 2010年第六次人口普查是广州市最新的一次人口普查，尽管关于失能状况的数据来自于对老年人口进行抽样调查，但是无论从调查的样本量和方法设计还是组织实施方面来看，其数据的可信度均高于一般的抽样调查结果。

根据 2010 年广州市 60 岁以上老年人口年龄别失能率和 2012—2015 年 60 岁以上老年人口人数（表 5 – 2），并假设失能（全失能、半失能）率的增长幅度为零，测算出 2015 年广州市老年户籍人口中完全失能人数为 26261 人、半失能人数为 84535 人，共计 110796 人。已有的研究指出，低年龄组的老人生活自理能力明显高于高龄老人，失能老人规模会随着年龄的增长呈现向右倾斜的倒 "V" 字形分布[1]，广州失能老人最多是在 80 岁及以上组，这与全国的情况基本一致，2012—2015 连续四年，80 岁及以上年龄组的失能老人占比最高，达到 47% 以上，见表 5 – 3。

表 5 – 3   2012 年—2015 年 60 岁以上老年人失能、半失能
情况及其所占比重（单位：人，%）

年龄组	2012 年			2013 年			2014 年			2015 年		
	半失能	失能	小计（%）	半失能	失能	小计（%）	半失能	失能	小计（%）	半失能	失能	小计（%）
60 – 69 岁组	15992	2920	18912（19.92）	17241	3148	20389（20.40）	18628	3401	22029（20.86）	19918	3636	23554（21.26）
70 – 79 岁组	29106	7175	36281（38.21）	28914	7128	36042（36.06）	29223	7204	36427（34.39）	29489	7270	36759（33.18）
80 岁及以上组	29735	13793	43528（45.84）	32314	14990	47304（47.34）	34478	15993	50471（47.78）	36245	16813	53058（47.89）
合计	72445	22505	94950	76233	23681	99914	80592	25036	105628	84535	26261	110796

5.2   未来五年广州市 60 岁以上老年人口规模预测

人口预测是指根据一个国家、一个地区现有人口状况及可以预测到的未来发展变化趋势，测算出未来某一个时间的人口状况。人口预测涉及人口基础数据、人口预期寿命、人口生育率、生育模式、人口性别比等参数的设置。国内相关的研究比较丰富，用于人口预测的模型也很多，最常用的是自然增长率法和年龄移算法。课题组将使用这两种常用

---

① 潘金洪等：《中国老年人口失能率及失能规模分析——基于第六次全国人口普查数据》，《南京人口管理干部学院学报》，2012 年第 10 期，第 3 – 6 页。

方法进行广州市未来五年的人口预测。

5.2.1 自然增长率法

主要参考历年的自然增长率及机械增长率，确定预期年内的年平均增长率，然后根据公式预测出目标年份的人口规模。其模型表达式为：

$$C = a \times (1 + X)^n$$

式中 C 为预测年份的人口规模；a 为预测基年某年龄段的实际人口数；X 为综合增长率，考虑到老年人口流动性比较小，相对稳定，机械增长率不计算入内，仅为年均自然增长率；n 为预测年限。

5.2.2 年龄移算法

指以各个年龄组的实际人口数为基数，按照一定的存活率进行逐年递推来预测人口的方法。它是一种最基本的对未来人口进行预测方法，也是一种被借鉴、应用较多的人口预测模型，大部分人口预测模型都是建立在以年龄移算法原理为基础的模型之上的。其重要原理是将人口看作时间的函数，随着时间的推移，人口的年龄也在不断地发生着转移，在考虑相应年龄组死亡率水平条件下，通过把某一年度、某一年龄组的人口数转移到下一个年度、下一个年龄组来测算人口数。年龄移算法模型的基本表达式为：

$$P_{x+1} (t+1) = P_x (t) \cdot S_x$$

式中：$P_{x+1} (t+1)$ 为预测年度 $X+1$ 年龄段的人口数；$P_x (t)$ 为预测基年 x 年龄段的实际人口数；S_x 为 x 年龄组的存活率。以 2010 年广州市的人口普查结果[①]的死亡率计算存活率，存活率 = 1 - 死亡率（‰）。假设存活率不变的情况下，以 2015 年广州市的人口数为基数，每个年龄段的人口基数乘以相对应年龄段的存活率，即为下一年龄段的存活人数（见表 5 - 4）。

---

① 广州统计信息网：第六次人口普查 http://www.gzstats.gov.cn/pchb/rkpc6/。

表 5-4　2010 年 60 岁以上老年人口存活率（%）

年龄分组	死亡率（‰）	存活率（‰）
50—59 岁	3.7905	996.2095
60—69 岁	9.7968	990.2032
70—79 岁	31.7567	968.2433
80 岁以上	106.3907	893.6093

5.2.3　自然增长率法和年龄移算法

根据 2012—2015 年的老年人口平均增长率（约为 5%，见表 5-2），以 2015 年的老年人口数据为基数，按自然增长率法估算未来五年广州市老年人数，最后得 2016 年到 2020 年广州市 60 岁以上老年人数，2020 年为 188 万人（见表 5-5）[①]。

表 5-5　广州市 2016—2020 年老年人口规模（人）

年份	老年人口数
2016	1549079
2017	1626533
2018	1707859
2019	1793252
2020	1882915

根据自然增长率法和年龄移算法，分别测算 2020 年广州市年龄别老年人数，结果如下（见表 5-6）：

表 5-6　广州市 2020 年老年人口年龄组人数（人）

年龄分组	年龄移算法	自然增长率法
60—69 岁组	993626	1054801
70—79 岁组	541235	524180
80 岁及以上	373378	303934
合计	1908240	1882915

---

① 该数据与广州市老龄委根据发展趋势预测的 2020 年广州市老年人口 185 万人较一致，http://news.sohu.com/20160417/n444540164.shtml。

5.3　未来五年老年人口失能规模测算

平均预期寿命延长的趋势，会不会导致老年人失能率上升？不少文献研究显示，老年人失能率有下降趋势或维持现状而看不出上升的趋势。Jacobzone 等（2000）的研究发现，法国、比利时、中国台湾、意大利、荷兰、瑞士等国家老年人失能率有下降趋势，而澳洲、加拿大、英国虽然没有实质性下降，但也没有发现上升的趋势。[①] 而国内的文献研究表明，失能率的增长与人口老龄化速度的增长密切相关，人口老龄化会导致失能老人总量在不断增加。湖北省失能老人长期照护问题调查报告预测，在未来 50 年人口老龄化快速发展进程中，失能老人数量将伴随人口老化速度同步较快增长[②]，在 1994—2004 年的抽样调查中，中国老年人生活不能自理的比例由 7.5% 上升到 8.9%，其中高龄老人（80 岁以上）失能率增长最快，从 33.7% 上升至 35.3%，老年人的预期寿命有所提高，生活自理预期寿命也有所增长，但是生活自理预期寿命在余寿中的比重反而下降了，而且该比重的差距随年龄的增长越来越大[③]。换言之，老年人年龄越大，失能的概率就越大，高龄老年人成为失能老人的主要来源[④]。所以，为更准确预估未来五年广州市失能人口规模，课题组根据 2012—2015 年广州市老龄化增长幅度对 2010 年失能、半失能率数据稍作调整，以此来测算广州市未来五年的失能人口规模。

按照综合自然增长率法和年龄移算法，参考历年的老龄化程度，确定其年平均增长率，然后预测出目标年份的失能率，其模型表达式为：

$$F = a \cdot (1 + X)^n$$

---

① 陈诚诚：《德日韩长期护理保险制度比较研究》，北京：中国劳动社会保障出版社，2016 年版。

② 参见湖北省老龄工作委员会办公室：《关于湖北省失能老人长期照护问题的调查报告》，http://www.hbllw.cn/html/2015/llyj_0612/16830.html.

③ 杜鹏、李强：《1994—2004 年中国老年人的生活自理预期寿命及其变化》，《人口研究》，2006 年第 5 期。

④ 王乐芝、曾水英：《关于失能老人状况与老年长期护理保险的研究综述》，《人口学刊》，2015 年第 4 期。

式中：F 为预测年份的失能率；a 为基年失能率；X 为老年化增长率，即以老龄化增长速度作为失能率增长速度，预测目标年份的失能率；n 为预测年限。

表 5 - 7 2012—2015 年广州市户籍老年人口占总户籍人口的比重

年份	2012 年	2013 年	2014 年	2015 年
所占比重（%）	15.42	16.03	16.75	17.27

数据来源：广州市民政局：《广州市老年人口与老龄事业数据手册》，2013、2014 年版

如表 5 - 7，户籍老年人口占总户籍人口的比重，即老龄化增长速度从 2012 年的 15.42% 至 2015 年的 17.27%，年均增长约为 0.04（0.0385），根据广州市第六次人口普查，2010 年广州市老年人失能率为 0.0752（将失能和半失能比率加在一起并四舍五入取近似值），以此计算广州市 2015 年 60 岁及以上老年人失能率为 0.0915 = 0.0752 ×(1 + 0.04) ^5，2020 年为 0.1113 + 0.0752 ×(1 + 0.04) ^10。

以上述测算的老年人口数乘以调整后的失能率，估算广州市未来五年总的失能人口规模，预测到 2020 年广州市 60 岁以上的失能老年人口将达 209568 人，具体结果见表 5 - 8。

表 5 - 8 广州市 2016—2020 年失能人口规模 （单位:%，人）

年份	老年人口数	失能率（%）			失能人口规模		
		半失能率	失能率	合计	半失能	失能	合计
2016	1549079	7.26	2.25	9.51	112463	34854	147317
2017	1626533	7.55	2.35	9.89	122803	38224	161027
2018	1707859	7.85	2.44	10.29	134067	41672	175739
2019	1793252	8.16	2.54	10.70	146329	45549	191878
2020	1882915	8.49	2.64	11.13	159859	49709	209568

5.4 不同护理模式及级别所占比重之测算

5.4.1 不同护理模式的比重测算

根据课题组委托海珠区民政局对广州市海珠区 60 岁及以上老年

人口进行的失能、半失能情况的摸查调研（调研方案及结果见附录二），结果显示，目前大多数老人选择的护理方式是居家护理，有846人占65.53%，少部分人选择在养老机构和医院进行护理，分别有173人（占13.4%）和162人（占12.55%）（收集到样本量为1291），见图5-1。把选择居家护理、社区卫生服务中心以及社区日托的人口数合并起来，作为选择居家社区护理的样本，共有883人，占68.4%；选择养老机构、医院护理、专业护理院以及其他护理的人口数合并起来，作为选择机构护理的样本，得到机构护理人数为408人，占31.6%。据此，广州市失能人群利用居家社区护理和机构护理的比例可以大致划定为7∶3。

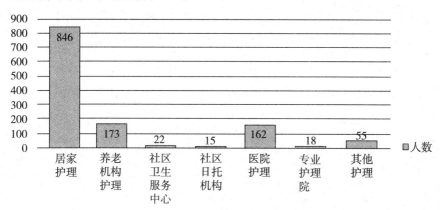

图5-1　60岁及以上老年人口对不同护理方式的选择意向

注：数据来源于2016年广州市海珠区60岁以上老人失能半失能摸查情况

5.4.2　失能、半失能人员不同护理级别比例的测算

目前，对于老年人服务分级护理方面，现主要分为一级护理（全护/介护，服务对象为失能老人）、二级护理（半护/介助，服务对象为半失能老人）、三级护理（一般照顾，服务对象为可自理老人）。课题组将按照这一分类，估算失能、半失能人员不同护理级别的比例（不包括特殊护理，痴呆护理等）。

首先，估算在养老机构和医疗机构中的不同护理级别等级的比重。

课题组对广州市 13 家养老机构/医院进行了实地调查（调研情况具体见附录一），在调查者中（有效样本量为 1209 人），失能、半失能人员有 1068 名。其中重度失能 734 人，占 68.73%；中度失能 112 人，占 10.48%；轻度失能 222 人，占 20.78%，见表 5－9。根据机构护理中不同失能级别的比例，估算广州市机构护理中其一级护理、二级护理、三级护理的比例约为 7：1：2。

表 5－9　广州市 13 家养老机构/医院生活自理情况

自理能力等级	等级划分标准	等级划分标准	人数	百分比
重度依赖	总分≤40 分	全部需要他人照护	734	60%
中度依赖	总分 41－60 分	大部分需他人照护	112	9.20%
轻度依赖	总分 61－99 分	少部分需他人照护	222	18.40%
无需依赖	总分 100 分	无需他人照护	141	11.70%

注：数据来源于课题组对广州 13 家养老机构的调研分析

其次，估算在居家社区护理中的不同护理级别等级的比重。根据海珠 60 岁以上人口失能、半失能情况的调查数据（详细数据见附录二），2016 年海珠区 60 岁以上失能半失能人数为 1999 人，其中重度失能 705 人，占 35.27%；中度失能 568 人，占 28.41%；轻度失能 726 人，占 36.32%。故可推定，广州市居家社区护理中其一级护理、二级护理、三级护理比例约为 3.5：3：3.5。

按广州市 13 家养老机构/医院护理中不同护理级别比重（一级护理：二级护理：三级护理≈7：1：2）以及海珠区居家社区护理中不同护理级别比重估算（一级护理：二级护理：三级护理≈3.5：3：3.5），以此结合广州市 2016 年和 2020 年的老人失能人数，进一步估算 2016 年及 2020 年广州市不同护理服务模式、不同护理服务等级的需求量，见表5－10。

表 5 - 10 广州市不同护理服务模式、不同护理等级的需求量（单位：人）

年份	护理方式	一级及以上护理	二级护理	三级护理	合计
2016 年	社区居家护理	36093	30937	36093	103122
	机构护理	30937	4420	8839	44195
2020 年	社区居家护理	51344	44009	51344	146698
	机构护理	44009	6287	12574	62870

5.5 不同护理服务模式及级别的长期护理成本测算

根据广州市社会福利协会中心提供的广州市 94 家养老机构的护理标准以及护工公司调研结果，课题组匡算了 2016 年的长期护理成本，然后，再根据 2010—2015 年广州市居民服务项目价格的上升水平，估算长期护理费用的增长水平，最后测算出 2020 年广州市的不同护理方式不同护理级别的长期护理成本。

由于 94 家养老机构的费用层次参差不齐，各自都是根据指导价格结合自己机构的实际情况进行收费，没有形成统一的收费标准，故不能直接取 94 家机构的费用均值作为费用基数进行估算，而是需要对 94 家养老机构的收费标准进行描述性分析，选取众数值最高的组别的中位数作为费用基数。如，94 家机构中一级及以上护理等级费用收取的价格标准从 180—6900 元不等，均值为 1429.85 ± 932.25 元，众数为 900（7.40%）元，中位数为 1200（6.60%）元，故选取 1200 元作为一级护理收费。二级护理费用、三级护理费用、床位费等项目以此类推（见附录三），得到表 5 - 11 的基础数据。比照课题组实地调研结果的加权平均分析（见附录四），所选取的费用标准与实际情况相符合，均为合理的最低保障性的护理费用。为此，可根据选取的一、二、三级护理费用，估算机构/医院的各项收费情况。

表 5 - 11　医院/机构各项收费基础数据（单位：元/人/月）

项目	护理费用			床位费	伙食费	管理费	耗材费
	一级及以上护理	二级护理	三级护理				
费用	1200	750	400	800	600	250	300

通过对护工公司和民营机构所进行的访谈调研发现，目前广州市护工护理收费，进行一对一的 24 小时护理的护工费用大概是 160—300 元/人/天，一对多的护工收费情况也有几种，全失能的一对多护工每天收费 70—100 元/人/天，协助护理也需要 40—60 元/人/天，最基础护理也需要 15—25 元/人/天。需要进行护理的老年人的耗材费用，则取自多家养老机构和护理机构提供的数据，对于男性病人，每人每月至少需要 250 元的耗材费，女性病人费用则稍微高一点，每人每月 300 元的耗材费用。一级以上护理级别护工采用 1 对 2 的比例进行费用估算，得到居家社区护工收费的基础数据，见表 5 - 12。

表 5 - 12　居家社区护工收费基础数据（单位：元/人/月）

项目	护理费用			伙食费	耗材费
	一级及以上护理	二级护理	三级护理		
费用	2400	1200	450	600	300

近几年来，广州市居民服务项目价格水平波动较大，但总体上是呈现上升趋势，见表 5 - 13。根据线性预测（如图 5 - 2），到 2020 年，广州市的居民服务价格水平比 2016 年上涨 5.2%。

表 5 - 13　2010—2015 年广州市居民服务项目价格上升比例（%）

年份	2010	2011	2012	2013	2014	2015
率（%）	1.2	3.4	0.2	3.7	2.0	4.3

数据来源：广州市统计局 2010—2015 年广州市国民经济和社会发展统计公报

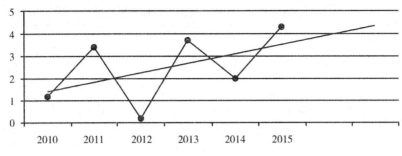

图 5 – 2　2010—2015 年广州市居民服务项目价格上升比例（%）

目前估算的护理成本费用，对于在机构进行长期护理的该费用包括护理费、床位费、耗材费（一级及以上护理考虑耗材费，其他护理等级不考虑）；而居家社区护理的费用包括护工费，耗材费（一级护理及以上考虑耗材费，其他护理等级不考虑），得到 2016 年不同护理方式的分级护理成本；而 2020 年的数据则以上述居民服务价格水平 5.2% 的年增长率测算，如表 5 – 14。

表 5 – 14　不同护理模式不同护理等级每人每月护理成本（单位：元/人/月）

年份	护理方式	护理费用		
		一级及以上护理	二级护理	三级护理
2016	社区居家护理	2700	1200	450
	机构护理	2300	1550	1200
2020	社区居家护理	3307	1470	551
	机构护理	2817	1898	1470

5.6　长期护理总费用测算

根据单位护理成本乘以不同护理服务模式、不同护理等级的需求人数，估算长期护理总费用。2016 年，社区居家护理和机构护理的总费用达到 28.73 亿元。预计到 2020 年长期护理总费用将达到 50.06 亿元，如表 5 – 15。

表 5 - 15　不同护理模式不同护理级别的年护理费用（单位：亿元/年）

年份	护理方式	一级及以上护理	二级护理	三级护理	合计
2016	社区居家护理	11.69	4.45	1.95	18.09
	机构护理	8.54	0.82	1.27	10.63
2020	社区居家护理	20.38	7.76	3.39	31.53
	机构养老	14.88	1.43	2.22	18.53

　　假设长期护理保险基金只负担社区居家护理和机构护理中的一级及以上护理，按 70% 比例[①]估算，2016 年长期护理保险基金需负担的长期护理总费用也达到 14.17 亿元，2020 年则将达到 24.67 亿元，如表 5 - 16。

表 5 - 16　长期护理保险基金负担的年费用（单位：亿元/年）（70%）

年份	护理方式	一级及以上护理	二级护理	三级护理	合计
2016	社区居家护理	8.19	3.12	1.36	12.67
	机构护理	5.98	0.58	0.89	7.44
2020	社区居家护理	14.26	5.43	2.38	22.07
	机构护理	10.41	1.00	1.55	12.97

5.7　长期护理负担分析

5.7.1　个人负担

　　从收入情况，广州市 2015 年全年城市常住居民人均可支配收入 46735 元，月平均 3894 元；农村常住居民人均可支配收入 19323.10 元，月平均 1610 元。2015 年全国企业职工退休人员平均养老金每月 2200 元，广州企业退休人员人均养老金 3200 元/月[②]。从支出情况，养老机构收费大部分在 2500—4800 元；居家养老每月花费 1500—3000 元不

---

　　① 人力资源社会保障部办公厅关于开展长期护理保险制度试点的指导意见（人社厅发〔2016〕80 号）规定，对符合规定的长期护理费用，基金支付水平总体上控制在 70% 左右。

　　② 数据来源于广州市统计局：国民经济和社会发展统计公报。

等，失能半失能人员的护理费用更高，根据前文关于"广州失能老人长期照护服务项目及收费情况"调查统计，95 位居家重度失能老人月均支出费用从 1546 元到 10932 元不等，重度失能老人入住老人院，每月至少需要花费 4280 元。通过收支对比，失能半失能老年人群若以个人养老金支付护理费用，无论接受的是机构护理还是社区居家护理，都显得捉襟见肘。

5.7.2 医保基金负担

2014 年广州市城镇职工医疗保险基金（含重大疾病医疗补助及补充医疗保险）的统筹基金收入为 196.41 亿元，支出 108.55 亿元，当期结余 87.86 亿元，滚存结余 570.29 亿元[①]。如前所述，一级及以上年护理总费用为 14.17 亿元，占城镇职工医疗保险统筹基金收入的 7.2%，占当期结余的 16%，占滚存结余 2.48%，可以断定，如果没有稳定的筹资渠道、合理的筹资方式和科学的费用分担机制，由医保统筹基金支付失能老人的长期护理费用不具可持续性，也有失公平。

5.8 本章小结

基于以上测算和分析，广州市老年长期护理服务的需求及总费用现状、趋势可概括为：

（1）广州市老年长期护理需求较大。2016 年，广州市完全失能老年人口大约为 34854，半失能老年人口大约为 112463，失能半失能老年人口总数大约为 147317 人；预计到 2020 年，广州市完全失能老年人口将达到 49709，半失能老年人口为 159859，失能半失能老年人口共计 209568 人。

（2）广州市老年长期护理负担较重。2016 年广州市社区居家护理和机构护理的一级护理费用分别为 2700 元、2300 元，这些费用仅仅是

[①] 广州市人力资源与社会保障局官网。

一级护理费，未包括房费、伙食费、管理费等。仅这一级护理费用就已超过广州市月平均可支配收入的 60% 比例。因此，如果仅靠个人养老金承担长期护理费用，将会给老人及家庭造成较大负担，可能导致失能老人的护理需求难以得到有效满足。

（3）广州市老年长期护理费用总额巨大。2016 年，社区居家护理和机构护理测算总费用达到 28.73 亿元。预计到 2020 年长期护理总费用将达到 50.06 亿元。面对如此高昂的护理费用，不管是家庭或个人还是政府都无法单独承担。社会化风险需要建立社会化制度予以应对。因此，长期护理制度的建立需要探索一种多方共同负担的费用分担机制。

（4）当前是广州市建立长期护理保险的机遇期。1994 年，德国通过了长期护理保险立法，彼时 65 岁及以上人口的比例已达到人口的15.8%。日本通过类似立法的时间是 1997 年，彼时其 65 岁及以上人口的比例为 15.7%。韩国通过类似立法并实施长期护理保险的时间是2008 年，此时其人口老龄化比例为 11.9%。2016 年广州市 65 岁及以上人口的比例为 11.72%，探索长期护理制度的建立正当其时。

5.8.1 个人、家庭和社会应共同积极应对长期护理风险

由于社会和人口结构的重大改变，平均寿命延长和生育率大幅下降共同导致的人口迅速老龄化，政府立法建立长期护理保险是大势所趋。清华大学公共管理学院教授胡鞍钢和清华大学公共管理学院副教授鄢一龙（2017）指出，未来中国人口最大的挑战就是老年人口负担。2020年平均 5.9 个劳动年龄人口供养一个老人，到 2050 年平均 2.7 个劳动年龄人口就要供养一个老年人。对于个人和家庭，平衡好"当前的风险"和"未来的风险"之间的财务需求，加大储蓄和参与长期保险（强制性的社会保险和选择性的商业保险）的力度。尤其现在青壮年劳动力中坚力量，做好个人和家庭的财务规划，为养老而有效地长期投资，可能是应对的未来长期护理风险最佳举措。此外，响应计划生育新政策，生育二胎，虽不是用来防老，但对改变"四二一"家庭结构，

缓释长期护理风险，不失为一项可行的措施。长期护理风险属于大概率事件，每个人、每个家庭都需要为此做好财务、人力、和心理上的充足准备。唯有国家高度重视和大力推动，试点城市启动实施，社会资本参与，每个人和每个家庭都做出全方位的准备，才能最终迈过老龄化长期护理风险的这一道坎。

5.8.2 居家社区护理应成为长期护理服务模式的主体

根据文献[①]，德国和日本政府以及全球老龄化研究专家都希望，改善社区护理能够降低养老院的使用率和花费。然而，这些美好的愿望并没有变成现实。在德国，接受机构护理的受益人比例从 1997 年的 27% 增长到 2005 年的 31.5%，其中包括很多接受低水平护理的人。在日本，随着新保险项目的实施，对养老院的需求急剧膨胀，由此导致的结果是大量人排队等着进养老院。对此，广州市建立和实施长期护理保险须充分重视这一实践问题，规避过度机构化。事实上，在各国长期护理服务提供体系中"去机构化"趋向明显，居家护理与社区护理成为全球绝大多数国家都在倡导的养老服务的主流模式。如 90 年代瑞典、挪威、英国、丹麦、芬兰等 65 岁以上老人接受居家/社区式照顾占 13—24%，另外约有 5%—7% 老人住进机构中；2009 年韩国有 1.1% 的 65 岁以上老年人口在机构接受护理服务，有 2.1% 接受居家护理服务；2011 年日本 65 岁及以上老年人中有 2.8% 接受机构护理服务，而接受居家护理服务的比例是 9.8%。社区、居家护理成为高龄化发达国家老年长期照护的主体，它既适应了老年人家庭照顾的情感、心理需求，也避免了医院和机构护理的高昂费用问题。

此外，在高龄化的发达国家中，当 65 岁以上人口的医疗费用占国

---

① 约翰·坎贝尔、池上直己、玛丽·吉布森：《德国和日本公共长期护理保险的经验》，《比较》，2010 年第 5 期。

家医疗保健总支出的30%以上时①，需要调整医疗保健系统，把重点逐渐聚焦在老年人的照护上。65岁以上老年人的医疗保健支出比例的变化，将对医疗保健的各项支出产生重大影响，针对单一疾病管理的程序变得不那么实用，将会被针对老年病人的一般护理所取代。如果没有专门的长期护理服务，老人病愈还不愿出院的可能性就大大增加，由此所致的社会性医疗费用高居和效率低下就会日趋严重。因此，针对老年人照护需求，社会保健系统要把各项服务从医疗保健体系转向长期护理体系，这是一种即能提高效率又能控制整体保健总支出更是释放整个医保系统的压力的途径，长期护理服务提供体系的构建应适应这一去医疗化的趋势。

5.8.3 起步适度严控，适时建立强制性的长期护理保险制度

如前述，2016年，失能和半失能人口共计147317人，占60岁以上老年人口的9.51%；预计到2020年将达到209568人。如此庞大的失能人群，全部进入长期护理保险保障范围不现实。根据人社部发布《关于开展制度试点的指导意见》，在试点阶段，保障范围可仅覆盖职工基本医疗保险参保人群。

护理需求是一个多层次的需求，满足需求的服务内容和水平可以有不同的标准。如前述，广州市老年长期护理费用总额巨大，不可能由政府向全社会筹资提供较高水平的护理保障。因此在试点阶段，不宜对护理服务的内容和水平设定过高，而应该从实际出发，坚持起步水平适度，确定基本护理服务范围，即为长期失能人员的基本生活照料和与基本生活密切相关的医疗护理，以帮助受益者及家属获得一定的生命和生活质量改善。

在发达国家，长期护理保险是和医疗保险分开独立运行的。虽然它

———

① 2005年75岁及以上年龄段人群医疗费用已经占日本国家医疗保健支出的29%，到2025年，这一数字预计将达到49%。

们可能是由同样的机构运营管理，但资金池和管理是严格分开的。政府制定政策、颁发许可证、监督服务提供商，并对资金使用情况和成本进行监督。借鉴国外经验，待条件成熟，应以建立强制性的社会长期护理保险作为目标，以"获得"和"责任"相兼顾的原则，探索多方共同负担的费用分担机制。

5.8.4 逐步理清理顺与长期护理保险紧密相关的几种关系

长期护理保险即使是在已经经过多年发展的国家，也存在与其他保险制度"剪不断、理还乱"的复杂关系。因此，需要在构建广州市长期护理保险制度过程中逐步理清理顺它们之间的关系。首先，要明晰好与基本养老保险的关系。基本养老保险解决的是老年人晚年生活的经济保障或物质保障。广义来说，养老保障不仅包括经济保障，也包括服务保障。长期护理服务应属于广义的服务保障范畴。戴卫东（2012）指出，可以通过降低基本养老保险的缴费率，在保持社会保险总体缴费率不变的情况下，为长期护理保险留下发展空间。其次，界定好与基本医疗保险的关系。我国现行基本医疗保险制度规定："退休人员参加基本医疗保险，个人不缴纳基本医疗保险费，对退休人员个人账户的计入金额和个人负担医疗费的比例予以适当照顾"。这会随着人口的快速老龄化造成医保基金支付压力加大。因此，隔离与基本医疗保险的关系，尽快单独设置长期护理保险基金，形成独立的筹资渠道就非常关键。第三，理清与工伤保险的关系。工伤保险也包含提供护理服务的内容，因此，长期护理保险制度建立后，因与工伤保险的支付予以有效区分，以避免重复给付，造成资源浪费。第四，理顺与商业保险的关系。长期护理保险与商业保险是互补性关系，前者用来保基本护理服务需求，后者用来满足多元化护理服务需求。应给予两者更加确切的定位，给予各自有效指引，共同发展，相互促进。

⑥ 广州市构建长期护理保险制度的服务供给能力分析

广州市长期护理服务供给能力主要来源五个渠道：一是养老机构，它们为失能老人提供以生活照料为主的护理服务。二是医疗机构，它们为老人或失能人群提供住院医疗护理、康复和临终关怀等服务。三是基层医院设立的家庭病床，它们为失能人群提供部分居家专业医疗护理。四是由民政部门主导、社会力量举办的日间服务中心和社区助老服务社，它们提供社区或居家生活照料和精神慰藉服务。五是家政服务机构，它们提供的居家生活照料服务。

广州市长期护理服务供给能力主要依靠养老机构、医疗机构，以及医养结合机构的服务供给能力，包括现有的服务供给能力和潜在的服务供给能力；同时，服务供给能力涉及床位数、护理员数、区域分布、人均占有数等多项具体指标。本章重点分析广州市长期护理的机构供给能力。

6.1 养老机构的服务供给能力分析

养老机构是机构养老的主力军，主要包括以生活护理为主的养老机构、以医疗护理为主的养老机构，以及康复治疗为主的老年护理院。目前广州市拥有 183 家养老机构（含 7 所在建养老院），养老床位 4.8 万张，每千名老人拥有养老床位数 34 张。养老护理员 8872 人，失能老人与养老员的比例约为 3.6∶1（不含正常养老需求人数）（见表 6 - 1）。民办养老机构 112 家，占比 64%；市本级养老机构 4 家，占比 2.2%。

表 6 - 1　2015 年广州市各区失能老人数与养老护理员数比值

所在市（区）	半失能老人数	全失能老人数	失能老人总数	养老护理员人数	比值
市本级	496	435	931	653	1.4∶1
越秀	303	1038	1341	271	4.9∶1
海珠	812	1456	2268	427	5.3∶1
荔湾	688	3557	4245	1107	3.8∶1
天河	34	187	221	68	3.3∶1
白云	803	3524	4327	1105	3.9∶1
黄埔	141	400	541	198	2.7∶1
花都	182	323	505	111	4.5∶1
番禺	199	1017	1216	370	3.3∶1
南沙	111	142	253	57	4.4∶1
增城	86	76	162	53	3.1∶1
从化	41	42	83	52	1.6∶1
	3896	12197	16093	4472	3.6∶1

注：数据来源于 2015 年民政局资料整理

6.1.1　养老机构数量统计

根据表 6 - 2，2012 年全市养老机构数 158 个，2013 年 167 个，较 2012 年增加 9 个，年增长率 5.7%；2014 年全市养老机构数 170 个，较前一年增加 3 个，年增长率 1.8%；2014 年养老机构数年增长率较前一年下降 3.9%；2015 年全市养老机构数 177 个，较 2014 年增加 7 个，年增长率约为 4.1%；2016 年全市养老机构数 183 个，较前一年增加 6 个，年增长率 3.39%；根据图 6 - 1，养老机构整体呈逐年上升趋势，2013 年到 2014 年稍平缓；根据养老机构年增长率折线图，年增长率起伏较大，其中 2013 年年增长率最高 5.7%；2014 年年增长率最低 1.8%；养老机构年增长率可能与老年人口比例增加、老龄化的加快有关。

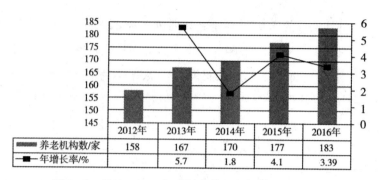

图 6 - 1　2012—2015 年广州市养老机构数及年增长率

表 6 - 2　2012—2016 年广州市养老机构数（单位：家）

年份	2012 年	2013 年	2014 年	2015 年	2016 年
养老机构数	158	167	170	177	183

注：2013 年、2014 年数据来源于广州市老年人口和老龄事业数据手册，2015 年数据来源于民政局，2016 年数据来源于广州市公办养老机构入住评估轮候网上办事平台

6.1.2　养老机构床位数统计

根据表 6 - 3，2012 年广州市老年人口数 126.43 万人，2013 年全市老年人口 133.04 万人，较 2012 年增加了 6.61 万人，年增长率 0.52%；2014 年全市老年人口 140.65 万人，较前一年增加了 7.61 万人，年增长率 0.57%；根据图 6 - 2，老年人口数呈逐年增长趋势，2014—2015 年增长趋势稍缓，可能与 2015 年人口数是测算数据有关，与实际情况存在差异。

根据表 6 - 3，2012 年全市养老机构床位数 34036 张，2013 年 38949 张，较 2012 年增加 4913 张，年增长率 14.4%；2014 年全市养老机构床位数 43242 张，较前一年增加 4293 张，年增长率 11.0%；2014 年年增长率较前年下降 3.4%。2015 年养老机构床位数 48511 张，较前一年增加 5269 张，年增长率 12.2%，较前一年升高 1.2%；根据图 6 - 2，养老机构整体呈逐年匀速上升趋势。对比表 6 - 2，2013 年、2014 年和 2015 年养老机构床位数的年增长率均高于养老机构数的年增长率。这说明广州市虽然有新的养老机构建成，但养老机构的增长幅度低于现有的养老机构床位数增加的幅度，这可能是因为新建一家养老机构比扩大养老机构规模、增加床位数困难更大。

根据表 6-3，2012 年全市每千名老人拥有养老床位数 27 张，2013 年 29 张，较 2012 年增加 2 张，年增长率 7.4%；2014 年全市每千名老人拥有养老院床位数 31 张，较前一年增加 2 张，年增率 6.9%，较前一年下降 0.5%，年增长率稍有下降，2015 年全市每千名老人拥有养老机构床位数 34 张，较前一年增加 2 张，年增长率 6.3%，年增长率下降 0.6%；根据每千名老人拥有床位数的直方图和折线图，每千名老人拥有床位数整体呈逐年匀速上升趋势。对比表 6-2，2013 年、2014 年和 2015 年每千名老人拥有养老院床位数的年增长率均高于养老机构数的年增长率，说明虽然养老机构数的年增长率相对较低，但由于现有养老院床位数的增多，每千名老人拥有养老院的床位数的年增长率整体走高。

表 6-3　2012—2015 年广州市户籍老年人口数和养老机构床位数

年份	2012 年	2013 年	2014 年	2015 年
广州市老年人口数（万）	126.43	133.04	140.65	147.53
养老机构床位数（张）	34036	38949	43242	48511
每千名老人拥有养老院床位数	27	29	31	33

注：数据来源于 2013 年、2014 年广州市老年人口和老龄事业数据手册，2015 年数据来源于广州市老龄办（穗统函〔2015〕208 号文）

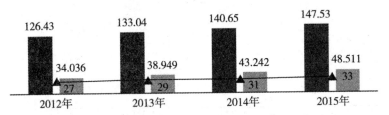

图 6-2　全市老年人口数、养老机构数和每千名老人拥有床位数

6.1.3　养老护理员数统计

根据表 6-4，2012 年全市养老护理员数 3667 人，2013 年 3343 人，

较 2012 年减少 324 人，年增长率 - 8.8%；对比表 6 - 2 和表 6 - 3，2013 年养老机构数年增长率 5.7%，2013 年养老机构床位数年增长率 14.4%，2013 年每千名老人养老床位数年增长率 7.4%。结果显示，养老护理员数年增长率与趋势不符，2013 年广州市养老机构数和床位数都在增加，只有养老护理员数在减少，年增长率呈现负增长，2013 年养老护理员资源不能满足养老床位数增长的需要。2014 年全市养老护理员数 4028 人，较前年增加 685 人，年增长率 20.5%，2014 年养老护理员数年增长率高 2013 年 29.3%，增幅大大提高。2015 年全市养老护理员数 4472 人，较前一年增加 444 人，年增长率 11.0%；年增长率较 2014 年下降 9.5%，年增长率有所放缓。

表 6 - 4　2012—2015 年广州市养老护理员数

年份	2012 年	2013 年	2014 年	2015 年
养老机构床位数	34036	38949	43242	48511
护理员数	3667	3343	4028	4472
床护比	9.3 : 1	11.7 : 1	10.7 : 1	10.8 : 1

注：2013 年、2014 年数据来源于广州市老年人口和老龄事业数据手册，2015 年数据来源于广州市民政局

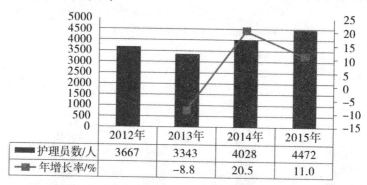

图 6 - 3　2012—2015 年护理员数及年增长率

根据表 6 - 4，2012 年床护比 9.3 : 1，2013 年床护比 11.7 : 1，由于 2013 年护理人员大幅下降，床护比增高；由于 2014、2015 年两年护理人员大幅增加，床护比呈下降趋势，2014 年 10.7 : 1，2015 年 10.8 : 1。

综合2013年、2014年和2015年全市养老护理员数的增长率，统计结果显示养老护理员数量不稳定，波动大，易受外部环境各种因素的影响。养老护理员工作劳动强度大，工作性质特殊，很难吸引年轻人就业，现有的养老护理员流动性大，年龄普遍偏高，具有很大的不稳定性。

6.1.4 养老机构类型分析

根据表6-5、表6-6可知，2015年广州市养老机构共计177家，能够为失能半失能老年人提供医疗服务的医疗机构共计522家，养老机构与医疗机构的比例为1:2.95。荔湾区养老机构分布最多，有30家，其中主要为民办机构（29家）；其次是白云区28家；养老机构最少的是市本级4家，从表6-6可知，主要原因是市办均为公立机构。而番禺区的公办养老机构最多，有11家，在服务质量上能够提供相对比较好的保障；白云区医疗机构分布最多，有71家，可为老年人提供的医疗资源最丰富；增城区医疗机构数最少，只有22家；中心城区的医疗机构数量分布普遍高于新兴城区，说明医疗机构在地域分布上具有不平衡性，经济雄厚、人口密集的中心城区医疗资源明显优于新兴城区。天河区养老机构与医疗机构的比值最小1:7.67，是因为天河区养老机构少（有9家）而医疗资源丰富（有69家）；荔湾区比值最大1:1.60，是因为荔湾区为老城区，老年人口、老年失能人口多，养老机构也最多，所以比值最大；广州市养老机构与医疗机构比值为1:2.95，即1家养老院对应2.95家医疗机构，结构是否合理尚无参考依据。

表6-5 2015年广州市各区养老院和为老年人提供医疗服务的机构数量及比值

所在市（区）	养老机构数	医疗机构数			养老机构：医疗机构
		总数	所筛选医院数	社区卫生服务中心	
市本级	4	0	0	0	4:0.00
越秀区	17	41	23	18	1:2.41
天河区	9	69	25	44	1:7.67
海珠区	21	60	17	43	1:2.86
荔湾区	30	48	17	31	1:1.60

续表

所在市（区）	养老机构数	医疗机构数			养老机构：医疗机构
		总数	所筛选医院数	社区卫生服务中心	
白云区	28	71	30	41	1：2.54
新黄埔区	9	61	12	49	1：6.78
花都区	13	27	7	20	1：2.08
番禺区	15	73	22	51	1：4.87
南沙区	9	27	12	15	1：3.00
从化区	11	24	6	18	1：2.18
增城区	11	22	8	14	1：2.00
合计	177	522	179	344	1：2.95

注：此医疗机构包括综合医疗机构，肿瘤科、心血管科、胸科、脑科这类老年患者比例高的专科医院、精神心理专科医院和社区卫生服务中心

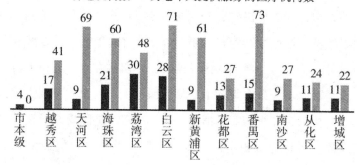

图6-4 广州市各区养老院和为老年人提供医疗服务的机构数量比较

6.1.5 公办和民办养老机构数量比较

表6-6 2015年广州市公办和民办养老机构数的比较

所在市（区）	公办	民办	机构总数
市本级	4	0	4
越秀区	1	16	17
天河区	0	9	9
海珠区	4	17	21
荔湾区	1	29	30
白云区	5	23	28
新黄埔区	4	5	9

续表

所在市（区）	公办	民办	机构总数
花都区	9	4	13
番禺区	11	4	15
南沙区	9	0	9
从化区	9	2	11
增城区	8	3	11
合计	65	112	177
占总数百分比/%	36.7	63.3	100

注：表中数据来源于广州市民政局

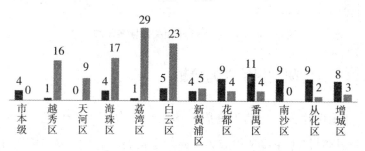

图6-5 2015年广州市公办和民办养老机构数的比较

根据表6-6，至2015年为止，广州市共有177家养老机构，公办养老机构65家，民办养老机构112家，其中民办养老机构数量占广州市养老机构的63.3%。说明民办养老机构是广州市养老机构的重要组成部分。另外，从养老机构在各区的分布来看，公办和民办养老机构都存在比较严重的不平衡。

6.1.6 养老机构发展趋势

综上所述，2012—2016年广州市老年人口、养老机构、养老机构床位数和每千名老人拥有养老床位数均呈现逐年增长趋势，其中养老机构数年增长率＞每千名老人拥有养老床位数年增长率＞养老机构床位数年增长率，三者年增长率整体趋势比较一致；养老护理员数波动非常大，2013年年增长率甚至出现负增长，为-8.8%，2013—2014年护理员数快速增加，年增长率高达 20.5%，2015 年又下降至 11.0%。由于护理员工作特殊，待遇不高且流动性大，所以制定政策时应注重提高护理员待遇，吸引更多人员就业。

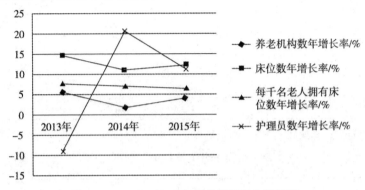

图 6-6　2012—2015 年相关指标各年增长率

6.2　医疗机构供给能力分析

广州市医疗机构长期护理服务的供给能力主要体现在以下四个层级：一是以社区卫生服务中心为主体的家庭病床；二是以二级医疗机构为主体的老年服务专区；三是以三级医院和专科医院为主体的老年病科；四是以三级医院和专科医院为主体的临终关怀科。对以上四个层级长期护理供给能力的评估，主要考察以下系列指标：机构数、机构床位数、医护人员数、床护比、相关指标的增长率和平均值。

6.2.1　家庭病床统计

据统计，2013—2015 年期间广州市各区各级医疗机构建有家庭病床数总量约 13485 张，其中 2013 年建有家庭病床约 3780 张，2014 年建有约 4806 张，2015 年建有约 4899 张；2013 年较 2014 年增长 27.1%，2014 年较 2015 年增长 1.9%，增幅减小 25.2%（见表 6-7）。

调查结果显示，家庭病床主要集中在花都区和番禺区，两区建床数占家庭病床总数的 61.7%，剩余 38.3% 大部分集中在中心六区。

家庭病床的增长率分化情况显著。2013—2014 年的家庭病床增长率显示，越秀区、天河区、海珠区、荔湾区等老城区处于负增长，而最大的增长幅度出现在花都区；2014—2015 年的家庭病床增长率显示，中心六区呈现正增长态势，而花都区则转为负增长。可以预想，家庭病床的易受外部因素影响，政策性因素对家庭病床数量产生显著性影响。从家庭病床运作比较好的其他城市经验来看，家庭病床提供长期护理大有潜力可挖。

表6 - 7　2013—2015 年广州市开设家庭病床机构数的比较

区域	2013 年	2014 年	2015 年	合计
越秀区	312	272	292	876
天河区	629	739	1069	2437
海珠区	270	230	272	772
荔湾区	196	168	238	602
白云区	20	23	31	74
黄浦新区	78	106	177	361
花都区	1157	1901	1371	4429
番禺区	1108	1355	1428	3891
南沙区	10	12	12	34
从化区	0	0	9	9
增城区	0	0	0	0
合计	3780	4806	4899	13485

注：表中数据来源广州市各区医疗机构反馈调查问卷

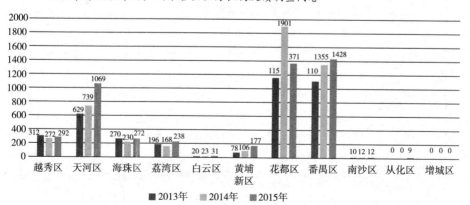

图6 - 7　2013—2015 年家庭病床床位数

6.2.2 老年护理专区统计

据资料显示，广州市开设老年护理专区的医疗机构共计 17 家，其中医保定点机构 6 家，非医保定点机构 11 家。医保定点机构提供老年护理专区床位共计 986 张，平均 164 张/家；非医保定点医疗机构提供老年护理专区床位共计 5251 张，平均 477 张/家。老年护理专区的开发一直受政策的影响，倘若广州市推行长期护理保险制度，以二级医疗机构为主体的老年护理专区床位数的供给会更多（见表 6-8）。

表 6-8 老年护理专区统计

机构	机构数	床位数	平均值
医保定点老年专护医疗机构	6	986	164
非医保定点老年专护医疗机构	11	5251	477
合计	17	6237	369

注：数据来源于广州市医保局老年护理专区试点医院名单、长期护理险调研反馈汇总表

6.2.3 临终关怀科室统计

表 6-9 临终关怀科统计

区域	床位	护理人员	床护比
越秀区	724	121	6.0∶1
天河区	169	15	11.1∶1
海珠区	178	38	4.7∶1
荔湾区	256	74	3.5∶1
白云区	2424	335	7.2∶1
黄埔区	87	20	4.3∶1
花都区	120	15	8.0∶1
番禺区	200	36	5.6∶1
南沙区	0	0	0
萝岗区	130	18	7.2∶1
从化区	0	0	0
增城区	40	10	4.0∶1
合计	4328	682	6.3∶1

注：数据来源于广州市卫计委

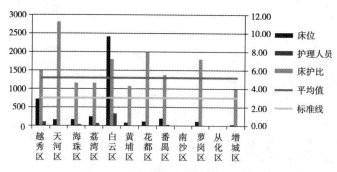

图6-8　广州市各区临终关怀科情况

据统计资料显示，广州市开设临终关怀科的医疗机构共计66家，其中中心六区（越秀、天河、海珠、荔湾、白云、黄浦）有38家，新兴六区（花都、番禺、南沙、萝岗、从化、增城）有28家。从提供床位数来看，中心六区提供了约3838张床位，而新兴六区则仅提供约490张床位；从护理人员来看，中心六区提供约603名人员，新兴六区能提供约79名护理人员；从床护比来看，各区差异显著，其中最高为天河区11∶1，最低为荔湾区3.5∶1。

6.2.4　老年病科室统计

表6-10　老年病科统计

区域	床位	护理人员	床护比
越秀区	611	193	3.2∶1
天河区	60	23	2.6∶1
海珠区	270	58	4.7∶1
荔湾区	1000	294	3.4∶1
白云区	3525	661	5.3∶1
黄埔区	42	10	4.2∶1
花都区	450	64	7.0∶1
番禺区	70	20	3.5∶1
南沙区	0	0	0
萝岗区	100	15	6.7∶1
从化区	0	0	0
增城区	65	19	3.4∶1
合计	6193	1357	4.6∶1

注：数据来源于广州市开设老年病专业医疗机构统计表。

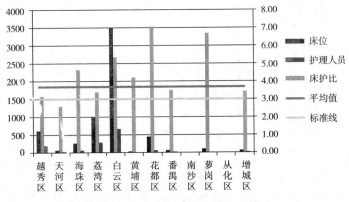

图 6-9　广州个区医院老年病科情况

据统计资料显示，广州市开设老年病科的医疗机构共计 35 家，其中，中心六区有 24 家，新兴六区有 11 家。从提供床位数来看，中心六区提供了约 5508 张床位，而新兴六区则仅提供约 685 张床位；从护理人员来看，中心六区约 1239 名人员，新兴六区能约 118 名护理人员，占比差距较大；从床护比来看，各区差异显著，其中最高为花都区 7∶1，最低为天河区床护比为 2.6∶1。

6.2.5　医疗机构开展长期护理的基本态势

表 6-11　广州市家庭病床统计

年份	机构数	家床总数	平均值（张/家）
2013 年	62	3780	61
2014 年	66	4806	73
2015 年	71	4899	69

广州市基层医疗机构开展家庭病床服务的时间可以追溯到二十年前，从近三年的建床情况来看，年均建床数量不足五千张，但家庭病床的建床数呈逐年增长的趋势，但是年度增长率波动大，且各区增长率分化状况显著。根据前文数据统计，广州市开设老年病科的医疗机构共计 35 家，提供床位约 6193 张，越来越多的医院开始重视老年群体，可以预计会有更多的医院开设老年病科；广州市开设临终关怀科的医疗机构共计 66 家，提供床位约 4328 张，在政策的支持下，预计有更多基层医

疗机构会继续开设临终关怀科，提供更多床位；广州市目前开设老年护理专区的医疗机构共计17家，提供床位约6237张，未来床位增加的潜力也较大。

6.3 医养结合机构供给能力分析

除了养老机构和医疗机构之外，广州市医养结合机构的长期护理服务供给能力也不容小觑。通过考察医养结合机构数、机构床位数、医护人员数、床护比、相关指标的增长率和平均值等指标，了解广州市医养结合机构潜在的长期护理服务供给能力。

6.3.1 定点医养结合机构数量统计

根据表6－12，广州市定点医疗机构总数735家。从各区的数量分布来看，白云区最高107家，增城区最低23家；中心六区除黄埔区较低37家，普遍高于新兴六区，可能因为中心六区经济实力雄厚，人口密集，又因为历史原因开发较早，所以整体高于新兴六区。定点医养结合机构总数20家，白云区最高7家，越秀区、花都区、南沙区、从化区和增城区尚无属于定点医养结合机构；越秀区因为开发最早，人口最密集，地价最高，不适合养老机构的设立；而其余4区因为开发比较晚，暂时还无定点医养结合机构。

表6－12 广州市医保定点医疗机构与医养结合机构的数量统计

所属区	定点医疗机构数量	定点医养结合机构数量	百分比/%
越秀区	91	0	0
天河区	97	6	6.19
海珠区	92	1	1.07
荔湾区	74	3	4.05
白云区	107	7	6.54
黄埔区	37	1	2.7
花都区	41	0	0
番禺区	90	1	1.11

所属区	定点医疗机构数量	定点医养结合机构数量	百分比/%
南沙区	23	0	0
萝岗区	34	1	2.94
从化区	26	0	0
增城区	23	0	0
合计	735	20	2.72

注：表中数据来源于广州市医保局 2015 年数据

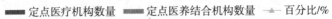

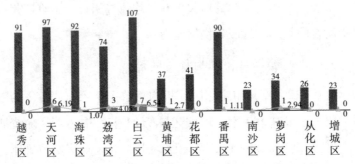

图 6-10 广州市医保定点医疗机构与医养结合机构的数量

6.3.2 定点医养结合机构性质分析

表 6-13 广州市定点医养结合机构的性质统计

所属区	定点医疗机构总数			定点医养结合机构数		
	公立	民营	其他	公立	民营	其他
越秀区	70	21	0	0	0	0
天河区	53	42	2	2	4	0
海珠区	66	23	3	1	0	0
荔湾区	47	26	1	1	2	0
白云区	61	46	0	3	4	0
黄埔区	27	10	0	1	0	0
花都区	32	9	0	0	0	0
番禺区	72	18	0	0	0	0
南沙区	21	2	0	0	0	0

所属区	定点医疗机构总数			定点医养结合机构数		
	公立	民营	其他	公立	民营	其他
萝岗区	22	12	0	1	0	0
从化区	24	2	0	0	0	0
增城区	19	4	0	0	0	0
小计	514	215	6	10	10	0
合计	735			20		
占百分比/%	100			2.72		
占百分比/%	100	100	100	1.95	4.65	0

注：表中数据来源于广州市医保局 2015 年数据

根据表 6 - 13，公立定点医疗机构 514 家，占定点医疗机构总数的 69.9%，说明定点医疗机构中公立医疗机构占大多数，可能是因为公立医院实力雄厚且数量多，更容易被评定为定点医疗机构，民营医疗机构竞争力太弱，政府应加大对民营医疗机构的扶持。广州市定点医养结合机构 20 家，占定点医疗机构总数的 2.72%；公立定点医养结合机构 10 家，占公立定点医疗机构的 1.95%。广州市定点医疗机构中属于民营医疗机构的有 215 家，其中民营医养结合机构 10 家，占民营定点医疗机构的 4.65%。在定点医疗机构中，公立医养结合机构与民营医养结合机构都是 10 家，但公立定点医养结合机构在公立定点医疗机构中的比例明显低于民营定点医养结合机构在定点民营医疗机构中的比例，可能是由于公立定点医疗机构基数大，且公立医疗机构对于开展医养结合不如民营医疗机构积极。

6.3.3 医养结合机构养老床位数统计

从表 6 - 14 可以看出，广州市定点"医养结合"机构的养老床位数共计 4098 张，其中公立机构的养老床位数 2059 张，民营机构养老院床位数 2039 张；将各区床位数进行比较发现 Z 值为 - 1.078，P = 0.281，因此，公立医养结构与民营医养结合机构的床位数无显著差异，详情见

表6-14。白云区医养结合机构床位数最多，为2800张，其次是黄埔区800张，天河区439张；另外，广州市12个区中有6个区尚没有设置"医养结合"的床位。

表6-14　广州市定点医养结合机构中公立和民营养老床位数的比较

所在区	公立医养结合机构床位数	民营医养结合机构床位数	合计	Z	P
越秀区	0	0	0		
天河区	200	239	439		
海珠区	31	0	31		
荔湾区	0	0	0		
白云区	1000	1800	2800		
黄埔区	800	0	800		
花都区	0	0	0	-1.078	0.281
番禺区	28	0	28		
南沙区	0	0	0		
萝岗区	0	0	0		
从化区	0	0	0		
增城区	0	0	0		
合计	2059	2039	4098		

注：表中数据来源于广州市医保局2015年数据

6.3.4　定点医养结合机构医护人数统计

根据表6-15，广州市定点医养结合机构共有医护人员1832名，其中公立定点医养机构1154名，民营定点医养结合机构678名，公立定点医养结合机构的医护人员远远高于民营定点医养结合机构；白云区医护人员数量最高667人，越秀区、花都区、南沙区、从化区和增城区最低，均为零；这一分布规律与表6-13中定点医养结合机构的数量一致；将各区的医护人员数进行比较发现，Z值为-1.354，P=0.176，因此公立医养结合机构医护人员数与民营医养结合机构医护人员数无显著差异。

表 6 – 15　广州市定点医养结合机构医护人员比较

所在区	公立定点医养机构			民营定点医养机构			合计	Z	P
	医生	护士	医护总数	医生	护士	医护总数			
越秀区	0	0	0	0	0	0	0		
天河区	72	149	221	113	108	221	442		
海珠区	172	279	451	0	0	0	451		
荔湾区	4	6	10	13	15	28	38		
白云区	83	155	238	168	261	429	667		
黄埔区	68	124	192	0	0	0	192		
花都区	0	0	0	0	0	0	0	– 1.354	0.176
番禺区	9	18	27	0	0	0	27		
南沙区	0	0	0	0	0	0	0		
萝岗区	5	10	15	0	0	0	15		
从化区	0	0	0	0	0	0	0		
增城区	0	0	0	0	0	0	0		
合计	413	741	1154	294	384	678	1832		

注：表中数据来源于广州市医保局 2015 年数据

6.3.5　养老机构与定点医疗机构构成分析

根据表 6 – 16，2015 年广州市养老机构共计 177 家，能够为失能半失能老年人提供长期护理相关服务的医疗机构共计 268 家，养老机构与医疗机构的比例为 1∶1.51；荔湾区养老机构分布最多 30 家，其次是白云区 28 家；养老机构最少的市本级 1 家，是由于市属的性质所以最少；其次是天河区、新黄埔区和南沙区，均为 9 家；白云区医疗机构分布最多 50 家，可为老年人提供的医疗资源最丰富；因为医疗机构不存在市属级，所以为零；南沙区医疗机构数最少只有 7 家，其次是增城区 8 家；中心城区的医疗机构数量分布普遍高于新兴城区，说明定点医疗机构在地域分布上具有不平衡性，经济雄厚、人口密集的中心城区医疗资源明显优于新兴城区；天河区养老机构与医疗机构的比值最小 1∶3.78，是因为天河区养老机构少（9 家）而医疗资源丰富（37 家）；增城区比值最大 1：0.73，其次是从化区 1：0.78；两区均为广州市最晚开发，经济最差的区，医疗资源也最差；广州市养老机构与定点医疗机构比值为 1：1.51，即 1 家养老院对应 1.51 家定点医疗机构。

表 6-16　2015 年广州市养老机构与定点医疗机构比值

所在市（区）	养老机构数	定点医保医疗机构数	比值
市本级	4	0	4：0.00
越秀区	17	37	1：2.18
天河区	9	34	1：3.78
海珠区	21	25	1：1.19
荔湾区	30	34	1：1.13
白云区	28	50	1：1.79
新黄埔区	9	18	1：2.00
花都区	13	15	1：1.15
番禺区	15	30	1：2.00
南沙区	9	7	1：0.78
从化区	11	10	1：1.00
增城区	11	8	1：0.73
合计	177	268	1：1.51

6.4　长期护理服务供给能力的基本态势

长期护理的供给能力要充分考虑广州市的实际情况，一是随着广州市老年人口的逐年增长，失能率和残障率也迅速增加；二是"少子化"的城市家庭产生"家庭规模小型化"的结构特征；三是广州市新移民和外地人口数量大，呈现"人口流动"的特点。根据以上特点，广州市长期护理供给能力要从居家社区护理和机构护理两个方面着手开展工作。

6.4.1　已形成多层次和网格化的长期护理供给体系

从机构提供长期护理服务的角度来看，广州市已经形成了养老机构、医疗机构和医养结合机构均衡供给的结构。这种供给结构较好的契合了机构养老和居家社区养老的需求。一方面，养老机构是承担机构养老的主力军，近年来民营养老机构发展态势迅猛，并在广州地区占有六成市场份额。另一方面，在广州，能够为失能人群提供长期护理相关服务的医疗机构约 268 家（见表 6 - 16），不同级别类型的医疗机构根据自身不同的优势提供相应的护理服务，包括老年病科、临终关怀科、老年护理专区和家庭病床等。广州市长期护理机构供给体系如图 6 - 11：

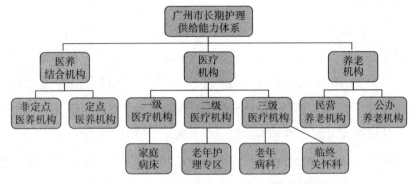

图 6 - 11　广州市长期护理机构供给体系

6.4.2　养老机构服务供给能力逐年增长，"医养护"一体化护理服务初显雏形

广州市养老机构的服务供给能力可以通过养老机构数、床位数和护工数等具体指标进行判断。2012 年到 2016 年广州市老年人口、养老机构、养老机构床位数和每千名老人拥有养老床位数均呈现逐年增长趋势，其中养老机构数年增长率大于每千名老人拥有养老床位数年增长率，每千名老人拥有养老床位数年增长率大于养老机构年增长率，三者年增长率整体趋势比较一致。

"医养护"一体化护理服务成为广州养老机构致力发展的方向，它既弥补了单纯养老院的医护缺陷，又将医疗服务和住院护理服务相融合，使养老人员的医疗服务和养老护理得到提升；有效解决养老长者的住院治疗问题，使长期卧床老人、植物人、独居高龄多病、康复病人等患者的医疗和护理得到有效保障；更有利于推动养老产业迅速发展，相互促进，养老机构老年人的医疗需求可以促进社区医院、护理院的业务增长，相关专业服务如临终关怀、老年病、康复护理等科目的开展，医疗保障的加强，使更多老年长者的养老没有了后顾之忧。

6.4.3 医疗机构开展的老年护理医疗专区助推医疗护理服务互补式发展

广州市自 2014 年开始，在医疗机构开展老年护理医疗专区服务，为老年患者提供基础、系统、持续、专业护理医疗服务，以提升医疗机构长期护理的供给能力。老年护理医疗专区以广州市社会保险定点医疗机构一级（含社区卫生医疗机构）、二级综合（含中医）医疗机构为依托，并设置相对固定的老年护理医疗专区，专区床位数为 30—60 张。

广州市老年护理医疗专区拓展了医疗机构提供长期护理服务的范围。专区为需临终关怀的、慢性疾病长期卧床不起需治疗的、留置有尿管、胃管等各种插管的，或施行气管切开术后未愈的，需定期换药的，接受长期护理治疗的患者提供医疗护理服务。此外，一些需要长期医疗护理的病种也纳入老年护理医疗专区，包括：慢性心功能衰竭、严重慢性肺部疾病、脑血管意外康复期。

6.4.4 养老护理员队伍逐步壮大，民营养老机构创新管理激励机制初步建立

广州市近三年养老护理员数稳定增长，2015 年增长率最高可达 120.3%。在养老护理员普遍短缺的时代背景下，广州市民营养老机构通过改进管理机制和制定激励机制，缓解了人员短缺给养老机构带来的困境。其一，护理员不外包，建立稳定的护理员队伍。其二，注重专业培训和继续教育，调查中民营养老机构护理员的持证比例达到八成以上。其三，注重人文关怀和人性化照顾，对于护理人员的子女和家属予以照顾，稳定护理员队伍。以上措施对缓解护理员短缺的状况具有积极的借鉴意义。

6.4.5　长期护理总体供给能力不足

6.4.5.1 公办养老机构比重偏低

截至 2015 年，广州市共有 177 家养老机构，其中公办养老机构 65 家，占比 36.7%。相比民营养老机构 63.3% 的市场份额，公立养老机构所占的市场份额偏低。尽管近三年来广州市养老机构的增长率保持在 3% 左右，公立养老机构应该承担更多的社会责任，提供更多的保障性供给。

6.4.5.2 民办养老机构纳入医保比例偏低

相比公办养老机构 69.9% 纳入医保的比例，民办养老机构 29.3% 的比例偏低。建议政府加大对民营资本办养和办医的支持力度和财政投入力度，研究解决民营资本办医养结合机构用地难的规划土地问题，提高民营机构积极性，为其健康可持续发展给予有利的保障。

6.4.5.3 相比医疗机构，养老机构的整体数量偏少

拓展养老机构的供给能力可以从以下两条路径展开：一方面，通过构筑医联体打通"就医绿色通道"，医疗机构派出专家提供技术支持，为养老机构的患者提供足不出户的康复护理和医疗保障。另一方面，拓展养老服务领域，向居家养老服务领域扩展，同时提升院内的硬件水平和健康管理。建议人社部门加大支持医养结合工作模式力度，研究制定适用于护理院和社区医院等机构的长期护理保险制度，将符合条件的医养结合机构优先纳入基本医疗保险、公费医疗和长期护理保险的定点范围，让康复护理进社区，方便为老年病人提供长期护理治疗和照顾。

6.4.5.4 养老机构对意识障碍和精神障碍人群服务的供给能力有限

长期护理机构，指的是那些以接受失能老年人口长期入住为主，并提供医疗和生活多方面照顾的机构。但是，实际调研中很多养老机构不能为意识障碍和精神障碍人群提供所需要的医疗照顾。患有这类疾病的

老年人，失去了部分生活自理的能力，而对这类疾病的老年人的护理，往往是居家护理最难以承担的。建议养老机构设立专区、引进专门人才或由相应医疗机构派出专业人员提供医疗护理服务，以满足上述特殊人群的长期护理需求。

6.4.5.5 长期护理服务的供给应该进一步兼顾医疗护理和生活护理

广州市长期护理服务的机构供给大多不能兼顾医疗护理和生活护理。也就是说，能提供医疗护理服务的养老机构，以及能提供且愿意积极提供生活护理服务的医疗机构都偏少。

失能群体的康复和护理问题，以及很多手术后康复期的老人患者和需要临终关怀的群体，他们都面临着"住院难"或无"院"可住的问题。一方面，在医院住院可以享受医保报销，但会降低医院的床位周转数，医院以治病为主的环境也不适合休养。另一方面，这些群体在养老院又存在着缺少医学专业人员治疗的问题。广州市目前开展的老年护理医疗专区和养老机构的"医养护"结合是很好的尝试，应该循序渐进扩大试点。

建议民政、卫计、医保等部门协同，给予"医护养"工作模式支持和指导。建议出台支持医养融合发展的各项具体政策措施，以及完善医养结合机构的建设标准和服务规范。

6.4.5.6 养老机构护理员规模不够

尽管近三年来护理员数量逐步增加，综合2013年、2014年和2015年全市养老护理员数的增长率，统计结果显示养老护理员数量不稳定、波动大，易受外围因素的影响。

养老护理员工作劳动强度大，工作性质特殊，很难吸引年轻人就业，现有的养老护理员流动性大，具有很大的不稳定性。政府应加强护理员的人才培养、提供配套福利措施，增加护理员的福利待遇。

6.5 机构长期护理发展阶段分析

随着人口结构的变化，我国的失能老人数量将达到一个非常庞大的数字，与此同时家庭为这些老人提供照顾的能力将会弱化，社会将担负起这个责任。如果做一个初步的设想，机构长期护理发展大体需要经历四个阶段：

第一阶段，满足生活护理的需求。在农村和经济落后地区的失能老年人，目前的生活照顾尚未满足，难以提倡医疗护理和长期护理，在这类地区，应该加大政府对硬件设施的投入和对失能老人的直接补助，并采用多种形式，鼓励有志服务老人的社会力量以独资或公办民营的方式，用低廉的价格提供给失能老人基本的生活照顾；

第二阶段，生活护理和医疗护理弱结合的形式，即在养老机构提供生活护理的同时，社区医疗机构深入养老机构，辅助解决老人的慢性病治疗问题；

第三阶段，长期护理形式，即在长期护理机构内全面进行医疗护理和生活护理的融合，整体关注失能老年人医药、康复、饮食和生活的方方面面，提高老人的健康水平和生活质量，这种长期护理形式，必须是有医疗背景乃至是全科医学、长期护理的医疗机构来运行，可通过吸引医疗行业的企业和人员进入，或者以各种方式扩大现有的真正的长期护理机构的规模来进行；

第四阶段，长期护理与专业社会工作相结合的形式。这是需要国家大力地发展老年人口社会工作的阶段，这个阶段不但重视失能老年人的生理健康，还要有专业社会工作者关注老年人的心理社会健康，解决老年人自身的心理问题，并与家属、机构充分沟通，给失能老年人和护理提供者创造一个宽松的社会环境。

⑦ 广州市建立长期护理保险
制度的政策建议

长期护理保险制度在德国、日本、韩国等国家已经成为继养老保险、医疗保险、事故保险、失业保险四大险种后的"第五大支柱"险种，其制度的运营是一个复杂的系统工程，其中管理体系和护理服务体系为其核心，但也离不开相应配套体系的支撑。在欧亚七国（德国、法国、荷兰、卢森堡、以色列、日本、韩国），长期护理保险制度包括有等级鉴定机构、服务遴选机构、护理员培训机构以及质量监管机构等组成的一套完整的配套体系。这四大配套机构相互促进，相辅相成，共同发展。广州市长期护理保险制度应在构建之初即设计好相应配套体系，在发展中逐渐完善。

7.1 建立健全组织管理体系

7.1.1 建立核心组织架构

结合国内外实施长期护理保险制度的实践经验，该制度的实施需要在广泛舆论宣传的基础上，形成统一的思想认识，继而构建该制度的核心组织架构，为该制度的有效运转奠定扎实的思想与组织基础。德国的长期护理保险制度是自下而上，从民众到政府，外部推动内部形成，而日本、韩国则是自上而下，从政府到民众，内部向外部扩散形成。德国无论是社会组织还是政府层面都对"护理需求权利"达成共识,但在构建制度框架时则不同利益阶级相互博弈了20多年才最终构建成该制度。国家管理和政府监督是日本和韩国长期护理保险制度的一大特色。我国长期护理保险制度的形成是自上而下的路径,因此,政府主导应是我国长期护理保险制度的特色。广州市长期护理保险制度应以政府为主导,尽快构建核心组织架构。课题组在实际调研的过程中了解到,各行政部门对于长期护理保险制度的概念及相关认知是比较缺乏的。少部分人员偶尔知晓长期护理保险制度概念,但理解上的偏差也比较大,多数人员对于该制度的认知几乎是一片空白。从对医院和养老机构的调研情况来看,相关管理人员对于长期护理认知较高,但对于长期护理保险制度则认知欠佳。针对民众的调查则表明,民众知晓率普遍太低,长期护理保险制度的推行任重道远,需要广泛宣传。根据国内相关的调查,民众对于长期护理保险的态度是有需求,但无行动,更无为此做具体预防的准备。因此,广州市在推行该制度的过程中,务必广泛宣传,在提高认知水平的基础上,统一思想,构建强有力的核心组织架构。

7.1.2 建立完善的管理体系

长期护理保险制度的管理体系包括基金管理、服务管理、经办管理。德国的长期护理保险基金协会与长期护理保险的提供者协会在法律上是长期护理保险的主要执行者,负责缴费,决定被护理者获得何种服务的资格,并且向非正式护理者发放补助。韩国在确定是国民健康保险公团还是政府部门为长期护理保险的管理主体时争论很大,最后通过法案明确,公团负责管理参保者、征收保险费用、调查保险申请者、管理和指导护理等级评定委员会的运营、制定护理等级认定书及利用护理计划书等业务,而政府相关部门负责指导、监督和管理护理机构,可以指定或取消护理机关,可以推荐护理等级评定委员会成员,同时要承担老年性疾病预防保健事业。结合国情,广州市长期护理保险应成立相应的经办机构,与医疗保险管理机构并列,负责保费征收、基金运营、护理等级审核评估等职责，但在制度实施最初阶段可由医疗保险管理机构履行其管理职责，在逐步发展和完善过程中成立长期护理保险管理机构。同时，广州市建立对护理服务机构和从业人员的质量监管和资格审查等制度，明确服务内涵、服务标准以及质量评价等技术管理规范，建立长期护理需求认定和等级评定标准体系，制定不同等级护理给付标准，申请程序、等级变更等管理办法。从中远期来看，广州市要尽快单独建立长期护理保险经办机构，规范机构职能和设置，配备相关专门人力，并加快信息系统建设和平台建设。

7.1.3 建立系统的服务体系

广义来说，长期护理服务体系由八大要素构成，即长期护理服务的对象、服务内容、服务提供者、服务场所、服务方式、服务费用筹措、服务标准与规范以及管理监督体制组成。狭义来看，长期护理保险制度服务体系仅包含服务对象、服务内容、服务提供者和服务方式等。广州市长期护理保险制度的服务对象应涵盖所有需要长期护理需求的被保险人，包括轻度失能、中度失能和重度失能等人员。但近期来看，该服务对象主要为重度失能的老人，在制度健全和完善中逐步扩大服务对象的范围。广州市长期护理保险制度的服务内容主要包括日常生活照料、康复护理、精神慰藉、社会交往和临终关怀等五个方面。其中日常生活照料主要包括就餐服务、个人卫生、家庭清洁等；康复护理涵盖基本保健护理和专业护理；精神慰藉包括人际沟通、情感支持及心理咨询与心理治疗等；社会交往则包括娱乐活动、老年健康教育、老年人公益服务以及老年维权和法律咨询；临终关怀包括临终护理、临终心理服务和满足临终患者生理、心理、社会及灵性等方面的需求三方面。当然，长期护理服务内容会随着社会的发展而日益多样化，以满足失能人员的个性化和多样化的护理需求。

广州市长期护理保险制度的服务提供者应该以民间力量的非营利组织和营利组织为主，政府办公立机构为辅。目前，广州市护理服务的提供方主要为非正式服务提供方和养老、护理院等公有性质的机构组成。尽管相关部门在积极推动医养融合，但医疗机构所提供的长期护理服务仍然偏少，主要是一些基层和二级机构通过开设老年科和临终关怀科提供部分长期护理服务。为此，广州市有必要加大对社会机构提供长期护理服务的培育，特别是要强化对护理人才队伍的培养。广州市长期护理保险制度的服务提供方式应该包括居家护理、社区护理和机构护理三类。广州市应发展以居家护理为基础、依托社区提供服务的居家护理为核心、机构护理为补充的服务提供方式。借鉴国际经验，不要为护理而护理，而应为自理而护理，提前做好预防保健工作。

7.2　建立健全相关制度和政策

7.2.1　建立健全相关地方法规

法制建设是任何一项制度健康运行的重要保证，长期照护保险也不例外。《社会养老服务体系建设"十二五"规划》和《中华人民共和国老年人权益保护法》都明确提出要建立、健全养老服务方面的相关法律法规，建立养老服务体系运行监督管理机制。老年人权益保护不容小视，近些年来媒体关于养老机构老年人权益受侵害案件的报道时有发生，例如敬老院内虐待老人的、老人之间产生矛盾互相殴打的等等。我们调研中在一个敬老机构有位双目失明的老人就提到他经常被同房间的另一个老人打，以致头被打昏了，这反映出失能、半失能老人的权益如何才能够得到基本保障的问题。建立健全的法律法规保障老年人的合法权益，为机构照护提供法律规范，这样才能够为长期照护保险的构建与推行提供强有力的法律保障，进而提高保险的可接受度与信誉度，从而促进保险的推广实施。除此之外，还要制定和完善居家养老、社区养老和机构养老的相关标准，建立相应的认证体系，加大对相关单位的监督检查，杜绝各种不良现象。

从国外先进国家发展长期照护保险的实证中我们得知，无论是欧美国家，还是亚洲国家，其保险的良好运行都离不开完善的法律法规和政策措施，从监管到调控，有力的保障着每个环节的有效落实。如德国是社会保险立法最为完善的国家。1994 年德国颁布了护理保险法，而在此之前的 1985 年德国就颁布了《护士执业法》，应该说该法是《护理保险法》的实施基础，它对护理的任务、职业标准、教育训练、护士的执业资格和权利、义务等方面都做了具体的规定。除此之外，德国还颁布了《联邦照料法》《负担平衡法》《联邦补偿法》等相关法律法规，用以保障社会保险的规范运行。日本也于 1998 年颁布了《护理保险法》，并在此基础上于 2000 年开始实施护理保险制度。在我国老年人长期护理制度的强制性制度变迁和诱致性制度变迁都难有显著成效的情况下，政府应该及早地把完善法律法规这一问题提上议事日程，加紧研究、充分论证，用法律的形式明确相关主体的责任，以法律法规为保障，使保费的缴纳、管理到赔付等整个过程都处于法律的规范和监督的范围。只有在法律方面为保险保驾护航，公众才能够放心投保，长期照护保险制度才能得以建立。

7.2.2 完善相应监督机制

为保障长期照护保险制度的有效实施，还应建立配套完善的管理监督机制。长期照护保险的种类、价格、受助者的等级评定等都应该有严格的管理程序，为了保证长期照护保险真正能够发挥其应有的效用，必须在法律法规完善的前提下有严格的监督管理机制。如日本为更好地实施长期照护保险制度，建立了严格的管理监督体系，对照顾对象有严格的评估标准；对照顾服务有严格的种类和价格规定；对长期照护保险提供者的服务资格有严格的规定，这些都对我国建立长期照护保险制度有着十分重要的借鉴作用。从目前的其他社会保险来看，确定受助人资格、安排合理的退出机制、根据不同地区经济发展水平确定不同的资助标准等既能为国家减轻财政负担，又能保证真正需要救助的人得到应有的救助，减少保险的漏洞，这些都为长期照护保险制度的建立提供了可以借鉴的经验。广州市政府应不断细化完善照顾者资格的评定标准、照顾机构的准入标准、收费标准，建立标准的评价指标体系，在确保基金安全和有效监控的前提下，积极探索购买服务、委托第三方评估机构参与享受长期护理保险待遇参保人的评估、认定工作；探索委托商业保险公司等第三方机构参与长期护理保险的经办监管工作，通过政府招标确定商业保险公司，参与长期护理保险基金的管理、运营、支付等工作，提高基金使用效益和工作效能，以此来监督保险法规的实施情况，及时反馈相应的评价状况。

此外，还应建立一支高素质的执法队伍，严格执法，保证整个执法过程的公正严明，将长期照护保险在实施过程中可能出现的不公平性降到最低。近些年来，医疗社会保险，社会救助等在实施的过程中，都出现了极个别的工作人员利用职务之便贪污国家社会保险资金的现象，不仅是对社会资源的浪费，也是对广大人民群众的欺骗，导致一些地方的群众对社会保险失去信心，影响到保险的推行，因此极有必要培养一支严格的执法队伍，按法律法规办事，坚决杜绝类似现象的发生。通过建立完善的监督机制、建立专业化的监督队伍，为长期照护保险制度的建立提供了良好的运行环境。

7.2.3　实行税收优惠政策

广州市政府可借鉴美国长期护理保险的经验，由政府给予保险公司一定财税上的扶持和补贴，同时提供抵税或免税的优惠政策吸引投保者积极参保，良好政策的支持必将带动长期护理保险取得突破性的进展。对于开展长期护理保险业务的保险公司，可将保费全额计入经营费用进行税前列支，并且所得利润可免征所得税；对于为职工缴纳长期护理保险费的用人单位，可将保费作为经营费用计入成本，在税前列支，同时保费可以作为经营费用予以税收扣除；对于购买长期护理保险的个人，缴纳的保费和获取的保险金都均可享受个人所得税的抵扣；同其他健康险一样，长期护理保险的死亡给付金不作为遗产，无需缴纳遗产税。由此可见，利用税收杠杆的作用，可以带动我国长期护理保险需求空间的有效扩大。

7.2.4 提供有力的投资支持政策

由于长期护理保险投保周期长，受通货膨胀等因素的影响，长期护理保险基金的资金运营风险更大，影响着日后保险金的正常给付。保险公司可以通过开发分红型、万能型长期护理保险产品，有效应对通货膨胀，还能满足投保人对保障职能与长期储蓄职能的双重需求。同时政府对长期护理保险基金应执行宽松的投资政策，拓宽投资渠道，例如允许长期护理保险基金投资建设医疗护理机构，提高投资股票、债券以及不动产的比例等措施，有效地保证基金的流动性、安全性和收益性，以期为长期护理保险资金提供一个宽松、通畅的营运环境。此外，各级金融机构要充分发挥信贷支持作用，按照信贷通则加大贷款支持力度，积极扶持长期护理服务设施建设。

7.3 规范护理范围与对象

7.3.1 明确长期护理保险制度的覆盖范围

长期护理保险制度的覆盖范围即为该制度的参保范围，也就是指哪些人应该参加保险。基于长期护理保险制度正处于试点阶段，其起步的保险经费是通过优化职工医保统账结构，划转职工医保统筹基金结余、调剂职工医保费率等途径而筹集，因此，广州市长期护理保险制度的覆盖范围应从职工基本医疗保险参保人群为参保对象起步，在长期护理保险独立缴费制度逐步建立后，将覆盖范围逐步扩大到所有广州市户籍人口和常住人口。依据当前我国医疗保险制度的发展趋势，职工医保、居民医保和新农合医保逐步合并是大势所趋。广州市长期护理保险制度的覆盖范围也需要跟从医保制度的变革而不断扩大其覆盖人群，最终实现全面覆盖。长期护理保险制度的全面覆盖其优点在于符合大数定律的基础上，充分体现制度公平性与社会责任，保障每个公民的基本权利。

7.3.2 规范长期护理保险制度的受益对象

日本的长期护理保险受益对象明确规定为在 65 岁以上丧失了日常生活活动能力或是在 40—64 岁患有特定疾病所接受的护理服务的被保险人，其护理服务包括专门机构护理和居家护理等。德国的长期护理保险制度为强制保险，受益对象没有年龄限制，符合条件的投保人均可申请。法国的长期护理津贴受益对象则明确规定为 60 岁以上急需护理的中低收入失能老人，主要满足其在家庭护理和机构护理中的基本社会护理需求，并依据其失能等级评定标准，对应相应给付标准。法国受益对象的甄别参照自主能力评定标准，依据基本日常生活活动（包括洗澡、穿衣、如厕、转移、大小便控制和进食六项）和工具性日常生活活动（包括购物、洗衣、做饭、交通、休闲、个人事务等十项活动），按照六个等级进行评定。韩国的长期护理保险制度比较完善，也有其自身的特点。韩国政府将长期护理分为 5 个等级，其中 4、5 等级为轻度失能。韩国的长期护理保险制度将评定为 1、2、3 等级的失能老人纳入受益对象，将 4、5 等级的轻度失能老人和残疾人未纳入受益人。借鉴发达国家的经验和国内先行城市的做法，广州市长期护理保险制度的受益对象应在全面平衡资金统筹的前提下，起步时建议以参保对象中的全失能人员为受益对象，依据护理等级给予不同给付标准。伴随制度的逐步推进与完善，在全面统筹的基础上，广州市长期护理保险制度的受益对象应逐步扩大，最终扩展到所有失能半失能参保人员（残疾人人群的失能半失能人员可以参照韩国的做法，仍由残疾人福利保障制度来保障其权利）。

7.3.3 确立科学合理的护理等级

从发达国家的长期护理保险经验上看，建立护理等级评定的标准是完善长期护理保险体系的前提。老年人作为一个复杂的特殊群体，他们的身体健康状况具有很大差异性，具体可以划分为完全自理型、半自理型和完全不能自理型。完全自理型是指身体状况良好，可以独立完成日常生活照料的老龄人群；半自理型是指身体状况比较健康，但患有一种或几种慢性疾病，日常生活需要他人给予一定援助的老龄人群；完全不能自理型是指身体健康状况较差，患有严重的疾病导致自理能力丧失，日常生活完全依赖于他人全程照料的老龄人群。显然不同类型的老龄群体所需的医护照料在内容和强度方面均不同。例如，居家护理主要针对完全护理型老人，而机构护理则适用于半自理型和完全不能自理型的老人。

在我国，虽然原卫生部已制定有护理等级标准，但现阶段尚未真正建立起统一的护理等级制度，导致无法满足老龄群体多层次、多元化、多选择的现代医护服务需求。由于运作护理等级评估体系的工作量大，应以社区为立足点，建立适宜的护理等级政策，将护理等级进行科学细化，合理界定给付水平，对不同级别的人群采取分类护理，将有效地提升医护服务的效率和质量。在被保险人申请护理服务时，首先要由专业的审查机构根据被保险人的健康状况、自理能力、实际需求等来评定是否能够接受长期护理，需要接受哪一级别的护理等级，然后由专业的护理人员来提供护理服务，并且定期追踪被护理者的最新康复情况，根据健康状况的变化，由专业机构定期或者不定期地对被保险人的康复治疗方案进行修改与制定，从而达到更好的护理效果。因此，旨在满足被保险人的普遍性和特殊性需求为主线的护理等级评定标准卓有成效地实施，对于实现长期护理服务多样化具有深远意义，体现以人为本的社会理念。

失能等级评估工具目前国际较为通用的是 Barthel 指数量表，该量表于 1965 年由美国学者 Mahoney 和 Barhel 两人正式发表。该评估指标的评定内容共 10 项，每项根据是否需要帮助或帮助程度分为 0 分、

5分、10分、15分四个等级，总分100分，分数越低失能程度越严重（见表7-1、表7-2）。许多国家或地区都以该评定量表为基础，再结合本国或本地区情况而制定适宜的失能等级评估标准，并以此作为是否可以享有长期护理保险，以及不同支付待遇的资格标准。德国和日本的资格评估标准都是将国际失能评估标准ADLS和本国实际情况相结合而制定出的。广州市长期护理保险制度的构建过程中，一方面要因地制宜地制定出本市失能等级评定标准，并核定不同失能等级不同护理模式的给付标准。通过对申请人的失能等级评估，以核准其是否有资格，以及享受何种给付标准（见图7-1）；另一方面要通过相关质量监管机构核定专业护理机构的资格准入，并实施全过程监管。广州市长期护理保险制度在试点初期，应需要全面统筹资金与管理，可将保险受益人的资格标准相对设定高一些，只有重度失能等级的60岁以上参保人才具有资格。同时，对于专业护理机构的资格准入标准的设定也可设定稍高些。

表7-1 Barthel指数量表评估指标

序号	项目	完全独立	需部分帮助	需极大帮助	完全依赖
1	进食	10	5	0	—
2	洗澡	5	0	—	—
3	修饰	5	0	—	—
4	穿衣	10	5	0	—
5	控制大便	10	5	0	—
6	控制小便	10	5	0	—
7	如厕	10	5	0	—
8	床椅转移	15	10	5	0
9	平地行走	15	10	5	0
10	上下楼梯	10	5	0	—

表 7 - 2　　Barthel 指数量表能力分级

自理能力等级	等级划分标准	需要照护程度
重度依赖	总分 ≤40 分	全部需要他人照护
中度依赖	总分 41 - 60 分	大部分需他人照护
轻度依赖	总分 61 - 99 分	少部分需他人照护
无需依赖	总分 100 分	无需他人照护

未通过

提出申请	须向相关部门上交护理服务申请书和护理保险证。申请人既可由本人或家属提出，亦可居家护理支援团体代办。
护理需求评估	专业评估人员进行家访，使用通用调查表对护理需求者身体和心理进行评估，包括健康状况、财产收入和家庭支持等方面。家访后再将需求评估信息输入电脑，计算出申请人所需的护理等级。
审查	依据系统判断护理等级结果，结合申请人的健康报告和家访记录，护理需求核查委员会决定申请者护理需求等级。自申请至护理需求等级认定应在30日内完成，并半年再核定一次，以便核定是否需要更新护理等级，对护理认定结果不服时，可向护理保险审查委员会提出申诉。
护理层级认定	确定护理需求等级并通知申请人，并按相关的规定给付费用。

图 7 - 1　护理需求评估和级别核定流程图

7.3.4　开展严格的护理需求评估

护理需求分级和评估制度是长期护理保险制度运行的关键一环，是确定保险给付的条件。所有实施长期护理保险制度的国家均建立了相应的需求分级和评估制度。如德国将长期护理需求分为三个等级，由德国医疗保险基金的医疗审查委员会组织评估；日本则将其分为七个等级，由地方护理认定审查委员会组织评估；韩国将其分为三个等级，由等级判定委员会组织评估。

广州目前尚没有建立针对长期护理保险的护理需求的分级和评估制度，只是在养老机构才有护理需求一、二、三级的分类，但若出台长期护理保险，其分类的科学性和标准还需要进一步明确细目和相关费用。实际上，在建立长期护理保险制度的过程中，很有必要建立这样的制度。有学者建议，中国在创立护理保险制度的初期阶段，其护理需求涵盖范围应采用结合韩国和日本制度的折中型方式——主要以韩国的制度为参考，同时针对轻度护理需求人群，可以采取日本于 2005 年推行护理保险制度改革时提出的"重视预防型体系"中的护理预防给付服务的形式。从中国的情况看，这一建议是适当的。如前所述，中国长期护理保险制度是一个全国各地区统一的制度，因此，建议在全国范围内采取统一的护理需求分级制度和评估标准。护理需求分级标准可借鉴日本和韩国的经验，其宽严程度介于二者之间，具体可分为3—5级，其等级划分标准需根据自理能力而确定，而不限于某些特殊的疾病。为了使护理需求分级更为科学，使长期护理保险制度具有更好的可持续性，建议在分级标准确定前，开展一次全国范围的人口自理状况调查，对各等级涵盖的人群做到心中有数。

在制定了统一的护理需求分级制度后，还需对护理需求进行评估，以便确定具体的护理级别。广州目前还没有相应的机构可承担护理需求评估职能，可在地方（如县级）建立护理需求评估委员会来组织实施。具体实施流程可设计为"申请—初审—确定"三个步骤。任何希望获得长期护理保险给付的参保人，在发生护理需求后应当向需求评估委员会提出申请，委员会接到申请后指定护理需求评审员进行初审，对初审合格的申请人要求其到县级（含）以上医疗机构进行自理能力鉴定，需求评估委员会根据全国统一的标准和鉴定结果确定其护理需求等级，并安排后续的保险给付。在这方面，青岛市做得比较好，广州可以参考。

7.4　选择合理的保险金构成模式

财源问题是长期护理保险制度的核心问题，如何筹集长期护理保险所需资金，如何明确责任主体及负担比例，关系到能否建立充足稳定的护理保险基金，是护理保险的核心内容和关键环节。根据资金来源渠道的不同其筹资模式可分为以税收为财源的政府主导型筹资模式、以付费为基础的市场型筹资模式和以社会保险为主导的"保险－服务"一体化筹资模式。综合当前国际最新发展趋势，以社会保险为主导的"保险－服务"一体化筹资模式更有利于实现社会服务的有效供给。德国的长期护理保险筹资来源于政府、企业、个人和医疗保险机构四方，其中政府承担1/3，其余部分由企业和个人各负担一半。日本的长护保险筹资来源于个人、地方政府和国家政府。韩国的长期护理保险筹资20%来源于国家预算，个人承担15%，其余由企业和社会承担。德日韩三国采用的都是现收现付制，以收定支，雇主的责任较大。由此可见，广州市长期护理保险制度的筹资来源长远来看应为政府、个人、企业和社会等四方，以个人和企业为主，政府和社会为补充，在通过精确计算的前提下，确定个人和企业长期护理保险的缴费率和政府的补助比例。尽管目前向个人和企业征缴长期护理保险费不合时机，但从长远来看，老龄人口数量和比重逐步加重，长期护理保险制度作为一种社会保险已是大势所趋，企业和个人缴纳长期护理保险费用是收益大于支出的。广州市长期护理保险制度应按照以收定支、收支平衡、略有结余的原则筹集和使用其资金，实行单独核算，专款专用。在长期护理保险制度启动试点阶段，基于现实考量，广州市可依据国家人社部的指导意见，从职工医保统筹基金结余中划拨一定数量资金构成广州市长期护理保险基金，同时，通过整合民政资金、慈善基金和财政补贴来充实该基金账户，确保基金平衡。广州市应尽快单独建立长期护理保险社会制度，向个人和企业征缴长期护理保险费用，实现长期护理保险资金筹集的合理化和制度化。

7.4.1 建立多层次的筹资机制

长期护理保险建立的关键就是确定合理的保险费用、缴纳对象及缴纳金额，只有有了充足的保险费用交纳才能保证长期照护保险的实施推广，最终能够落实到在经济上帮助失能、半失能老人及其家庭减轻照护负担的具体层面。究竟谁该为长期照护保险的建立与实施买单呢？从国外长期照护保险实施较好的国家的发展情况来看，其保险费的筹集渠道很广泛，筹资主体一般由个人、政府、雇主（或单位）等构成。而我国的长期护理保险的发展尚且处于最初创立阶段，其发展速度及成熟度都相对较低，如何筹集到足够的资金是制约长期照护保险建立的最现实的瓶颈，根据广州市目前经济发展水平以及保险现状，建立长期照护保险资金来源应按照"多方筹资、责任分担、逐步完善"的原则，逐步建立完善医保基金划拨、个人和单位缴费、财政补助等长期护理保险基金多渠道筹资机制。

首先，充分发挥政府职能，积极承担长期照护保险费用支出。家庭结构的变化等因素推动了社会化养老理念的发展，政府在养老方面的职能越来越重要，社会化养老的发展目的就是为了分担单个家庭的养老负担，促进整个社会为养老提供服务。长期照护保险的建立正是对社会化养老理念的迎合，政府作为主导机构，推广其购买相应的养老服务是当前全面深化改革的一项重要举措，既是公共服务供给模式的制度创新，也是深化财税体制改革、建立现代财政制度的重要内容，对于加快转变政府职能、提高公共服务供给水平和效率、加快服务业发展、扩大有效需求、促进就业具有重要意义。如何充分发挥政府在建立长期护理保险中的作用十分重要，政府的职能主要体现在研究实施推动长期护理保险建立的政策以及对保险费用的承担上。从长期照护保险实施较好的国家的经验来看，政府在筹资方面都扮演了关键的角色。以日本照护保险为例，它所采取的筹资体系是现收现付制，资金的50%来自于普遍税收，其中国库负担25%，都道府负担12.5%，市町特别区负担12.5%；另外的50%来自于社会保险费。荷兰的长期照护保险采取的也是现收现付制，主要通过保费收入和政府税收补贴运行，即个人缴费与政府补贴相结合，雇用单位不需要为员工承担保费，这样做的好处在于减轻了雇用单位的投保压力。从短期来看，政府筹资可能会对政府产生较大的压力，尤其是在我国目前经济发展尚未达到发达国家水平，人均收入较低的社会现实下，增加新的保险筹资需要十分谨慎。但从社会保障整体的长远发展来看，建立长期照护保险可以在很大程度上缓解医疗保险的压力，把需要长期护理的人员从医疗保险中分流出去，从而节约了医疗成本，可以减少对医疗资源的浪费。以德国为例，其长期照护保险体制就很好地取代了政府过去对这类需求人群的税收补助和社会福利，从而在实施社会保险的初期就有效地减少了公共支出。

其次，推动个人参与筹资。除了政府财政外，受经济发展水平的限制，政府难以完全支撑长期照护保险缴费，因此个人很有必要参与筹资，出于减轻经济负担方面考虑，个人缴费比例可以适当减少。个人作为长期照护保险的直接受益者，在保险筹资中必然要交纳一定比例的保险费用。长期照护保险的建立正是为了减轻失能、半失能老人及其家庭的经济负担，因此如果个人交纳费用过高，那么非但没有起到减轻经济负担的作用，还可能会反过来加重家庭的经济负担。但是如果仅靠政府和社会筹资，那么实现对大规模的失能、半失能老人的照护支出也是不现实的，并且难以做到分层级有重点的照护补偿。因此，个人在长期照护保险筹资中是不可缺少的力量。通过多种渠道向民众开展宣传及咨询活动，提高民众对于长期照护保险的认知度，深入了解长期照护保险的目的、服务方式、赔付模式、保障范围等。在一定程度上尽量减轻个人缴费负担，可以像医疗保险一样设置不同缴费等级以供不同经济条件的人选择自己能够接受的缴费水平，实现长期照护个人筹资模式的多样化与灵活性，从而既为长期照护保险资金的筹集做了有力的补充，又能够扩大长期照护保险的受益面。

再次，鼓励雇主补充长期照护保险筹资。可以考虑由雇主为雇员承担一定的保险费作为长期护理保险的资金补充来源，当然，从客观上讲，企业或用人单位通过为员工购买"五险一金"已经是承担了不小的负担。因此不能仅仅为了提高劳动者社保水平，而在缺乏细致调研与合理规划的情况下，贸然向企业征缴新的保险费用，这势必会引起雇主抵触，进而加重企业的生产经营负担，最终影响到整个社会经济的发展。因此对于雇主为雇员参保这一方面来说，只能是积极鼓励雇主从企业经营所得中抽取一定比例为雇员缴纳部分护理保险费用，不能采取强制措施。或者是采取不需额外缴纳费用方式，从用人单位为雇员购买的养老保险和医疗保险中扣取一部分用以建立长期照护保险。对于积极为雇员购买护理保险的雇主单位应该考虑给予适当政策照顾等，以减轻企业由此所产生的经营负担。如：将雇主为雇员购买的护理保险费支出作为税前业务费用、减免税收等，这样做既能鼓励用人单位为员工积极购买长期照护保险，解决长期照护保险的筹资来源问题，又能提高员工对企业的忠诚度，减轻企业经营负担。除了政府、个人和雇主外，其他社会力量的参与也是可以为长期照护保险筹资作为补充的。中国整个社会对长期照护保险的认识和接受度有限，这直接影响了社会力量的充分参与。在我国，各种公益组织层出不穷，热心公益事业的人也很多，这些组织和人所能召集的经费不容小觑，比如在救助孤儿、援助各种特殊患病人群方面，都发挥了很大的作用，不仅帮助到了受益者，而且减轻了政府的财政负担。因此，通过大力宣传，积极号召社会力量参与长期照护保险的筹资，作为国家财政和个人缴费外的一个补贴，集全社会的爱心资金共同构建长期照护保险，减轻失能、半失能老人购买保险的经济压力。

根据国外经验，同时借鉴现有保险的缴费形式，长期照护保险筹资机制可以考虑中央政府和地方政府担负较大的责任，承担 30%—50%，其余的一部分来自于社会保险费，同时受照护者自己也应承担一定的较少金额。有特殊经济困难的失能、半失能老人则由政府承担大部分资金，照护保险基金支付不能完全解决支付困难时，可以通过临时救助等方式给予解决。总之，对于失能、半失能老人的照护，要在政府起主导作用的基础上，建立多层次的筹资机制，动员各种力量共同承担对失能、半失能老人的照护责任。

考虑到起步阶段居民对长期护理保险尚缺乏充分的认识，为了能够顺利推动和实施，建议广州长期护理保险基金通过职工医保统筹基金历年结余、财政补助的方式来解决，并根据实施情况进行完善和调整。

7.4.2 完善基础设施建设

基础设施建设的完善程度，是关系到长期照护保险能否顺利建立并广泛推行的关键所在。德国、日本的经验学习启示表明，制度的设计以及基础设施建设需要将近10—20年的时间。在广州市，失能、半失能老人在护理方面的硬件设施很缺乏。在课题组走访的养老机构中，大部分没有专门针对失能、半失能老人的康复设施。课题组在对广州市某敬老院访谈中发现，缺乏基础服务设施对于机构照护来说是最基本最常见也最难解决的问题。该机构是公办性质，接受的老人中有一半是失能、半失能老人，可是却没有任何适合这部分老人的康复设施，连最基本的便捷的生活设施都没有。据该机构院长讲，他们最需要的是一些很普通的生活用品，比如尿不湿，因为一些失能老人生活不能自理，需要有护工在身边不停的照顾。而该机构只有两个工作人员，根本没办法快速地为每位老人提供帮助，所以需要大量的尿不湿，但是因为经费短缺，没有多余的钱来购买。再比如坐便器、拐杖等帮助失能、半失能老人生活的辅助设施都没有。

养老服务设施的完善是加快发展养老服务业的重要基础和保障，为长期护理保险的建立提供支撑，对促进经济社会科学发展，落实《老年人权益保障法》，实现老有所养、老有所医、老有所教、老有所学、老有所为、老有所乐"六个老有"的工作目标具有重要意义。在2014年1月下发的《关于进一步加强老年人优待工作的意见》中，国家发展和改革委员会明确指出政府投资兴办的养老机构，要在保障"三无"老年人、"五保"老年人服务需求的基础上，对经济困难的孤寡、失能、高龄老年人优先照顾。在人口老龄化的快速发展阶段，老年人对养老服务的需求呈现出多元化趋势，在需求的刺激下，对养老服务的类型和方式提出了更高的要求，养老服务设施无论从数量上还是从质量上都急需提高。

首先，各地住房城乡建设主管部门要按照"居家养老为基础、社区养老为依托、机构养老为支撑"的要求，结合老年人口规模、养老服务需求等，明确规划养老服务设施建设，积极推进城乡养老服务一体化。同时根据不同情况，合理确定为老年人提供服务的设施类型、布局和规模，实现对养老服务设施资源的均衡配置。

其次，各地住房城乡建设主管部门以及国土资源、民政和老龄办等部门，也应积极沟通，建立协作机制，明确工作任务，确定职责范围，共同为进一步推进养老服务设施建设工作努力，使高标准的日间照料中心、老年人活动中心等服务设施覆盖到更多地区，使更多人受益。只有以完善的配套基础设施为前提，长期照护保险才能有实施的保障。但是按照目前中国经济发展现状来说，如果建立一个完全独立的社会保险，那么只能是较低水平的社会化照护模式才能持续运行，否则公共财政难以支撑。但是这种较低水平的保障不能完全解决失能、半失能老人的长期照护问题，为了降低成本，同时扩大保障范围，需要将照护保险制度与医疗保险制度结合起来。比如可以考虑从现有医疗保险资金范围内分流出一部分作为长期照护保险资金，进行统一管理，以减轻被照护者的缴费负担；还可以采取明确界定照护级别的方式，区分医疗保险与照护保险承担的范围，随时监测医疗与护理情况，当老人的疾病属于医疗保险范围时，由医疗保险承担费用，当他属于康复护理的范围时，则直接转到照护保险内，可以由同一个机构对两类保险进行管理以利于转移的实现。实现社会保险中照护保险与医疗保险的相互衔接不仅能够减轻政府负担，同时也可以减少家庭购买长期照护保险的支出。

7.5 选择适当的保险给付方式

从其他国家和地区长期护理保险的给付看，主要有实物支付、现金支付和混合支付，国内以现金支付为主。实物支付是指直接为受益人提供护理服务，现金支付是指为受益人支付现金，混合支付是指提供服务和支付现金相结合。为了确保受益人能够合理使用护理服务，大多数国家都不倾向于直接向受益人支付现金，而是采用由护理机构或个人提供服务，由护理保险向提供服务的机构或个人支付报酬的做法。也有国家规定，在一些特定的情况下可采用现金支付。如荷兰允许受益者用现金购买护理服务，且其服务提供者不限于健康护理提供者，其朋友、邻居及亲属均可提供服务。韩国也设立了主要是鼓励家庭护理提供者的现金给付补贴。混合给付一般是在受益人既使用了正式护理服务又使用了非正式护理服务时使用——在正式护理服务部分采取实物给付，在非正式护理服务部分则采取现金给付。

广州市长期护理保险制度以现金支付保险给付方式较好。现金支付可以结合广州以居家为基础、社区为依托、机构为支撑的养老服务体系特点，将其分为居家服务、社区服务和机构服务三类。居家服务是指到利用者家里为其提供护理服务；社区服务是指在社区范围内的服务场所为利用者提供护理服务；机构服务是指为利用者提供入住护理机构的各项服务。建议严格确定机构服务利用的条件，并适当提高机构服务利用者的个人负担比例。因为，广州目前的养老机构床位数和社区还无法充分满足失能半失能人员的护理需求，所以，应鼓励居家养老为主。同时，在长期护理保险制度中，建议鼓励非正式的家庭护理服务，对这类服务可以采用现金支付。这一方面可以丰富护理服务的供给，另一方面也可节约护理资源（因为非正式护理服务的成本一般低于正式护理服务）。对于既使用正式护理服务又使用非正式护理服务的利用者，可采用混合支付。建议在建立长期护理保险制度初期，实施床日包干管理，按限额结算的方式，确保实现护理保险给付的效用最大化。

7.6 强化相关机构与人才建设

医护照料的专业水平和服务质量是长期护理保险制度生存的根本所在。由于我国长期护理保险体系还没有完全建立起来，目前尚不能满足老年人多样化的个性护理需求，因此应充分借鉴国外的成功经验，加快配套服务设施建设的步伐，并鼓励各地区充分发挥当地社区资源的优势，以实现护理机构规模和质量的同步扩大和提高。当前私立养老机构只有中专毕业的注册护士愿意留下来工作，且流动性大，大专及本科学历护理专业毕业生不愿在此类机构工作，这就需要提高养老机构对大专以上学历注册护士的吸引力，满足养老院老人的医护需求，提高管理及服务质量。

7.6.1 健全护理机构

面对老龄群体日益增长的长期照料服务需求，广州市必须在现有的基础上建立与具体情况相适应的医护机构。长期护理市场有着广阔的发展空间和潜力，急需发展多层次的医护机构，提供包括医疗护理、精神关怀、生活照料等诸多服务项目。切实加强护理机构的设施建设。在这一过程中，政府要发挥其主导作用，通过财政筹资兴建公营的护理机构和无障碍设施等措施，为老年人提供基本的生活照料和康复治疗。一般来说，公营的护理机构严格要求老年人的护理资格，重点解决最弱势群体——"三无"、低保、失能、病残的老龄人群的护理问题，而一般老人的护理治疗可以参照国外的先进经验，充分整合利用社区内的医疗护理资源，如社区日托中心等其他社区医护机构作为长期照料服务场所。除公营护理机构外，政府还要积极引入社会力量，支持和鼓励民间企业和非营利组织参与其中，实现投资主体多元化，多渠道、多形式地引导各种团体经营和私人投资以及引进外资等方式参与到私立护理机构的建设上来，配套出台相应的优惠政策、在资金上给予大力资金支持，在精神上给予大力弘扬，旨在引导私立护理机构采取市场运营模式与公营资源力量有机整合，共同建立和完善配套服务设施体系。

全面加强护理机构的规范管理。在护理设施的添置上，应该讲求内部基础设施的科学性和实用性，切实保障护理机构硬件能够为各类老年人提供一个人性化、功能齐全、安全舒适的机构环境，尤其是要重视高龄老人、失能老人日常生活护理的实际需求。长期医护照料的发展水平、服务质量、服务品质，直接彰显一个社会的文明程度。在强化护理机构的硬件管理的同时，还要重视提升护理机构的软件建设。应根据实际制定护理机构的各项规章制度，按照各地区的护理需求，因地制宜地制定和完善服务标准、规范服务内容，切实保障老年人的合法权益。政府还要引导和监督各类护理机构实行市场化、产业化的运作。同时通过适宜的政策措施来降低护理机构的费用，提高护理服务质量，吸引更多的老年人主动入住护理机构，为整个长期护理保险市场创造公平、合理、有序的竞争环境。

7.6.2　加强长期护理人员专业培训

实施长期护理保险制度离不开具备专业护理知识与技能的医护人员，而且是多学科团队组成的医护人员。实际上老龄群体的长期护理工作中，基础护理及康复护理比医疗显得更加重要。一要强化对医护人员专业培养、加大培训力度，建设适应长期护理工作需求的专业化服务团队。面对人口老龄化进程的加快，我国现有的医护人员无论从数量还是质量都无法满足当前的照料需求，因此护理人才队伍是长期护理发展的一个瓶颈因素，广州市应借鉴一些发达国家的成熟经验，从多方面着手，鼓励和培养多层次的护理专业人员投身到长期护理服务的行业之中。医护院校应注重扩大护理学专业办学规模，还需对各级养老护理员加强入职培训与在岗培训。与省内大专院校、卫生院校联合开办老年护理专业，加强老年护理专业技能型人才的储备工作，积极推进长期护理业务的专业化；与高校联合协作，定期组织现有的护理人员进行继续教育、在职教育和岗位技能培训，与时俱进，不断提高在职人员的岗位胜任能力；在国家的层面上制定相应的护理服务人员等级划分，明确医疗、康复、护理等各个阶段的服务标准，并配备相应的医护人员，这种工作细化更能提高医护照料的效率、质量和品质；拓宽护理培训内容，护理不仅涵盖传统的身体护理，还包括心理、社会等方面的整体护理，更应针对老龄人群心理特点，注重心理慰藉服务的开展；优化护理人才队伍结构，研究和制定长期护理从业人员准入和退出机制，可以效仿保险代理人的资格认证，推行长期护理从业人员持证上岗制度，以此带动护理服务人员职业化和服务内容专业化水准的稳步提升。

二要充分发挥社区志愿者的力量。在社会上大力宣传尊老爱老的传统美德，鼓励志愿者参与到长期护理服务中来，并对其进行专业的护理服务知识和技巧培训，使他们能够较专业的处理被护理者的一些基本护理问题。目前，很多中小学以及高校都设有青少年志愿者社团，特别是大学生社团的组织能力和动员能力更强。在大力发展社区志愿者队伍的同时，要调动家庭成员的积极性，尤其是 4050 人员，他们不仅加入志愿者队伍的热情高涨，更能使被护理者在情感上产生共鸣。除此之外，我们还应充分重视低龄健康老人在其中的作用，实现"以老治老"。目前，由于健康水平的提高，有大批低龄健康老人，他们既是长期护理服务的需求者，同时也是长期护理服务潜在的提供者。老年人之间的互助行为，不仅可以减轻社会的养老负担，同时，也为低龄老人提供了发挥余热的机会，使他们通过参与为高龄或生活不能自理的老人提供志愿服务的过程中，实现自我的内在价值，保持良好的乐观向上的心态。

7.6.3 强化护理保险专业人才建设

长期护理保险的关系人大体由保险人、被保险对象与医疗护理机构这三方主体组成，他们的利益出发点各不相同，三方主体之间常常会出现严重的信息不对称，彼此之间会利用自己的信息优势做出不利于另一方的决定，这种情况就造成逆选择与道德风险的大量存在。为防止此类状况的发生就必须建立有效的长期护理保险风险防范机制，维护保险市场的稳定。

如前文所述，作为保险公司进行风险控制的关键是核保核赔这个环节，是长期护理保险的关键所在。按照常规在保险人核保时，需要被保险对象进行体检，并履行其如实告知的义务；在这点上我们可以借鉴发达国家保险公司核保核赔环节所采用的方式，即：吸纳检验和判定被保险人日常生活活动、自理能力状况的专业测试方法；具体做法是：根据被保险对象已有的社会医疗保险统筹账户及个人账户管理卡（医保卡）上储存的原始信息，了解其既往的身体健康状况、就医记录的原始资料以及其他保险公司对其赔偿和拒保的翔实等等，利用共享的信息最大限度地防范被保险对象的道德风险；另一方面要多渠道培育被保险人的长期护理保险意识，正确看待护理保险，尽可能减少逆选择、降低道德风险的发生，以避免造成有限医护资源的不必要浪费。

为了规避医疗护理机构的道德风险，我国可以参照美国"管理式护理"（Managed Care）的方式，即保险人根据被保险人群的年龄结构等因素向指定的医院支付固定的费用，通过将长期护理保险供给方与医疗护理机构建立起以资本为纽带的利益联盟或战略合作伙伴关系，在长期护理保险市场上搭建一个高效的管理型医疗服务合作平台，在此平台之上医疗护理机构既可以提高服务水平又可以节约运营成本；另一方面保险人通过主动控制护理费用，可以更有效地防范来自于医疗护理机构与被保险人的道德风险。同时，保险公司与医护机构的整合可以利用行业间的信息网络系统，实现信息共享化，为庞大的被保险人的信息建立一个数据库。数据库提供的详尽资料不仅可以有效控制被保险人的道德风险，利于保险公司合理厘定长期护理保险费率、控制经营成本，还可以约束和限制医疗服务机构的行为，避免护理费用过度的攀升，提高医疗护理机构的信用度，逐步建立起医疗风险控制网络体系，不断完善长期护理保险的医疗风险控制体系以及相应管理监督制度。

长期护理保险不同于一般的人身保险，其核保、核赔、精算等业务不仅要求有科学、严密、高效的工作流程，还需要从业人员具备极高的专业技能。例如，核保人员需要审慎判定被保险人是否满足长期护理的条件，一旦发生长期护理服务时，保险给付频率较高，这就需要保险人及时提供理赔服务。保险人在进行长期护理保险的展业时，不仅需要对现有的从业人员进行绩效考核，还要不断对护理保险的专业人才进行储备，有计划有步骤地引进复合型的医护管理专业人才，不断加大梯队建设、壮大人才队伍。例如，可以通过与大专院校合作，开设有关长期护理保险的专业，专门塑造既具备医疗知识背景又精通保险知识的双重人才，满足长期护理保险的专业性与技术性；通过与发达国家的保险公司交流合作，将其先进的运营经验和技术借鉴到广州市长期护理保险经营之中，建立有效的风险管理系统。只有这样才能有效解决长期护理保险的供给不足的矛盾，对逐步达到长期护理保险的供求均衡也是大有裨益的。

7.7 大力发展家庭和社区健康护理

广州市建立和实施长期护理保险，应规避德国、日本制度实施早期出现的过度机构化现象，以免给机构养老造成过大的压力。积极探索居家护理与社区护理的有效路径，这不仅有助于老年人家庭照顾中的情感、心理需求，也有助于避免医院和机构护理的高昂费用问题。此外，随着我国社会的高度老龄化，以及老年人口医疗费用的上升，应调整医疗保健系统，把重点逐渐聚焦在老年人的照护上。针对老年人照护需求，社会保健系统应把各项服务从医疗保健体系转向长期护理体系，这是一种既能提高效率又能控制整体保健总支出更是释放整个医保系统的压力的途径，长期护理服务提供体系的构建应适应这一去医疗化的趋势。

根据以上国际发展趋势和我国国情与本市市情，家庭护理和社区护理应是广州市长期护理的主体。因此，广州市首先应大力发展家庭健康护理。家庭健康护理和家政护理应纳入长期护理保险保单中。一方面家庭健康护理可由家庭成员提供，另一方面，也可由专业机构的专业人员上门来提供护理服务。广州市社区卫生服务机构在积极开展家庭病床服务，这也能算是一种专业机构提供专业医疗和护理服务，目前该服务受政策影响较大，其开发潜力较大。其次，要大力发展社区健康护理。由于我国人口老龄化进程和经济发展不同步，不可能在短期内建立起与老龄化相适应的全方位的、高水平的社会护理体系。大力发展社区健康护理不仅可以为创造就业机会提供渠道，还可以对实现企业经营机制的转变，以及对政府机构的改革起到积极的作用。

为此，广州市可走家庭护理和社会护理相结合的道路，即家庭与社区相结合，同时发展社区护理机构多样化。一是可以成立成人日间护理中心。成人日托中心的作用和托儿所的作用类似，目的是把那些不能单独待在家里的老人接过来，在白天照料他们。一些成人日托中心会给老人组织一些活动，比如演讲比赛，下棋，跳舞，甚至郊游。尽管许多老人的身体机能可能已经丧失，但他们的思维还是活跃的，这样的活动对他们既健康又有益。二是可以建立辅助生活所。这种机构有不同的叫法，诸如个人护理所，庇护所，居住所等。这里提供 24 小时全天候的服务，服务从提供一日三餐到日常生活活动完全辅助。三是组建退休继续护理所。这个机构的服务主要是使病人日常生活独立和提供辅助生活帮助。居住者和社区签订合同，获得一个居住单间和需要的其他护理服务。病人可以一开始住在一个独立房间，如果病情恶化，再转到辅助生活区接受长期护理。四是成立成人集体生活所。这种机构主要是为中低收入者设计的。护理人员住在集体公寓并且在餐饮中心一同就餐。该机构为社区居民组织社会活动和娱乐活动，并提供家政服务。五是扩展集中护理所。这种护理机构介于提供看护式护理的成人集体生活所和提供所有长期护理服务的安养院之间。对那些需要看护式服务但是不需要长期护理服务的人来说，这种护理所是明智的选择。扩展集中护理所和成人集体生活所在居住条件上是相似的，但是提供的医疗服务更多。

7.8　加强信息化平台建设

长期护理保险制度是一项复杂的系统工程，它由多个子系统所构成，同时又跟其他社会保险系统紧密相关。广州市长期护理保险制度应该是一个全市统一的制度，即在全市不分城乡、不分地区采取相同的制度框架。而"碎片化"问题是我国社会保障制度建设的一大弊端，多年来饱受诟病。一直以来，无论是我国的养老保险制度还是医疗保险制度，都存在着人群分割和地区分割。这使得制度的并轨和整合已经成为当前我国社会保障制度改革的重要任务。长期护理保险制度作为一种新的社会保障制度，要避免出现养老保险、医疗保险发展过程中的人群有别、先城后乡等情况，就要从制度建立之初就实施统一的制度，避免再走弯路和走错路。而建立有效的信息化综合平台，是广州市构建长期护理保险制度过程中破解"碎片化"问题的有效措施。国内城市的调研发现，由于信息系统的相互分割，致使信息不能共享，出现受益人重复补助的情况。残联、民政部门、人社部门和卫生部门的信息不能共享，没有相互的接口，使得各自信息无法共享。课题组在广州市各部门的实际调研过程中也发现，不同的部门的同一相关数据各自为政比较严重，有时统计口径出现偏差。例如，护理等级的划分，民政部门和卫生行政部门的标准截然相反。为此，广州市在构建长期护理保险制度之初，就应强化该制度的信息化综合平台建设，改变各自为政、各自系统独立不能对接的突出问题，充分发挥现代信息技术的优点，高水平、高层次地构建其信息平台，逐步实现大数据管理，提升该制度运行的整体效率。

7.9　加大长期护理保险宣传力度

7.9.1　转变家庭养老观念

努力做好宣传工作，改变人们传统的养老观念，为构建广州市长期护理保险提供前提条件。随着经济的发展、空巢家庭的增多，为社会化养老理念的普及提供了思想基础，越来越多的年轻人能够接受不同形式的养老模式，一部分老年人也处于减轻子女负担的考虑，开始慢慢接受家庭养老以外的养老模式。就为老年人提供照护服务来说，在传统社会及观念里，养老的责任基本上由儿女或配偶承担，由于受到男女预期寿命及社会分工的影响，大部分护理工作还主要由女性来承担。但是随着经济的发展与妇女参与社会程度的提高，严重地冲击了老年人家庭长期护理模式。除此之外，护理费用的不断攀升，使越来越多的家庭难以承受为老年人提供护理所带来的长期繁重的经济与精神压力。

无论是从经济方面考虑，还是从减轻精神压力方面考虑，社会化养老所体现的风险共担、社会共济的社会保险原则在一定程度上减轻了传统家庭长期护理的压力，全社会应当大力宣传社会化养老的优点，一方面，通过社会化养老可以合理配置养老资源；另一方面将老年人的护理从家庭中转移分化出来也可使子女摆脱日常照料老人的重负。比如在访谈中有位入住在广州某养老机构的老奶奶就讲到她自己思想转变的过程，刚开始十分抵触机构养老，认为那是子女不孝的借口，后来有一次自己在家忘了关火，差点酿成悲剧。平日里子女忙工作，没办法在家陪她说话，有时连午饭都不知道怎么解决，后来她自己主动提出去养老机构，既有人陪着聊天又不用操心一日三餐，所以感觉很幸福，现在子女也都退休在家了，想要接她回去，但是她不愿回家住，觉得不如住在养老院省心。由此可见，很多时候是大众对于除家庭养老外的其他养老模式不够了解，所以才存在很大的偏见，难以接受跟传统相悖的理念，即使改变是朝着好的方向发展，也很难接受，所以很有必要加大宣传力度，使社会化养老的观念传播开来。积极改变社会大众对于其他养老模式的偏见，转变传统的家庭养老观念，从思想上让大众，尤其是老年人能够接受社会化养老，了却他们的后顾之忧，使其能够从心理上自愿接受社会化养老，这有助于提高大众对长期照护保险的接受程度。

7.9.2 树立预防风险意识

通过社会舆论大力宣传疾病预防意识，首先从外部促使人们认识到疾病风险可能在经济和精神上给未来带来的损害，进而在内部主动树立风险意识。对于建立长期照护保险来说，如何使人们理性地看待未来可能出现疾病风险，意识到借助社会保险的力量是减轻未来疾病风险带给个人和家庭负担的有效选择这一问题，对于保险的建立至关重要。社会的快速发展除了带来了经济的腾跃外，还使我国的疾病谱发生了重大变化，与现代生活方式密切相关的慢性疾病在死亡谱和疾病谱中占据了重要位置，而平均寿命的延长使得越来越多的人在进入老年后大部分时间不得已都在各种疾病中度过。人们在年轻时，很少有人能够理性地看待未来年老后可能出现的疾病问题。因此，提高社会大众的预防风险意识，鼓励大家在年轻时为未来生活提早规划是极有必要的，不仅能够减轻自己年老后因为疾病而承受的经济负担，而且能够减轻子女及家庭的精神压力。

除此之外，还应通过舆论宣传转变大众对保险的认识，扭转大家对保险的误解。长久以来社会大众普遍对保险推销存在抵触甚至是厌恶心理，即使是社会保险的推广在初期也往往难以得到普通民众的支持，而提高参保率不仅能够提高国家专项资金的利用率，也能够减轻国家及个人的经济负担，因此很有必要合理地为整个社会灌输对于保险的正确认识，通过各种途径宣传社会保险的优点，尤其在经济文化较为落后的地区，更应该努力做好宣传工作，积极提高社会大众对于保险的接受程度，使其能够自愿购买适合自己的保险项目。

附录一 广州市 13 家养老机构的调查情况及分析

一、调查样本

广州市哲学社会科学发展"十三五"规划重点委托项目"广州市建立长期护理保险制度研究"课题组于 2016 年 7 月 5 日至 8 月 30 日分类随机抽取了广州市 13 家的养老机构及医疗机构作为调查对象，对老年人口或其护工进行了一对一的问卷调查。问卷由三部分构成，分别是失能半失能老人的基本情况、日常生活能力量表、护理相关情况。问卷的填写主要由护理人员配合完成，调研机构包括：广东社会福利中心（广东江南医院）、广州市英明老人疗养院、广州松明尚苑颐养院、广州市黄埔龙头山寿星院、广州天河珠吉护理院、广州市白云区大源养老院、广州市良典养老院、广州市松鹤养老院、广州市颐寿养老院有限公司、广州市番禺区市桥医院、广州友好老年公寓、广州广船养老院、广州市英明老人疗养院。此次调研共发放问卷 1350 份，回收问卷 1286 份，回收率为 95.26%，有效问卷 1209 份，有效问卷率 89.56%。收集回来的问卷采用 Epidata 问卷录入工具、Excel 办公软件以及 SPSS20.0 统计分析软件进行数据的录入、整理以及数据统计分析。

二、调查问卷表

广州市居民身体健康状况问卷调查表

（本调查将严格保密）

您好：

我们是广州市哲学社会科学发展"十三五"规划重点课题"建立长期护理保险制度研究"课题组的，课题组将积极研究并推动广州市建立这一新兴民生保障制度。现进行实际调查，谢谢您的配合！

（一）基本情况

A.1.1 是否本人接受调查	1. 是　　2. 否，与被调查人关系以及熟悉程度：_____
A.1.2 年龄	您的年龄_____
A.1.3 性别	1. 男　　2. 女
A.1.4 是否户籍人口	1. 是　　2. 否
A.1.5 婚姻状况	1. 未婚　2. 已婚　3. 丧偶　4. 离婚　5. 未说明的婚姻状况
A.1.6 子女情况	请问您有_____个子女
A.1.7 居住情况	1. 独居　　2. 只与配偶居住　　3. 只与子女居住　　4. 与配偶子女居住　　5. 其他_____（如养老机构、护理院等）
A.1.8 参保方式	1. 城镇职工基本医疗保险　　2. 城镇居民基本医疗保险　3. 新型农村合作医疗　　4. 贫困救助　　5. 商业医疗保险　6. 全公费　　　　7. 全自费　　　8. 其他
A.1.9 经济来源	1. 退休金/养老金　　2. 子女补贴　　3. 亲友资助　4. 其他补贴_____（可多选）
A.1.10 居住地	1. 越秀区　2. 荔湾区　3. 海珠区　4. 天河区　5. 白云区　6. 黄埔区　7. 花都区　8. 番禺区　9. 南沙区　10. 增城区　11. 从化区（以上排名不分先后）

（二）日常生活能力量表（PADL，用于反映老年人的自我照顾、生活自理能力）

A.2.1 吃饭	（1）0 依赖　　（2）5 需要部分帮助　　（3）10 自理
A.2.2 洗澡	（1）0 依赖　　（2）5 自理
A.2.3 修饰（洗脸、头、刷牙、剃须）	（1）0 依赖　　（2）5 自理

A.2.4 穿衣（解系纽扣、拉链、穿鞋）	（1）0 依赖　　（2）5 需要部分帮助　　（3）10 自理
A.2.5 控制大便	（1）0 失禁或需灌肠　　（2）5 偶有失禁　　（3）10 能控制
A.2.6 控制小便	（1）0 失禁或需灌肠　　（2）5 偶有失禁　　（3）10 能控制
A.2.7 上厕所（包括擦拭、整理衣物、冲水）	（1）0 依赖　　（2）5 需要部分帮助　　（3）10 自理
A.2.8 床椅转移	（1）0 完全依赖 （2）5 需要大量帮助（2人），能坐 （3）10 需少量帮助（1人）或指导 （4）15 自理
A.2.9 平地移动（45米）	（1）0 不能移动或移动少于45米 （2）5 独自操纵轮椅超过45米，包括转弯稍依赖 （3）10 需要一个人帮助步行超过45米（体力或者言语指导） （4）15 独自步行超过45米，可用辅助器
A.2.10 上楼梯	（1）0 不能　　（2）5 需帮助（体力、言语指导、辅助器） （3）10 自理
合计总分	

（三）护理相关情况

A.3.1 首次接受护理起始时间及等级	您最初是从＿＿＿＿＿年＿＿＿＿＿月开始护理，护理等级是＿＿＿＿＿。
A.3.2 护理原因	1. 年老　2. 疾病　3. 伤残　4. 意外　5. 其他＿＿＿＿＿。 如果是疾病原因，请问疾病病种是：＿＿＿＿＿。 1. 高血压　2. 冠心病　3. 脑卒中　4. 糖尿病　5. 肩周炎 6. 慢性腰腿疼痛　7. 其他＿＿＿＿＿（可多选）
A.3.3 护理等级是否变更	1. 否，截至目前接受护理时间长度为＿＿＿＿＿ 2. 是，第一次更换护理等级时间是＿＿＿＿＿年＿＿＿＿＿月，原因及更换持续时长＿＿＿＿＿； 第二次更换护理等级时间是＿＿＿＿＿年＿＿＿＿＿月，原因及更换持续时长＿＿＿＿＿（没有可不填）
A.3.4 您期望的护理方式	1. 居家护理　2. 养老机构护理　3. 社区卫生服务中心 4. 社区日托　5. 医院护理　6. 专业护理机构　7. 其他
A.3.5 目前的每月护理费用	每月的护理费用及构成为：＿＿＿＿＿元，＿＿＿＿＿。
A.3.6 根据您的经济来源每个月的护理费用是否够用	1. 是　　2. 否

问卷编号：＿＿＿＿＿；调查员：＿＿＿＿＿；调查日期：＿＿＿＿＿。

三、失能半失能人员现状分析：基于机构问卷数据

（一）基本情况

本次问卷调研共有 1209 个有效样本，60 岁及其以上的样本有 1164 个，调查对象中 93.9% 为广州户籍人士，其中居住在荔湾区和海珠区的人数最多，都为 202 人，各占 16.7%。而居住在花都、南沙、从化的人相对较少，占比都不超过 2%（具体见图 1）。

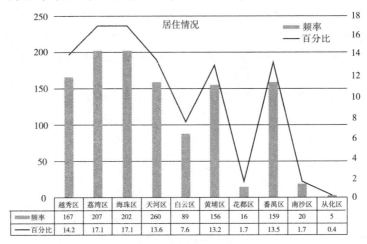

图 1 被调查者居住情况

另外，由 42.5% 男性，57.4% 女性构成的被调研人群，普遍年纪偏大，平均年龄达 81.38 岁。而这部分人群，"已婚"及"丧偶"的较多，已婚的为 516 人占 42.7%，丧偶 436 人占 36.2%（具体见图 2）。

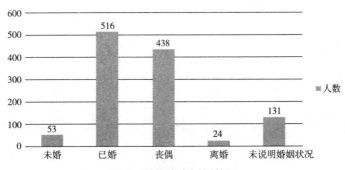

图 2 被调查者婚姻状况

从调研结果来看，94.3%的人都拥有子女，其中"拥有2个子女"的人最多，为285人，占29.9%；而"拥有3个子女"的次之，为208人，占21.8%（具体见图3）。这说明这一代老年人基本上以上个世纪30年代出生的人群为主，其没有受到计划生育政策太多影响。上个世纪40年代和50年代出生的老年人很快将成为养老的主力军，他们深受计划生育政策的影响，都是独生之女居多，这将会给养老和长期护理带来更多的挑战。

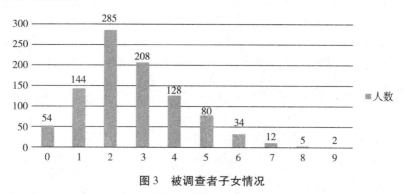

图3　被调查者子女情况

在经济来源方面，22.6%的人是由退休金/养老金与子女补贴组成，54.7%的人是退休金/养老金，17%的人是子女补贴（具体见图4）。从这个结果可知，老年人养老和护理的费用基本都是由自己承担，这与我国社会保障体制日益健全密不可分。

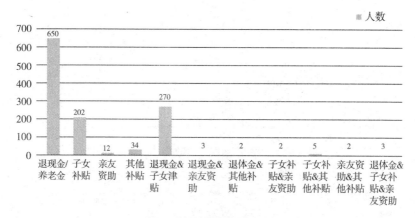

图4　被调查者经济来源

而在医疗费用的支付方式上，45.6%（551 人）是由城镇职工基本医疗保险支付，34.7%（419 人）由城镇居民基本医疗保险支付，9.7%（117 人）是全自费（具体见图 5）。从以上调查数据可知，目前广州市的医疗保险覆盖率还是比较高的。

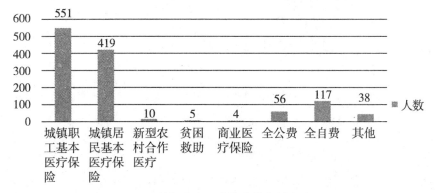

图 5　被调查者医疗费用的支付方式

由于本次调研活动主要在养老机构、护理院及医院开展，所以在居住情况中，选择"其他（养老机构、护理院）"的人数较多，有 1029 人，占 88.2%。其中，详细表明居住在养老机构的有 561 人，占 48.2%；表明居住在护理院的有 23 人，占 1.9%；住居在医院的有 7 人，占 0.6%（具体见图 6 和图 7）。

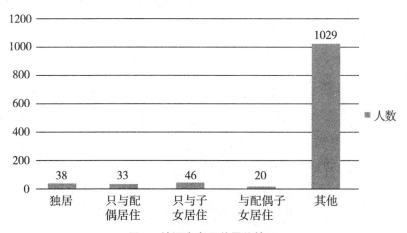

图 6　被调查者目前居住情况

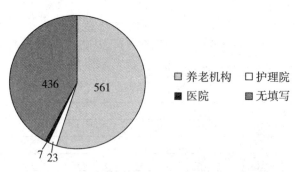

436 561

□ 养老机构 □ 护理院
■ 医院   ▨ 无填写

7 23

图 7 被调查者选择护理的情况

（二）日常生活能力量表

在使用 Barthel 指数评定量表分级后，发现本次问卷调研对象有 734 人属于重度依赖的护理等级，112 人属于中度依赖等级，222 人属于轻度依赖等级，141 人完全自理，无需他人照护（具体见表 1）。

表 1 被调查者的护理等级情况

各自理等级分布				
自理能力等级	等级划分标准	等级划分标准	人数	百分比
重度依赖	总分≤40 分	全部需要他人照护	734	60%
中度依赖	总分 41－60 分	大部分需他人照护	112	9.2%
轻度依赖	总分 61－99 分	少部分需他人照护	222	18.4%
无需依赖	总分 100 分	无需他人照护	141	11.7%

而在进食、洗澡、修饰、穿衣、控制大小便、如厕、床椅转移、平地行走、上下楼梯 10 个项目来看，洗澡、修饰、穿衣、上下楼梯需要依赖的人比较多，分别占 74.1%、66.2%、57.1%、68.4%。而在控制大小便方面，能完全控制和失禁的占比接近，都在 40% 左右（具体见图 8）。这说明生活护理对于老年人来说迫切需要且十分必要，而这正是长期护理保险制度需要尽快构建的原因所在。

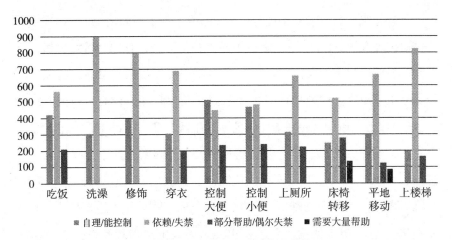

图 8　被调查者日常生活能力情况

（三）护理相关情况

从调研结果来看，大多数人首次接受护理起始时间是在 2012—
2016 年之间，并有逐年增长的趋势。另外，2015 年和 2016 年开始接受
护理的人数最多，为 240 人和 255 人，各占 20.5% 和 21.8%。而在最
初护理等级方面，最初的护理等级为一级护理的有 599 人，占 55.7%；
二级护理的有 204 人，占 17%；三级护理的有 181 人，占 15%（具体
见表 2）。从这组数据可以看出，选择去机构的老人基本都是需要有人
提供护理服务的失能半失能为主。

表 2　被调查者最初护理等级情况

最初护理等级		
	人数（人）	百分比（%）
一级护理	599	55.7
二级护理	204	17
三级护理	181	15
高级护理	33	2.7
特殊护理	63	5.3
痴呆护理	34	2.8
其他	42	3.5

此外，绝大部分人的护理等级都没有发生变更，只有 4.2% 的人更换了一次护理等级，1.2% 的人更换了两次护理等级，且均为等级升级。这说明，当前广州市的长期护理服务既需要积极提供服务数量，又需要积极提升服务品质。德国和日本在长期护理保险制度设计时积极鼓励提供"复健"服务，以便让更多老年人能恢复生活自理，或者降低护理等级。

在护理原因方面，年老及疾病是两大主要因素。其中，因年老需要护理的有 475 人，占 42.1%，因疾病需要护理的有 553 人，占 49.1%。同时，也有个别是因为跌倒、骨折卧床及无人照顾而接受护理的（具体见图 9）。这个结果说明，对于老年人来说，生活护理和医疗护理都应是长期护理服务的重要内容。

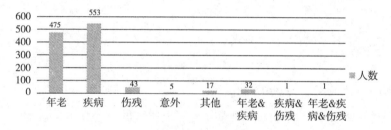

图 9　被调查者被护理的原因

在因疾病需要接受护理的人群中，有 58.8% 的人是患有 2 种及其以上的疾病，而在患有多种疾病的人中，患有的高血压的人最多。另一方面，在只患有 1 种疾病的人群中，高血压的患病率也是最高的，达 11.4%，其次是脑卒中和冠心病，分别为 8.9% 和 6.6%。

而在期望护理方式上，多数人都希望在养老机构接受护理，少部分的人倾向于居家护理和医院护理（具体见图 10）。因为主要调查对象为目前就在养老机构接收护理的老年人，综合前面老年人疾病情况来看，护理院和医养结合机构应该成为广州市充分培育和发展的对象。

每月护理费用在 3001—4500 元的人有 406 人，占 37.8%；护理费用在 1501—3000 元/月的有 254 人，占 23.64%；而每月护理费用少于等于 1500 元的有 357 人占 33.24%（具体见图 11）。由于在填写护理费用时，有的调研对象填写的是整个月所有的护理费用，有的填写的仅仅是每月的护理费，所以存在一定误差（这个数据在前面第四章和第五章也有的相关统计数据，可以参考）。

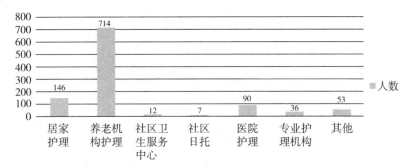

图 10　被调查者的期望护理方式

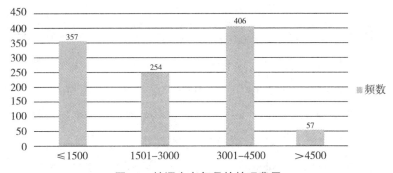

图 11　被调查者每月的护理费用

　　而从费用负担承受能力来看，57.6%的人表示根据其经济来源能够负担起每月的护理费用，然而 37.6% 则表示不能负担起这笔护理费用（具体见图 12）。

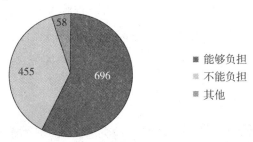

图 12　被调查者费用负担承受能力情况

附录二 广州市海珠区 60 岁以上失能、半失能老年人的调查情况及分析

一、调查样本

2016 年 8 月 5 日至 8 月 20 日，"广州市建立长期护理保险制度研究"课题组委托海珠区民政局对海珠区各主要街道进行关于失能半失能老人生活及护理状况的调查。调研目的：通过对海珠区 60 岁以上老年人口的摸底调查了解海珠区老年人口失能半失能老人的失能等级、失能原因、失能护理方式、月平均护理费用等现状，为广州市推行长期护理保险制度提供科学的决策依据。课题组设计了由"失能半失能人员基本状况、老人生活日常活动量能、失能半失能人员护理状况"三个部分构成的调查表，交海珠区民政局下发各街道，街道和居委会对辖区内 60 岁以上的老年人口进行了有针对性的普查，并把数据汇总上报。课题组采用 Excel 办公软件进行统计分析。本次调查涵盖海珠区 15 条街道，分别是昌岗街、素社街、官洲街、海幢街、华洲街、江南中街、南华西街、南石头街、赤岗街、新港街、龙凤街、沙园街、琶洲街、江海街、南洲街。

二、调查方法

本调查主要采用问卷调查方法，并通过当地政府、社区等部门负责

普查，并收集问卷。

广州市失能半失能人员调查表

广州市_____区_____街_____居委会

基本信息	信息细分	人员小计								
		重度失能：完全需要他人护理			中度失能：大部分需他人护理			轻度失能：少部分需他人护理		
		18岁以下	18—60	60岁以上	18岁以下	18—60	60岁以上	18岁以下	18—60	60岁以上
性别	男									
	女									
婚姻状况	未婚									
	已婚									
	丧偶									
	离婚									
	其他									
居住情况	独居									
	与配偶/伴侣居住									
	与子女居住									
	与父母居住									
	与兄弟姐妹居住									
	与其他亲属居住									
	与非亲属关系的人居住									
	养老机构									
医疗费用支付方式	城镇职工基本医疗保险									
	城镇居民基本医疗保险									
	农村居民基本医疗保险									
	医疗救助									
	商业医疗保险									
	全公费									
	全自费									
	其他									

基本信息	信息细分	人员小计								
		重度失能：完全需要他人护理			中度失能：大部分需他人护理			轻度失能：少部分需他人护理		
		18岁以下	18—60	60岁以上	18岁以下	18—60	60岁以上	18岁以下	18—60	60岁以上
主要经济来源	退休金/养老金									
	子女补贴									
	亲友资助									
	低保									
	其他									
失能持续时间	3个月以内									
	3—6个月									
	6—12个月									
	一年以上									
失能原因	年老									
	疾病									
	伤残									
	意外									
	其他									
目前的护理方式	居家护理									
	养老机构护理									
	社区卫生服务中心									
	社区日托机构									
	医院护理护理									
	专业护理院									
	其他护理									

注：失能等级评定项目分为三大项十小项。三大项分别为：个人饮食、个人卫生及日常行动；十小项分别为：吃喝、洗澡、梳妆修饰、穿衣、控制大小便、如厕、床椅转移、行走、上下楼梯。

失能等级分为三级：1. 重度失能：不能自己饮食、个人卫生及日常行动绝大部分（十项中的五项及以上）不能自理；2. 中度失能：能够自己饮食、但个人卫生及日常行动大部分（十项中的三至四项）不能自理；3. 轻度失能：能够自己饮食、个人卫生及日常行动中少部分（十项中的一至二项）不能自理。

三、调查结果

海珠区 60 岁以上失能半失能人数为 1999 人，其中重度失能 705 人，占 35.27%；中度失能 568 人，占 28.41%；轻度失能 726 人，占 36.32%（具体见图 1）。失能半失能的男性为 1084 人，占 54.23%；女性为 910 人，占 45.52%（具体见图 2）。

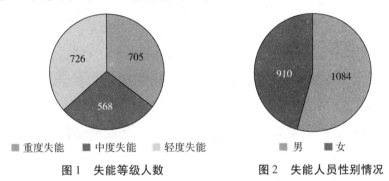

图 1　失能等级人数　　　　　图 2　失能人员性别情况

在这部分失能半失能老人中，已婚的老人最多，为 1053 人，占 55.72%；其次丧偶的次之，为 472 人，占 24.88%；未婚的 290 人，占 15.29%（由于部分街道数据不完整，婚姻状况的样本共 1897 个）（具体见图 3）。

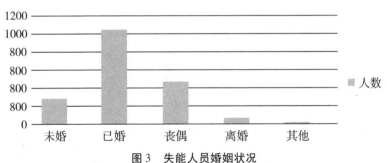

图 3　失能人员婚姻状况

在居住情况方面，大部分老人是与配偶/伴侣居住，为 765 人，占 43.29%；而与子女居住的人数也比较多，为 457 人，占 25.86%；居住在养老机构的有 258 人，占 14.6%；还有 124 人（占 7.02%）是独居的（收集到人数为 1767）（具体见图 4）。

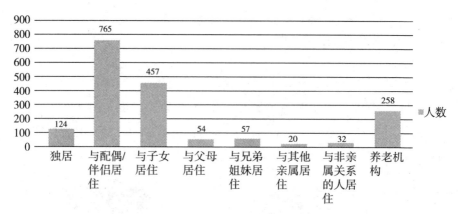

图4　失能人员居住情况

　　绝大部分老人的医疗费用支付方式都是城镇职工基本医疗保险，为1348人，占67.88%；少部分是城镇居民基本医疗保险和医疗救助，分别是338人（11.48%），219人（11.03%）（收集到数据量为1986）（具体见图5）。

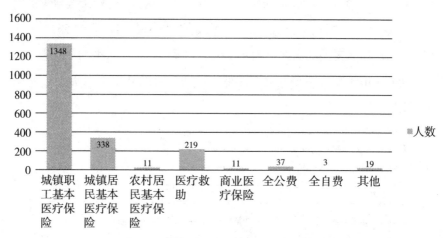

图5　医疗费用支付情况

　　在主要经济来源方面，以退休金/养老金为主，共1447人，占80.48%；少部分为子女补贴和低保，分别为112人（6.23%）和164人（9.12%）（收集到数据量为1798）（具体见图6）。以上两个数据和前面课题组在养老机构的调查数据基本是相吻合，这说明，这两个数据基本是符合真实情况的，是可靠的。

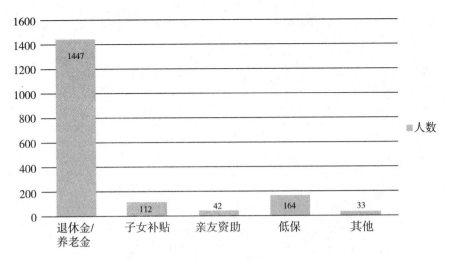

图 6　主要经济来源

　　而在时间方面，81.27%（1154 人）失能持续时间在一年以上（收集到数据量为 1420）（具体见图 7）。而年老、疾病、伤残这三者成为了失能的主要原因，人数分别为 488（35.06%）、437（31.39%）、345（24.78%）（收集到数据量为 1392）（具体见图 8）。

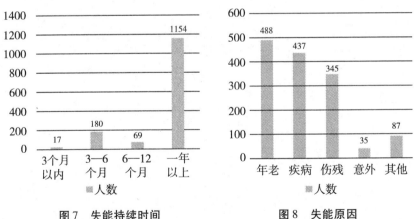

图 7　失能持续时间　　　　　　图 8　失能原因

　　目前，大多数老人都选择居家护理，为 846 人占 65.53%，少数人选择在养老机构护理和医院护理，分别为 173 人（占 13.4%）和 162 人（占 12.55%）（收集到数据量为 1291）（具体见图 9）。附录一的调查数据全部来自于对机构老年人的调查，所以其护理方式意愿选择普遍倾向于机构。本部分的调查来自对海珠区失能老人的普查，这个数据更真实地反映失能半失能老人护理方式意愿的选择。

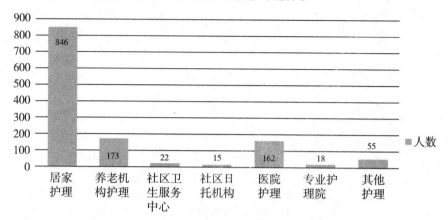

图9　护理方式意愿选择

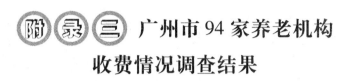

广州市94家养老机构收费情况调查结果

广州市94家养老机构的收费情况

收费分级	X ± S	Min	Max	Median	Mode
一级及以上护理	1429.85 ± 79.94	180	6900	1200	900
二级护理	861.91 ± 453.96	160	2550	750	600
三级护理	524.76 ± 385.37	140	2000	400	400
床位费	987.23 ± 706.31	2	9000	800	600
管理费	247.00 ± 139.27	90	900	250	100
伙食费	581.49 ± 78.11	440	900	600	600

注：数据由广州市社会福利协会中心提供

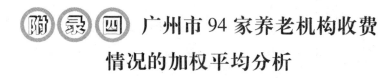

附录四 广州市 94 家养老机构收费情况的加权平均分析

收费情况										
	护理费				床位费				管理费	伙食费
床位数	一级（专护）	一级B（介护）	二级（介助）	三级（自理）	单人房	双人房	三人房	多人房		
≤100	1714.8	1291.32	837.17	493.19	1052.15	883.3	756.77	593.64	210	568.33
101－300	2043.33	1175.86	881.03	534.14	1158.15	1020.36	876.15	669.41	247.14	559.14
301－600	2741.67	1000	677.14	414.29	2134.29	1390	1048.58	825.83	212.33	615.71
≥600		1010	610	320	1156	956	836	816	286	660
按权重计算得出的费用	—	1215.35	828.09	492.04	1174.38	971.57	823.36	648.56	226.86	573.61

注：1. 真实性有待考究的数据不在计算范围

2. 按权重计算得出的费用＝各护理等级收费＊床位占比。如 C8 = 1291.32 ＊ 53.19% ＋1175.86＊34.04% ＋1000＊7.45% ＋1010＊5.32%

94 家养老机构的床位拥有情况

床位数	机构总数	百分率（占比）
≤100	50	53.19%
101－300	32	34.04%
301－600	7	7.45%
≥600	5	5.32%

注：数据来源于广州市社会福利协会中心和实地调研

附录五 广州市低保低收入、医疗救助、养老、助残涵盖失能半失能人群的相关政策及待遇情况汇总

人员类别	索引政策文件名称	分管部门	资助内容	待遇情况（标准）	备注
困难群众，包括（一）本市最低生活保障对象、低收入困难家庭成员；（二）本市城镇"三无"人员、农村五保供养对象；（三）本市社会福利机构收养的政府供养人员；（四）本市持证重度残疾人；（五）在本市大中专院校就读的非本市户籍困难学生；（六）本市社会福利机构新收养的尚未办理户籍的弃婴（童）；（七）本市享受抚恤补助的优抚对象、因公牺牲或者病故人民警察的遗属；（八）在定点医疗机构治疗疾病，造成家庭经济特别困难、影响基本生活的本市居民；（九）经本市职业病防治机构确诊、在本市行政区域内工作期间患有职业病，由于原工作单位已经不存在或者无法确认劳动关系等原因，导致无法享受工伤待遇，且家庭经济困难的职业病病人（以下简称"职业病病人"）；（十）经批准的其他特殊困难人员。	广州市医疗救助试行办法实施细则	广州市民政局救济处	资助参加广州市基本医疗保险		
			普通门诊医疗救助		
			住院、门特和门慢医疗救助		

人员类别	索引政策文件名称	分管部门	资助内容	待遇情况（标准）	备注
临时医疗救助：城镇"三无"人员和农村五保供养对象住院；职业病人	广州市医疗救助试行办法实施细则	广州市民政局救济处	城镇"三无"人员和农村五保供养对象住院治疗确需支出护工费用时	护工费用报销标准为每日不超过90元	
			职业病人申请临时医疗救助		
未参加社会医疗保险人员医疗救助的困难群众、弃婴、其他人员	广州市医疗救助试行办法实施细则	广州市民政局救济处	具体见办法	具体见办法	
纳入广州市商业保险医疗救助对象范围（同上困难群众的范围，增加：（六）符合《广州市重特大疾病医疗救助试行办法》（穗民〔2012〕262号，下同）救助条件的其他人员；（七）本市持证三、四级精神、智力残疾人；（八）本市困难职工家庭成员；（九）本市困难计划生育家庭特别扶助人员；（十）由所在单位或公安机关送往医疗机构进行住院治疗的本市户籍精神障碍患者	广州市困难群众重大疾病商业保险医疗救助实施办法	广州市民政局救济处	具体见办法	具体见办法	
广州市贫困残疾人生活津贴和重残护理补贴对象：低保、低收入、成年且无经济收入、集中供（托）养残疾人及其他残疾人	广州市财政局残疾人联合会民政局转发《关于我省残疾人生活津贴和重度残疾人护理补贴资金管理使用有关问题的通知》穗财保〔2014〕129号	广州市财政局	1. 残疾人生活津贴；2. 重度残疾人（1—2级）护理补贴	1. 2014年生活津贴150元/人，重度残疾护理补贴100元/人；2. 2015—2016年生活津贴150元/人，重度残疾护理补贴150元/人；3. 2017年生活津贴150元/人，重度残疾护理补贴200元/人	
广州市户籍、持二代残疾人证、符合以下条件之一的人员：（一）城乡居民基本养老保险的参保人；（二）已达到国家规定领取企业职工基本养老金年龄、累计缴费年限不足，未能按月领取养老待遇的参保人。	广州市残联、人社局、财政局、民政局关于资助残疾人参加基本养老保险有关问题的通知〔穗残联〔2015〕151号〕	广州市残疾人联合会、广州市人力资源和社会保障局、广州市财政局、广州市民政局.	（一）城乡居民养老保险参保缴费资助；（二）企业职工养老保险缴费年限不足参保人资助	具体见通知	

续表

人员类别	索引政策 文件名称	分管部门	资助内容	待遇情况 （标准）	备注
广州农村五保户	广州市民政局 广州市财政局 关于提高我市 农村五保户供 养标准的通知 穗民〔2015〕 212号	广州市民政局	2015年提高农 村五保户供养 标准	白云区1499元/月， 花都区1453元/月， 番禺区2087元/月， 萝岗区1978元/月， 南沙区1734元/月， 从化区1133元/月， 增城区1336元/月	
关于提高2014年广州社会救助有关标准	广州市民政局 广州市财政局 关于提高我市 最低生活保障 等社会救助标 准的通知 穗民〔2014〕 244号	广州市民政局	城镇最低生活 保障标准	从2014年1月1日 起，从540元/月/人 提高到600元/月/人	
			农村最低生活 保障标准	从2014年1月1日 起，番禺区、萝岗 区、南沙区农村最低 生活保障标准从540 元/月/人提高到600 元/月/人；白云区、 花都区、从化市、增 城市从480元/月/人 提高到560元/月	
			提高城镇"三 无"人员供养 标准	从2014年7月1日 起，从702元/月/人 提高到1065元/月/人	
			提高孤儿养育 和福利机构政 府供养人员供 养标准	从2014年7月1日 起，孤儿养育标准从 1240元/月/人提高 到1400元/月/人。 福利机构政府供养人 员供养标准从946元 /月/人提高到1065 元/月/人	

人员类别	索引政策文件名称	分管部门	资助内容	待遇情况（标准）	备注
星光老年之家的服务对象以社区老年人为主，可以兼顾社区残疾人、青少年、优抚对象、困难群众等群体	关于印发《广州市星光老年之家管理办法》的通知（穗民〔2010〕253号）	广州市民政局		第十六条星光老年之家的基本服务项目包括阅览、歌舞、书画、健身、棋牌等文体康乐服务，基本服务项目不得收费。第十七条星光老年之家应配备一定数量的防暑御寒设施，当气象部门发布高温、寒冷橙色或红色预警信号或发生突发事件时，应及时开放，免费向老年人以及有需要的市民提供临时庇护服务。第十八条街道办事处、镇政府应把举办星光老年之家与开展社区居家养老服务结合起来，积极引入专业社会组织和专业社会工作者、发动义工参与运营服务工作，开展收养托老、入户服务、紧急援助、日间照料、保健康复等适合老年人需要的服务项目，充分发挥为老服务平台作用	
关于提高我市2015年低保及相关社会救助标准	广州市民政局广州市财政局关于提高我市2015年低保及相关社会救助标准的通知穗民〔2015〕216号	广州市民政局	全市城乡最低生活保障标准	统一提高到每人每月650元	
			全市城镇"三无"人员供养标准和福利机构供养人员供养标准	从每人每月1065元提高到1177元	
			孤儿养育标准	从每人每月1400元提高到1547元	

附录六 人力资源社会保障部办公厅关于
开展长期护理保险制度试点的指导意见

人社厅发〔2016〕80号

河北、吉林、黑龙江、上海、江苏、浙江、安徽、江西、山东、湖北、广东、重庆、四川省（市）人力资源社会保障厅（局），新疆生产建设兵团人力资源社会保障局：

探索建立长期护理保险制度，是应对人口老龄化、促进社会经济发展的战略举措，是实现共享发展改革成果的重大民生工程，是健全社会保障体系的重要制度安排。建立长期护理保险，有利于保障失能人员基本生活权益，提升他们体面和有尊严的生活质量，弘扬中国传统文化美德；有利于增进人民福祉，促进社会公平正义，维护社会稳定；有利于促进养老服务产业发展和拓展护理从业人员就业渠道。根据党的十八届五中全会精神和"十三五"规划纲要任务部署，现就开展长期护理保险制度试点，提出以下意见：

一、指导思想和原则

（一）指导思想

全面贯彻党的十八大和十八届三中、四中、五中全会精神，以邓小平理论、"三个代表"重要思想、科学发展观为指导，深入贯彻习近平总书记系列重要讲话精神，按照"五位一体"总体布局和"四个全面"战略布局，推动探索建立长期护理保险制度，进一步健全更加公平更可持续的社会保障体系，不断增加人民群众在共建共享发展中的获得感和幸福感。

（二）基本原则

坚持以人为本，着力解决失能人员长期护理保障问题，提高人民群众生活质量和人文关怀水平。坚持基本保障，根据当地经济发展水平和各方面承受能力，合理确定基本保障范围和待遇标准。坚持责任分担，遵循权利义务对等，多渠道筹资，合理划分筹资责任和保障责任。坚持因地制宜，各地根据长期护理保险制度目标任务和基本政策，结合地方实际，制定具体实施办法和政策标准。坚持机制创新，探索可持续发展的体制机制，提升保障绩效，提高管理水平。坚持统筹协调，做好各类社会保障制度的功能衔接，协同推进健康产业和服务体系的发展。

二、目标和任务

（三）试点目标

探索建立以社会互助共济方式筹集资金，为长期失能人员的基本生活照料和与基本生活密切相关的医疗护理提供资金或服务保障的社会保险制度。利用1—2年试点时间，积累经验，力争在"十三五"期间，基本形成适应我国社会主义市场经济体制的长期护理保险制度政策框架。

（四）主要任务

探索长期护理保险的保障范围、参保缴费、待遇支付等政策体系；探索护理需求认定和等级评定等标准体系和管理办法；探索各类长期护理服务机构和护理人员服务质量评价、协议管理和费用结算等办法；探索长期护理保险管理服务规范和运行机制。

三、基本政策

（五）保障范围

长期护理保险制度以长期处于失能状态的参保人群为保障对象，重点解决重度失能人员基本生活照料和与基本生活密切相关的医疗护理等所需费用。试点地区可根据基金承受能力，确定重点保障人群和具体保障内容，并随经济发展逐步调整保障范围和保障水平。

（六）参保范围

试点阶段，长期护理保险制度原则上主要覆盖职工基本医疗保险（以下简称职工医保）参保人群。试点地区可根据自身实际，随制度探索完善，综合平衡资金筹集和保障需要等因素，合理确定参保范围并逐步扩大。

（七）资金筹集

试点阶段，可通过优化职工医保统账结构、划转职工医保统筹基金结余、调剂职工医保费率等途径筹集资金，并逐步探索建立互助共济、责任共担的长期护理保险多渠道筹资机制。筹资标准根据当地经济发展水平、护理需求、护理服务成本以及保障范围和水平等因素，按照以收定支、收支平衡、略有结余的原则合理确定。建立与经济社会发展和保障水平相适应的动态筹资机制。

（八）待遇支付

长期护理保险基金按比例支付护理服务机构和护理人员为参保人提供的符合规定的护理服务所发生的费用。根据护理等级、服务提供方式等制定差别化的待遇保障政策，对符合规定的长期护理费用，基金支付水平总体上控制在70%左右。具体待遇享受条件和支付比例，由试点地区确定。

四、管理服务

（九）基金管理

长期护理保险基金参照现行社会保险基金有关管理制度执行。基金单独管理，专款专用。建立举报投诉、信息披露、内部控制、欺诈防范等风险管理制度。建立健全长期护理保险基金监管制度，确保基金安全有效。

（十）服务管理

建立健全对护理服务机构和从业人员的协议管理和监督稽核等制度。明确服务内涵、服务标准以及质量评价等技术管理规范，建立长期护理需求认定和等级评定标准体系，制定待遇申请和资格审定及变更等管理办法。探索引入第三方监管机制，加强对护理服务行为和护理费用使用情况的监管。加强费用控制，实行预算管理，探索适应的付费方式。

（十一）经办管理

加强长期护理保险经办管理服务能力建设，规范机构职能和设置，积极协调人力配备，加快信息系统建设。制定经办规程，优化服务流程，明确相关标准，创新管理服务机制。社会保险经办机构可以探索委托管理、购买以及定制护理服务和护理产品等多种实施路径、方法，在确保基金安全和有效监控前提下，积极发挥具有资质的商业保险机构等各类社会力量的作用，提高经办管理服务能力。加强信息网络系统建设，逐步实现与养老护理机构、医疗卫生机构以及其他行业领域信息平台的信息共享和互联互通。

五、配套措施

（十二）加强与其他保障制度之间的统筹衔接

做好与其他社会保险制度在筹资、待遇等方面的政策与管理衔接。应由已有社会保障制度和国家法律规定支付的护理项目和费用，长期护理保险基金不再给予支付，避免待遇重复享受。

（十三）协同推进长期护理服务体系建设和发展

积极推进长期护理服务体系建设，引导社会力量、社会组织参与长期护理服务，积极鼓励和支持长期护理服务机构和平台建设，促进长护理服务产业发展。充分利用促进就业创业扶持政策和资金，鼓励各类人员到长期护理服务领域就业创业，对其中符合条件的，按规定落实相关补贴政策。加强护理服务从业人员队伍建设，加大护理服务从业人员职业培训力度，按规定落实职业培训补贴政策。逐步探索建立长期护理专业人才培养机制。充分运用费用支付政策对护理需求和服务供给资源配置的调节作用，引导保障对象优先利用居家和社区护理服务，鼓励机构服务向社区和家庭延伸。鼓励护理保障对象的亲属、邻居和社会志愿者提供护理服务。

（十四）探索建立多层次长期护理保障制度

积极引导发挥社会救助、商业保险、慈善事业等的有益补充，解决不同层面护理需求。鼓励探索老年护理补贴制度，保障特定贫困老年人长期护理需求。鼓励商业保险公司开发适销对路的保险产品和服务，发展与长期护理社会保险相衔接的商业护理保险，满足多样化、多层次的长期护理保障需求。

六、组织实施

（十五）组织领导

长期护理保险制度试点工作政策性强，涉及面广，各级人力资源社会保障部门要高度重视，加强部门协调，上下联动，共同推进试点工作有序开展。为积极稳妥推进试点，从 2016 年起确定在部分地区开展试点（名单附后）。试点地区人力资源社会保障部门要在当地政府领导下，加强工作力量配备，按照指导意见要求，研究制定和完善试点方案，周密计划部署，协调相关部门，推动工作落实。新开展试点的地区要抓紧制定试点方案，报省人力资源社会保障厅批准并报人力资源社会保障部备案后，确保年内启动实施。已开展试点的地区要按照本意见要求继续完善政策。

（十六）工作机制

试点原则上以地市为单位整体实施。要建立信息沟通机制，通过简报、情况专报、专题研讨等方式，交流地方探索情况，总结推广典型经验。要建立工作督导机制，试点地区应按季度报送工作进度和试点情况。部里定期组织督导调研，研究试点中出现的新问题、新情况。要建立协作咨询机制，方案制定过程中要广泛听取各方意见，成立专家团队等协作平台，组织和利用社会各界力量。要注重加强宣传工作，大力宣传建立长期护理保险制度的重要意义、制度功能和试点成效，充分调动广大人民群众参与试点的积极性和主动性，引导社会舆论，凝聚社会共识，为试点顺利推进构建良好的社会氛围。

试点中遇有重大事项，要及时向我部报告。

附件：长期护理保险制度试点城市名单

人力资源社会保障部办公厅

2016 年 6 月 27 日

附件

长期护理保险制度试点城市名单

河北省承德市	吉林省长春市	黑龙江省齐齐哈尔市
上海市	江苏省南通市、苏州市	浙江省宁波市
安徽省安庆市	江西省上饶市	山东省青岛市
湖北省荆门市	广东省广州市	重庆市
四川省成都市	新疆生产建设兵团石河子市	

吉林和山东两省作为国家试点的重点联系省份

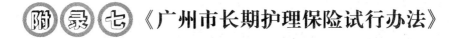 **《广州市长期护理保险试行办法》**

第一条 根据《人力资源社会保障部办公厅关于开展长期护理保险制度试点的指导意见》（人社厅发〔2016〕80号）和《广州市人民政府办公厅关于开展长期护理保险制度试点工作的意见》（穗府办函〔2017〕67号），结合本市实际，制定本办法。

第二条 本办法适用于本市行政区域内的长期护理保险参保筹资、经办服务及管理等活动。

第三条 市人力资源和社会保障行政部门负责组织实施本办法；市医疗保险经办机构负责本市长期护理保险的经办服务和管理工作；市劳动能力鉴定委员会负责本办法涉及的长期护理需求的鉴定评估（以下简称长护评估），委托市劳动能力鉴定经办机构具体组织办理长护评估业务工作及相关事务。市财政部门，市（区）民政、卫生计生部门按照各自职能开展相关工作。

第四条 本市职工社会医疗保险参保人员同时参加长期护理保险。

第五条 长期护理保险基金从职工社会医疗保险统筹基金划拨。

试行期间，长期护理保险基金纳入社保基金预算管理，每年按照130元每人的筹资标准和本办法所规定的待遇标准，测算次年的长期护理保险收支需求，列入职工社会医疗保险基金收支预算，并由职工社会医疗保险基金专户划入长期护理保险基金专户。筹资标准的调整，由市人力资源和社会保障行政部门会同市财政部门拟定，按程序报市人民政府批准后执行。

第六条　参加职工社会医疗保险并正常享受职工社会医疗保险待遇的参保人员（以下简称参保人员），由市医疗保险经办机构为其建立长期护理保险参保关系。

第七条　参保人员应使用广州市社会保障卡作为享受长期护理保险待遇及办理相关业务的凭证。长期护理保险协议定点服务机构（以下简称长护定点机构）为参保人员提供服务时应核查长期护理保险凭证。长期护理保险凭证按本市社会医疗保险凭证相关规定进行管理。

第八条　参保人员因年老、疾病、伤残等原因，生活完全不能自理已达或预期将达六个月以上，病情基本稳定且符合以下条件的，可申请评估，经长护评估后按规定享受长期护理保险待遇。

（一）参保人员符合以下情形之一的，可按规定享受基本生活照料待遇：

1. 参保人员日常生活活动能力评定（Barthel 指数评定量表，见附件 1）不高于 40 分（含 40 分）；

2. 经本市二级以上（含二级）社会医疗保险定点医疗机构中的精神专科医院或综合性医院神经内科诊断为痴呆症（中、重度），且参保人员日常生活活动能力评定（Barthel 指数评定量表）不高于 60 分（含 60 分）。

（二）参保人员达到第（一）项标准，且符合以下情形之一的，可按规定享受医疗护理待遇：

1. 长期保留气管套管、胃管、胆道等外引流管、造瘘管、尿管、深静脉置管等管道，需定期处理的；

2. 疾病、外伤等导致的瘫痪（至少一侧下肢肌力为 0—3 级）或非肢体瘫的中重度运动障碍，需长期医疗护理的；

3. 植物状态或患有终末期恶性肿瘤（呈恶病质状态）等慢性疾病，需长期医疗护理的；

4. 经长护评估认定的其他符合享受医疗护理待遇的情况。

试点阶段，按参保人员年龄段分步实施长护评估及待遇支付，具体安排由市医疗保险经办机构另行公布。

第九条 日常生活活动能力评定量表及具体评估操作标准由市人力资源和社会保障部门另行制定。

第十条 长护评估按以下程序办理：

（一）办理登记。参保人员在长护定点机构办理登记入住或建床（含居家建床）手续。

（二）提出申请。参保人员可由本人或亲属、代理人携带参保人的参保凭证、申请表及有效的疾病诊断证明、按照医疗机构病历管理有关规定复印或者复制的检查检验报告等完整病历材料向长护定点机构提出申请。

（三）机构初评。长护定点机构审核申请人基本信息、参保信息及申请项目，按规定安排医疗或护理人员组成评估小组对申请人病情及日常生活活动能力进行初步评估。

（四）现场评估。市劳动能力鉴定经办机构应及时组织评估专家对已通过长护定点机构初评的申请人进行现场评估，并按照本办法第八条的有关标准提出评估意见。组织评估的工作人员应核查申请人的长期护理保险凭证，核实申请人的身份。

（五）集体评审。市劳动能力鉴定经办机构在收到现场评估意见后及时组织评审专家组成评估小组，对现场评估意见进行集体评审，作出评审意见。申请人失能情况特别严重，经长护定点机构初评其日常生活活动能力评定（Barthel 指数评定量表）不高于 20 分（含 20 分）且经劳动能力鉴定经办机构审核病历资料符合相关要求的，可安排评审专家集体评审并作出评审意见。

（六）结果公示。市劳动能力鉴定经办机构将参保人员评审结果在市人力资源和社会保障行政部门网站及长护定点机构内公示，公示期7

天。在公示期内，申请人或长护定点机构等对评审结果有异议的，可向市劳动能力鉴定经办机构提出书面复核申请。

（七）结果告知。评审结果经公示无异议的，由市劳动能力鉴定经办机构自长护定点机构网上申报之日起 60 日内将长护评估结果通知申请人。

（八）复查评估。申请人自收到长护评估结果之日起 15 日内有异议的，应通过原申请渠道申请复查评估。复查评估的程序及期限等按照前款有关规定执行。

长护评估结果自出具后次日生效，有效期原则上为一年。参保人员应在有效期届满前 60 日内按照原申请途径重新提出长护评估申请。经长护评估符合本办法第八条标准的，有效期重新计算，不符合的，原有效期终止。

第十一条　参保人员有下列情形之一的，长护定点机构不予受理长护评估申请：

（一）患有急需治疗的各种危重疾病，病情不稳定的；

（二）患有重度精神类疾病的；

（三）参保人员出现长期护理保险基金不予支付情形的；

（四）距上次长护评估不通过结果作出之日起不足半年，且参保人员病情及日常生活活动能力无明显变化的。

第十二条　符合本办法第八条第（一）项的参保人员在长护评估结果有效期内需增加医疗护理待遇的，按照本办法第十条第（一）、（二）、（三）、（五）、（七）、（八）项规定执行。

符合本办法第八条第（二）项的参保人员在长护评估结果有效期内需调整医疗护理项目的，由长护定点机构按规定调整。

第十三条　正常享受职工社会医疗保险待遇且已在长护定点机构办理登记入住或建床手续的参保人员，经长护评估符合条件的，在长护评估结果有效期内可按规定在本市行政区域享受相应的长期护理保险待遇。

在长护评估结果有效期内，享受长期护理保险待遇的起止时间与享受职工社会医疗保险待遇的起止时间保持一致。职工社会医疗保险暂停参保或终止参保的，不享受长期护理保险待遇。新参保、暂停参保后重新参保以及欠缴后按规定补缴职工社会医疗保险费的，自享受职工社会医疗保险待遇起，同时开始享受长期护理保险待遇。

第十四条 市医疗保险经办机构定期对享受长期护理保险待遇的失能人员（以下简称失能参保人员）进行监督检查，必要时组织现场核查或委托第三方机构进行现场核查。经现场核查发现与长护评估结果不符的，市医疗保险经办机构应知会市劳动能力鉴定经办机构重新组织长护评估。

第十五条 失能参保人员接受长护定点机构提供的护理服务，发生的床位费、鉴定评估费以及服务项目范围内的基本生活照料费、医疗护理费等符合规定的费用纳入长期护理保险基金支付范围。

长期护理保险基金不支付下列费用：

（一）应当从社会医疗保险、工伤保险、生育保险等其他社会保险或社会福利制度支付的费用；

（二）应当由第三人依法负担的费用；

（三）参保人员住院、急诊留观期间或在非长护定点机构发生的费用；

（四）超出长期护理保险支付范围的费用；

（五）法律法规规定的其他不予支付的费用。

第十六条 属于长期护理保险基金支付范围和支付标准以内的基本生活照料费用及经核定的医疗护理费用，不设起付线，由长期护理保险基金按机构护理75%、居家护理90%的比例支付，支付限额如下：

（一）入住长护定点机构的（机构护理），其基本生活照料费用按不高于每人每天120元（含床位费，床位费不高于每人每天35元）的标准按比例支付。居家接受长护定点机构提供服务的（居家护理），其基本生活照料费用按不高于每人每天 115 元的标准按比例支付。

（二）对经核定的医疗护理费用按项目及相应支付比例支付，最高支付限额为每人每月 1000 元。

第十七条　长期护理保险服务项目分为基本生活照料服务和医疗护理服务两大类别，具体项目按《广州市长期护理保险基本生活照料服务项目》（附件 2）、《广州市长期护理保险医疗护理服务项目》（附件 3）执行。

长护定点机构为失能参保人员提供《广州市长期护理保险医疗护理服务项目》所列的医疗护理服务，由市医疗保险经办机构按市价格主管部门制定的价格与长护定点机构结算。市价格主管部门未制定价格的，参照本市社会医疗保险支付标准执行。

第十八条　参保人员出现下列情形之一的，长护定点机构应及时办理长期护理保险待遇终止手续：

（一）参保人员死亡的；

（二）自理能力好转，经重新评估不符合本办法第八条标准的；

（三）长护评估结果有效期届满但未按规定申请评估的。

参保人员入住医院并开始享受其他社会保险待遇时，长护定点机构应及时办理长期护理保险待遇暂停手续，出院后可继续享受长期护理保险待遇。

第十九条　参保人员在长护定点机构发生的长期护理保险费用由长护定点机构通过信息系统记账。长期护理保险费用中属长期护理保险基金支付的部分，由医疗保险经办机构与长护定点机构按服务项目结算；属个人负担的部分，由参保人员自行支付。

第二十条　每月 1—8 日为长期护理保险结算报表受理期，长护定点机构应于受理期内将上月参保人员记账的长期护理保险费用通过信息系统汇总并向市医疗保险经办机构申报，纸质报表同步报送至各区医疗保险经办机构。长护定点机构应如实填报有关结算报表,不得虚报、多报护理费用,不得将护理计划中未实施的费用提前申报结算。

第二十一条 医疗保险经办机构应于结算报表受理期结束后 15 个工作日内完成审核结算工作并将符合规定的长期护理保险费用拨付给长护定点机构。

第二十二条 本市长期护理保险实行定点机构协议管理制度。长护定点机构申请条件和核准程序由市人力资源和社会保障行政部门另行制定。

市医疗保险经办机构应与长护定点机构签订长期护理保险服务协议,服务协议包括服务管理、费用结算、监督管理、信息系统管理、违约责任等内容。

试点阶段,由市人力资源和社会保障行政部门会同市民政、卫生计生等部门,在本市行政区域内遴选具备为失能参保人员提供长期护理保险服务能力的医疗机构、养老机构、家庭服务机构、社区居家养老服务机构作为首批长护定点机构。

第二十三条 长护定点机构应建立长期护理评估人员、服务人员登记管理制度,根据人员、设备等情况以及承办能力,合理安排和开展长期护理保险业务,确保服务质量。每名长期护理服务人员同期护理的参保人员数量不超过 5 人。长护定点机构应对其从事长期护理服务工作的人员进行严格管理,定期培训并做好培训记录。

第二十四条 享受长期护理保险待遇的参保人员,长护定点机构应为其制定护理计划并根据护理计划实施护理,每 3 个月进行一次护理效果和自理能力评估,护理效果或病情及日常生活活动能力发生变化的,应及时调整方案并再次进行机构初评,初评不通过,应及时知会医疗保险经办机构。对享受长期护理保险待遇的参保人员,长护定点机构应按市医疗保险经办机构要求做好护理情况记录并保留 2 年备查。

第二十五条 长护定点机构应根据市医疗保险经办机构和市人力资

源社会保障信息管理部门的要求，完成通信链路联通、长期护理保险信息管理系统安装使用等工作，满足长期护理服务、费用结算及监督管理要求，并配备相关技术人员开展信息系统与网络运维工作。

第二十六条 长护定点机构应向市医疗保险经办机构申请登记 1 个银行结算账户。长护定点机构应规范财务管理，加强与市医疗保险经办机构的账务核对，及时核销因提供长期护理保险服务产生的往来账款。

第二十七条 市医疗保险经办机构根据长期护理保险政策规定及服务协议对参保人员、长护定点机构进行监督管理和日常巡查，对长护定点机构进行年度考核，年度考核结果与长期护理保险费用结算挂钩。

（一）巡查内容如下：

1. 参保人员身份信息、日常生活活动能力；

2. 长护定点机构基础管理情况；

3. 为参保人提供长期护理保险服务情况；

4. 信息系统建设及管理情况；

5. 市人力资源和社会保障部门规定的其他内容。

（二）年度考核内容如下：

1. 基础管理情况；

2. 为参保人员提供长期护理保险服务情况；

3. 信息系统建设及管理情况；

4. 长期护理保险费用控制情况；

5. 市人力资源和社会保障部门规定的其他内容。

第二十八条 市医疗保险经办机构可按政府购买服务方式委托商业保险公司等第三方机构参与长期护理保险待遇经办等工作，市劳动能力鉴定经办机构可按政府购买服务方式委托第三方机构参与长护评估工作。

受委托的第三方机构应按采购合同协助市医疗保险经办机构、市劳动能力鉴定经办机构完成规定工作。

第二十九条 受委托的第三方机构应严格按照社会保险法律法规的规定，加强长期护理保险信息管理和信息安全保护，控制相关信息的使用范围，防止信息外泄和滥用。第三方机构泄露长期护理保险信息，或未经允许用于其他用途的，应承担相应的法律责任。

第三十条 长护定点机构、受委托的第三方机构、参保人员以欺诈、伪造证明材料或者其他手段骗取长期护理保险基金支出的，由市医疗保险经办机构责令退回骗取的费用；涉及其他部门职责的，移交相关部门；构成犯罪的，依法追究刑事责任。

长护定点机构、第三方机构有前款违规行为的，按照服务协议或合同追究责任，根据情节严重程度，暂停履行或者解除服务协议。

第三十一条 长期护理保险基金纳入社会保障基金专户单独管理，单独核算，专款专用，严格监管。长期护理保险基金的管理，参照国家和本市社会保险基金管理的有关规定执行。长期护理保险合规费用在职工社会医疗保险的其他支出科目中据实核算。长期护理保险鉴定评估费的使用范围由市人力资源和社会保障行政部门、市财政部门另行制定。

第三十二条 本办法自 2017 年 8 月 1 日起施行，有效期 2 年。相关法律依据变化或者有效期届满，根据实施情况依法评估修订。

附件 1：日常生活活动能力评定量表

附件 2：广州市长期护理保险基本生活照料服务项目

附件 3：广州市长期护理保险医疗护理服务项目

附件1

日常生活活动能力评定量表

（Barthel 指数评定量表）

长护定点机构（公章）：

参保人姓名		身份证号码		人员身份	在职□ 退休□
疾病诊断病情描述					

项目	分值		分值描述	评分结果
1. 进食	0分		依赖他人	
	5分		需要帮助	
	10分		独立完成	
2. 床—椅双向转移	0分		依赖他人	
	5分		需要大量帮助	
	10分		需要少量帮助	
	15分		独立完成	
3. 个人卫生	0分		需要帮助	
	5分		独立完成	
4. 用厕	0分		依赖他人	
	5分		需要帮助	
	10分		独立完成	
5. 洗澡	0分		需要帮助	
	5分		独立完成	
6. 平地行走（不能行走时的轮椅使用）	使用轮椅	0分	需要帮助	
		5分	独立完成	
	平地行走	10分	需要帮助	
		15分	独立完成	
7. 上下楼梯	0分		依赖他人	
	5分		需要帮助	
	10分		独立完成	
8. 穿脱衣物	0分		依赖他人	
	5分		需要帮助	
	10分		独立完成	

续表

参保人姓名		身份证号码			人员身份	在职□ 退休□	
9. 控制大便		0 分	完全失控				
		5 分	偶尔失控				
		10 分	完全控制				
10. 控制小便		0 分	完全失控				
		5 分	偶尔失控或部分控制				
		10 分	完全控制				
总分							
专家 1： 专家 2： 专家 3： 年 月 日							

附件 2

广州市长期护理保险基本生活照料服务项目

项目	项目内涵	基本要求	备注
（一）环境与安全	1. 房间、卫生间清洁及安全	1. 保证居住环境安静、整洁、安全、舒适； 2. 定期通风，保持室内空气新鲜，无异味； 3. 防滑及过道无障碍物； 4. 定期清洁房间地板、桌面及家具。	
	2. 毛巾、洗脸盆、便器清洁	洗刷用具及生活用物洁净，摆放适宜。	清洗：1 次/日 随时清洗用物
	3. 房间设施安全，按需增设扶手、床栏	预防跌倒/坠床或其他意外事件发生。	
	4. 室外活动	确保安全的前提下，定期安排室外晒太阳，鼓励主动/被动运动。	
（二）生活护理	1. 床单位整洁	1. 每日整理床单位，每月更换被罩、床单、枕巾； 2. 保持床单位清洁、干燥、平整、舒适； 3. 失能者安全、舒适。	需要时
	2. 上床栏，备拐杖或助行器	1. 无坠床、跌倒发生； 2. 躁动/不合作者建议安装床栏； 3. 行动不便者建议购置拐杖或助行器。	需要时
	3. 协助移动	1. 安全移动，不发生跌倒、皮肤破损； 2. 根据情况建议购置适当的手杖、拐杖、步行器、轮椅等助行工具。	
	4. 穿衣/更衣	1. 帮助起床穿衣、睡前脱衣； 2. 按需添减衣物，保持服饰整齐（洁）。	需要时
	5. 面部清洁、梳头和口腔护理	1. 协助漱口、刷牙、棉棒或棉球擦拭及假牙清洁保养； 2. 面部清洁无污垢，头发整齐； 3. 口腔清洁无异味。	2 次/日（早、晚）；需要时餐后漱口
	6. 床上温水擦浴/淋浴协助	1. 床上擦浴、轮椅淋浴、按需局部应用润肤露； 2. 防受凉，防烫伤； 3. 保护失能者隐私，尊重心理需要； 4. 固定各种管道，保持通畅； 5. 失能者安全、舒适； 6. 按需使用润肤露。	夏天：不少于1 次/天 冬天：不少于1 次/2 天
	7. 床上洗头	1. 清洗、吹干头发； 2. 头部清洁，无异味、舒适。	1 次/周，需要时增加

续表

项目	项目内涵	基本要求	备注
（二） 生活 护理	8. 剃胡须和理发	保持仪表端庄，舒适。	需要时
	9. 会阴部及肛周护理	1. 会阴清洁，无异味； 2. 肛周清洁； 3. 注意保护隐私。	1 次/日 大小便污染时 及时清洁
	10. 手、足部清洁	1. 修剪指（趾）甲； 2. 清洁/抹洗手、足皮肤； 3. 手、足部舒适。	1 次/2 周
	11. 睡眠护理	1. 睡前洗漱； 2. 提供安静、适宜的睡眠环境； 3. 保持良好的睡眠姿势与保暖。	
（三） 对非 禁食 失能 人员 协助 进食/ 水	1. 管饲（经鼻、经口、胃造瘘注食）	1. 操作者要经过专业人员的培训和考核，合格后方可执行； 2. 鼻饲前摇高老人床头 30°—45° 或坐位； 3. 按需经胃管注入营养物，并做好管饲饮食护理； 4. 进食后保持坐姿或半卧位半小时； 5. 无误吸发生。	遵医嘱
	2. 喂饭（经口进食者）	1. 如有吞咽评估结果，根据其报告选择合适的食物种类； 2. 送饭到床前，选取合适体位、器具，协助或帮助失能人员进食，饮水，餐后清洗餐具； 3. 喂食中观察吞咽情况，无噎食和误吸发生； 4. 进食后检查口腔是否有残留食物； 5. 饭后协助洗脸、洗手，漱口； 6. 无呛咳或误吸。	按时
（四） 口服 给药	协助安全用药	1. 了解用药史，按医嘱正确服药； 2. 按时服用餐前或餐后药； 3. 服药后要确认已服下； 4. 管饲者须将药物碾碎溶解后注入； 5. 观察药物不良反应； 6. 药杯定期清洗。	遵医嘱
（五） 卧位 护理	1. 协助更换体位、拍背	适时更换体位，保持肢体功能位。	需要时
	2. 预防肺部感染	有效翻身拍背、深呼吸及咳嗽，需要时辅助器械排痰。	

续表

项目	项目内涵	基本要求	备注
（五） 卧位 护理	3. 协助肢体功能活动	1. 指导主动或被动运动； 2. 使用适当用具防止足下垂。	
	4. 压疮预防及护理	1. 观察皮肤情况，定时翻身； 2. 放置软枕于骨隆突及身体空隙处； 3. 保持皮肤清洁； 4. 正确固定管道，避免受压。	1 次/2 小时改 变体位
（六） 排泄 护理	1. 失禁护理	1. 及时更换纸尿布或尿套，保持会阴部和 肛周皮肤干燥完整； 2. 排便后用温水清洗肛周皮肤； 3. 失能者舒适、房间无异味。	需要时
	2. 床上使用便器	1. 排泄物无污染床单位； 2. 骶尾部皮肤无破损。	需要时
	3. 留置尿管护理	1. 保证尿管固定、通畅； 2. 每日进行尿道口及会阴部清洁； 3. 妥善固定尿袋，定时放尿。	会阴部每日清 洗不少于 1 次
	4. 尿潴留护理	专业人员指导掌握并进行留置导尿或清洁 间歇性导尿术，缓解尿潴留，减轻痛苦。	需要时
	5. 尿排泄障碍者护理	指导膀胱/盆底肌功能训练，改善膀胱/盆 底肌功能。	每天 3 次
	6. 肠胀气、便秘护 理	1. 饮食指导； 2. 腹部按摩、热敷，帮助排除肠腔积气， 减轻腹胀； 3. 必要时开塞露通便。	需要时
	7. 粪便嵌塞护理	人工取便，解除痛苦。	需要时
	8. 造瘘口护理	1. 保持造瘘口周围皮肤清洁； 2. 妥善固定、不渗漏； 3. 观察造瘘口有无异常情况； 4. 按需更换并清洁便袋。	1 次/3—5 日， 如有渗漏应随 时更换
（七） 心理 慰藉	关注心理需求	1. 避免虐待失能人； 2. 不可打骂失能人、强迫进食、怠慢失能 人等； 3. 重视失能人的自尊和情感需求； 4. 观察失能人的情绪，预防自杀、自残。	需要时

　　备注：机构护理"需要时"按医疗护理服务、养老服务相关规定执行；居家护理"需要时"按失能人员生活需要或医护人员评估认定实施次数。

附件3

广州市长期护理保险医疗护理服务项目

序号	项目名称	项目内涵	基本要求	除外内容	计价单位	说明
1	气管切开护理	含吸痰、药物滴入、定时消毒、更换套管及敷料,包括气管插管护理	1. 评估患者情况; 2. 告知患者操作过程; 3. 执行无菌操作; 4. 保持呼吸道湿润通畅,可遵医嘱给予湿化、药物滴入、雾化等; 5. 气管套管固定牢固,松紧以固定带和皮肤进一指为宜,切口敷料每天更换一次,保持清洁,必要时随时更换; 6. 切口无血迹,周围组织无皮下气肿、红肿,无痰液溢出。	一次性吸引管,一次性气管套管,一次性吸痰管,一次性敷料,人工鼻(湿热交换器)	日	
2	吸痰护理	含叩背、吸痰,不含雾化吸入	1. 执行无菌操作; 2. 吸痰使用一次性吸痰管; 3. 调节负压(成人 40—53.3kPa,小儿 33—40kPa),插入深度适宜(经口插管深度 14—16cm,经鼻腔 22—25cm,气管套管 10—20cm,气管导管 10—25cm),动作轻柔,吸痰干净,每次吸痰时间不超过 15 秒; 4. 有效促进痰液排出,保持呼吸通畅。	一次性吸痰管,一次性吸引瓶内胆	次	
3	糖尿病足护理	指导患者足部皮肤保养、足部运动、预防足外伤、剪趾甲等措施,正确处理鸡眼、脚癣级局部溃疡,不含换药	1. 每日对足部进行检查,保持足部卫生; 2. 正确修剪趾甲:沿趾甲缘修剪趾甲,不宜剪得太短,以免损伤甲沟皮肤。慎用热水袋保暖,以避免烫伤; 3. 保持脚趾间的皮肤清洁和干燥。	长期抗菌材料	次	
4	鼻饲管置管		1. 插管过程中要注意动作轻柔,胃管应充分润滑,避免损伤食道黏膜; 2. 为防止食管反流置入深度延长 8—10 厘米; 3. 置管成功后妥善固定、防止打折,避免脱出。	药物和一次性胃肠管	次	

序号	项目名称	项目内涵	基本要求	除外内容	计价单位	说明
5	灌肠	包括不保留灌肠、保留灌肠	1. 掌握灌肠液的温度、浓度、流速、压力和液量； 2. 灌肠过程中注意观察病人的反应，若出现面色苍白、出冷汗、剧烈腹痛、脉速、心慌气急、应立即停止灌肠； 3. 妊娠、急腹症、消化道出血和各严重疾病晚期病人严禁灌肠。		次	
6	导尿	包括一次性导尿和留置导尿	1. 执行无菌操作； 2. 动作轻柔，以免尿道损伤； 3. 为尿潴留病人导尿时，第一次放尿不能超过1000ml； 4. 观察病人反应，观察尿液颜色、性质。	导尿包、尿管、尿套及尿袋	次	
7	膀胱冲洗		1. 执行无菌操作； 2. 冲洗液温度35℃—37℃，膀胱内出血时应使用4℃左右的冷冲洗液； 3. 冲洗速度根据流出液颜色调节； 4. 冲洗过程观察引流是否通畅、引流液颜色、性质；询问有无膀胱憋胀感、痉挛痛或尿道痛等； 5. 观察患者情况。	一次性膀胱冲洗材料	次	
8	肛管排气		1. 协助患者取左侧卧位； 2. 将肛管插入深度深度为15—18cm保留时间<20min； 3. 观察患者腹胀减轻情况。		次	
9	特大换药		1. 执行无菌操作，评估患者伤口情况； 2. 选择合适的敷料，先换清洁伤口，后换感染伤口； 3. 敷料潮湿时，必须立即予更换。		次	创面50(不含) cm² 以上或长度25 (不含) cm 以上
10	大换药		1. 执行无菌操作，评估患者伤口情况； 2. 选择合适的敷料，先换清洁伤口，后换感染伤口； 3. 敷料潮湿时，必须立即予更换。		次	创面30(不含)—50(含) cm² 或长度15(不含)—25(含) cm

续表

序号	项目名称	项目内涵	基本要求	除外内容	计价单位	说明
11	中换药		1. 执行无菌操作,评估患者伤口情况; 2. 选择合适的敷料,先换清洁伤口,后换感染伤口; 3. 敷料潮湿时,必须立即予更换。		次	创面15(不含)—30(含)cm²或长度10(不含)—15(含)cm
12	小换药		1. 执行无菌操作,评估患者伤口情况; 2. 选择合适的敷料,先换清洁伤口,后换感染伤口; 3. 敷料潮湿时,必须立即予更换。		次	创面15(含)cm²以下或长度10(含)cm以下
13	酒精擦浴		1. 评估患者情况,告知患者操作过程; 2. 擦浴过程中,需密切观察病人的反应,若出现寒战、面色苍白、脉搏或呼吸异常,应立即停止; 3. 擦浴30分钟后复测体温; 4. 胸前区、腹部、后颈、足心禁忌擦拭; 5. 血液病患者禁忌使用酒精擦浴,对酒精过敏及皮肤有破损、糜烂不宜酒精擦浴。		次	
14	冰袋降温	包括冰帽降温	1. 评估患者情况,告知患者操作过程; 2. 在使用冰帽时要随时注意头皮情况,定时进行头皮按摩,促进血液循环,防止头皮压疮发生; 3. 置于颈部外侧的冰块不宜过重,以免影响呼吸和颈静脉回流; 4. 若有苍白、青紫、灰白、颤抖、疼痛或有麻木感须立即停止使用; 5. 禁忌:枕后、耳廓、阴囊处、心前区、腹部、足底放置冰袋。		次	
15	低流量给氧		1. 评估患者情况,告知患者操作过程; 2. 使用单/双鼻导管吸氧,调节氧流量1—2L/min; 3. 指导家属勿随意调节氧流量,注意防火、防震、防热、防油; 4. 按时更换湿化瓶; 5. 观察氧疗效果。		小时	

序号	项目名称	项目内涵	基本要求	除外内容	计价单位	说明
16	中流量给氧		1. 评估患者情况，告知患者操作过程； 2. 使用单/双鼻导管吸氧，调节氧流量 2—4L/min； 3. 指导家属勿随意调节氧流量，注意防火、防震、防热、防油； 4. 按时更换湿化瓶； 5. 观察氧疗效果。		小时	
17	高流量给氧		1. 评估患者情况，告知患者操作过程； 2. 使用单/双鼻导管吸氧，调节氧流量 4—6L/min； 3. 指导家属勿随意调节氧流量，注意防火、防震、防热、防油； 4. 按时更换湿化瓶； 5. 观察氧疗效果。		小时	
18	家庭巡诊	包含了解服务对象健康状况、指导疾病治疗和康复、进行健康咨询	1. 评估患者及环境情况； 2. 测量生命体征； 3. 进行康复咨询及康复治疗。		次	
19	关节松动训练	包括关节被动活动、持续被动运动训练(CPM)、小关节（指关节）、大关节	1. 评估患者全身及关节情况； 2. 帮助患者进行关节被动活动及训练； 3. 对关节肿胀、骨折、恶性肿瘤及严重骨质疏松等禁止训练。		次	

备注：以上项目按照市价格主管部门制定的价格执行。

《上海市长期护理保险试点办法》

第一条（目的和依据）

为积极应对人口老龄化，健全本市社会保障制度体系，探索建立长期护理保险制度，保障失能人员基本护理需求，根据《人力资源社会保障部办公厅关于开展长期护理保险制度试点的指导意见》（人社厅发〔2016〕80号）和《上海市老年人权益保护条例》的有关规定，制定本办法。

第二条（定义）

本办法所称的长期护理保险制度，是指以社会互助共济方式筹集资金，对经评估达到一定护理需求等级的长期失能人员，为其基本生活照料和与基本生活密切相关的医疗护理提供服务或资金保障的社会保险制度。

第三条（适用对象）

符合下列条件之一的人员，应当参加长期护理保险：

（一）参加本市职工基本医疗保险（简称"职工医保"）的人员（以下简称"第一类人员"）；

（二）参加本市城乡居民基本医疗保险（简称"居民医保"）的60周岁及以上的人员（以下简称"第二类人员"）。

第四条（部门责任）

市人力资源社会保障局（市医保办）是本市长期护理保险的行政

主管部门，负责本市长期护理保险的政策制定和统一管理，以及长期护理保险基金的监督管理工作。区人力资源社会保障局（区医保办）负责本辖区内长期护理保险的管理工作。

市发展改革委负责长期护理保险试点工作的政策协调。

市民政局负责养老服务机构开展长期护理服务的行业管理，统筹配置养老服务资源。市民政局和市卫生计生委共同制定长期护理保险服务规范。市民政局会同市发展改革委、市卫生计生委、市人力资源社会保障局（市医保办）、市财政局协同推进老年照护统一需求评估工作。

市卫生计生委负责医疗机构开展长期护理服务的行业管理，加强对长期护理保险中各类护理服务的技术指导，推进落实本市医疗机构中的护理性床位与治疗性床位分类登记；负责评估机构的行业管理，实施评估人员的培训和评估质控管理。同时，市卫生计生委、市民政局会同市人力资源社会保障局（市医保办）等相关部门，制定和修订老年照护统一需求评估标准。

市财政局按照规定，做好长期护理保险相关资金保障和基金监督管理等工作。

各区政府要在组织实施、经费投入、人员配置等方面，对长期护理保险工作给予积极支持。

本市社会保险经办机构负责长期护理保险费的征缴工作。

市医疗保险事业管理中心（以下简称"市医保中心"）和区医疗保险事务中心（以下简称"区医保中心"）是本市长期护理保险经办机构。市医保中心负责长期护理保险的费用结算和拨付、相关信息系统建立和维护等管理工作。区医保中心负责本辖区内长期护理保险的具体经办业务。

市医疗保险监督检查所（以下简称"市医保监督检查所"）受市人力资源社会保障局委托，具体实施长期护理保险监督检查等行政执法工作。

第五条（登记缴费）

长期护理保险的登记缴费，应当由第一类人员和第二类人员分别按照现行的本市职工医保和居民医保有关登记征缴的规定，办理登记缴费手续。

第六条（资金筹集）

长期护理保险筹资水平，按照"以收定支、收支平衡、略有结余"的原则合理确定，并根据本市经济社会发展和基金实际运行情况，及时进行调整。

第一类人员，由用人单位按照本单位职工医保缴费基数之和1%的比例，缴纳长期护理保险费；在职职工个人按照其本人职工医保费基数0.1%的比例，缴纳长期护理保险费，试点阶段个人部分暂予减免。退休人员个人不缴费。

第二类人员，按照略低于第一类人员的人均筹资水平确定其人均筹资标准，个人缴费部分占总筹资额的15%左右。其余部分，由市、区财政按照1：1比例分担。具体筹资标准，由市人力资源社会保障局（市医保办）、市财政局等相关部门商订，报市政府批准后公布执行。

第七条（基金管理）

长期护理保险基金的管理，参照国家和本市社会保险基金管理的有关规定执行。长期护理保险基金纳入社会保障基金财政专户，实行统一管理、专款专用，经办机构按照第一类人员和第二类人员分账核算。分账部分支付不足时，需要财政部门予以补贴的，报市政府批准后执行。长期护理保险基金按照规定，接受财政、审计部门的监督。

第八条（评估认定）

有关老年照护统一需求评估工作，按照市政府办公厅印发的《关于全面推进老年照护统一需求评估体系建设的意见》（沪府办〔2016〕104号）执行。

符合条件的评估机构可以提出申请，与市医保中心签订服务协议，成为长期护理保险定点评估机构（以下简称"定点评估机构"）。

第一类人员中 60 周岁及以上且已按照规定办理申领城镇职工基本养老金手续的人员和第二类人员，应当按照本市老年照护统一需求评估的有关规定，提出需求评估申请，由定点评估机构对其自理能力、疾病状况等进行综合评估后，确定不同的老年照护统一需求评估等级（以下简称"评估等级"）。

第九条（定点护理服务机构）

依法成立具有法人资质、能开展长期护理服务的养老机构、社区养老服务机构以及医疗机构（如护理站等），可以提出申请，经评估后与市医保中心签订服务协议，成为长期护理保险定点护理服务机构（以下简称"定点护理服务机构"）。

试点阶段，承担老年护理服务的本市基本医疗保险定点医疗机构，可以视作定点护理服务机构。

定点护理服务机构应当依法与护理服务人员签订劳动合同或协议。

第十条（护理服务人员）

提供长期护理保险服务的人员，应当是执业护士，或参加养老护理员（医疗照护）、养老护理员、健康照护等职业培训并考核合格的人员，以及其他符合条件的人员。

第十一条（服务形式）

（一）社区居家照护是指社区养老服务机构，以及护理站、门诊部、社区卫生服务中心、护理院等基层医疗卫生机构，为居家的参保人员，通过上门或社区照护等形式，提供基本生活照料和与基本生活密切相关的医疗护理服务。

（二）养老机构照护是指养老机构为入住其机构内的参保人员，提供基本生活照料和与基本生活密切相关的医疗护理服务。

（三）住院医疗护理是指护理院、社区卫生服务中心等基层医疗卫生机构和部分承担老年护理服务的二级医疗机构，为入住在其机构内护理性床位的参保人员提供医疗护理服务。

第十二条（服务内容）

长期护理保险的社区居家照护、养老机构照护的服务内容及规范，由市民政局、市人力资源社会保障局、市卫生计生委另行制定。

住院医疗护理的服务内容，参照职工医保的诊疗项目、医疗服务设施和用药范围执行。

第十三条（待遇享受条件）

试点阶段，暂定为60周岁及以上、经评估失能程度达到评估等级二至六级且在评估有效期内的参保人员，可以享受长期护理保险待遇。第一类人员还需已按照规定，办理申领城镇职工基本养老金手续。

第一类人员和第二类人员的长期护理保险年度，分别跟从其职工医保年度或居民医保年度。

第十四条（社区居家照护待遇）

（一）评估等级为二至六级的参保人员，可以享受社区居家照护。试点阶段，每周上门服务的时间和频次为：评估等级为二级或三级的，每周上门服务3次；评估等级为四级的，每周上门服务5次；评估等级为五级或六级的，每周上门服务7次；每次上门服务时间为1小时。

（二）为体现鼓励居家养老的原则，对于评估等级为五级或六级接受居家照护服务的参保人员，连续接受居家照护服务1个月以上6个月（含）以下的，由其自主选择，在规定的每周7小时服务时间的基础上，每月增加1小时的服务时间，或者获得40元现金补助；连续接受居家照护服务6个月以上的，由其自主选择，在规定的每周7小时服务时间的基础上，每月增加2小时的服务时间，或者获得80元现金补助。

（三）市医保中心按照规定，与定点护理服务机构通过服务协议，约定社区居家照护服务的协议价格和长期护理保险支付标准。

（四）对参保人员在评估有效期内发生的社区居家照护的服务费用，长期护理保险基金的支付水平为90%。

第十五条（养老机构照护待遇）

（一）评估等级为二至六级的参保人员，可以享受养老机构照护。保基本类养老机构的准入条件，按照相关规定执行。

（二）市医保中心按照规定，与定点护理服务机构通过服务协议，约定养老机构照护服务的长期护理保险支付标准。

（三）对参保人员在评估有效期内发生的符合规定的养老机构照护的服务费用，长期护理保险基金的支付水平为85%。

第十六条（住院医疗护理待遇）

参保人员在住院医疗护理期间发生的符合规定的费用，其待遇按照其本人所参加的本市职工医保或居民医保的相关规定执行。

住院医疗护理的收费标准，按照本市现行医疗机构医疗服务项目和价格汇编等的相关规定执行。

试点阶段，逐步推进参保人员经由老年照护统一需求评估后享受住院医疗护理。

第十七条（待遇调整）

市人力资源社会保障局（市医保办）可以根据长期护理服务供给能力、基金收支情况等因素，会同有关部门适时调整社区居家照护、养老机构照护的待遇，报市政府批准后公布执行。

第十八条（不予支付范围）

下列长期护理服务费用，不纳入长期护理保险基金支付范围：

（一）应当从工伤保险基金中支付的；

（二）应当由第三人负担的；

（三）应当由公共卫生负担的；

（四）在境外发生的长期护理服务费用。

第十九条（费用记账和支付）

参保人员在本市定点护理服务机构发生的服务费用，属于长期护理保险基金支付范围的，由定点护理服务机构记账，长期护理保险基金按照规定支付；其余部分由个人自付。

定点护理服务机构为参保人员提供服务，所发生的不符合长期护理保险规定的服务费用，应当向参保人员收取。

第二十条（费用清算）

对参保人员在护理院、社区卫生服务中心等基层医疗卫生机构（少数治疗性床位除外）和部分承担老年护理服务的二级医疗机构内发生的符合长期护理保险规定的住院费用，由长期护理保险基金支付；一年内在部分一级、二级定点医疗机构累计住院 90 天及以上的，未接受手术或其他特殊治疗的参保人员，其所发生的符合长期护理保险规定的住院费用，由长期护理保险基金支付。

上述服务费用，除个人自负部分外，由基本医疗保险基金先行垫付，年底由职工医保基金和居民医保基金分别与长期护理保险基金进行清算。

第二十一条（长期护理保险服务管理）

（一）参保人员在申请、接受评估、接受护理服务、结算时，应当出示其社会保障卡，作为享受长期护理保险服务的凭证。受理机构、定点评估机构和定点护理服务机构应当对参保人员出示的社会保障卡进行核验。任何个人不得冒用、伪造、变造、出借社会保障卡。

（二）定点护理服务机构应当按照服务协议，落实相关管理要求。在向参保人员提供社区居家照护和养老机构照护前，应根据评估报告，按照规定的支付时间，结合护理服务对象的实际，制定服务计划，再安排护理服务人员按照服务计划提供相应的护理服务。

（三）市医保中心应当按照服务协议，加强对定点护理服务机构的日常管理。市医保监督检查所开展长期护理保险日常监督检查和专项监督检查工作，对定点评估机构和定点护理服务机构进行过程监管。

第二十二条（信息管理）

建立长期护理保险信息系统，实现与定点评估机构和定点护理服务机构的连接互通，实现长期护理保险评估、经办、服务、结算的信息化。建立基于移动网络和智能终端为基础的社区居家照护子系统，实现上门服务过程中的服务内容派送、服务时间监控、服务结果评价和风险预警呼叫等，并实现与行业管理部门相关信息系统互联互通、信息共享。

定点护理服务机构应当据实将服务对象的服务内容、服务时间、服务费用，上传长期护理保险信息系统。

第二十三条（风险防控）

定点护理服务机构应当购买第三方责任保险。商业保险公司遵循市场规律，依法提供相关保险，用于定点护理服务机构及其护理服务人员在提供服务时因发生意外和事故应当承担的赔偿。

定点护理服务机构应当加强内部管理，提高护理服务人员的风险意识和应急能力。

第二十四条（责任处理）

（一）定点评估机构、定点护理服务机构在提供长期护理保险需求评估、护理服务过程中，存在违法违规行为，造成长期护理保险基金损失的，市人力资源社会保障局（市医保办）应当责令其整改，追回相关费用；情节严重的，应当暂停其开展长期护理保险相关业务，直至终止相关服务协议；构成犯罪的，依法追究其刑事责任。

（二）参保人员或其他人员在接受需求评估、享受长期护理保险服务过程中，存在骗取长期护理保险待遇及其他违法违规行为，造成长期护理保险基金损失的，市人力资源社会保障局（市医保办）应当向其追回相关费用；构成犯罪的，依法追究其刑事责任。

（三）经办机构及其工作人员有下列行为之一的，由市人力资源社会保障局（市医保办）责令改正；给长期护理保险基金、用人单位或者个人造成损失的，责令依法承担赔偿责任；对直接负责的主管人员和其他直接责任人员依法给予处分：

1. 未履行长期护理保险法定职责的；

2. 未将长期护理保险基金存入财政专户的；

3. 克扣或者拒不按时支付长期护理保险待遇的；

4. 丢失或者篡改缴费记录、享受长期护理保险待遇记录等长期护理保险数据、个人权益记录的；

5. 有违反法律、法规的其他行为的。

第二十五条（其他）

对第二类人员中享受本市城乡居民最低生活保障的家庭成员、以及高龄老人、职工老年遗属和重残人员的个人缴费部分，由政府按照规定给予补贴。

对长期护理保险和养老服务补贴的衔接政策，由市民政局、市财政局会同相关部门另行制定。

第三方商业保险机构可以利用老年照护统一需求评估结果，提供长期护理商业保险产品服务。鼓励长期护理保险参保人购买商业补充长期护理保险。积极发挥具有资质的商业保险机构等各类社会力量的作用，提高经办管理服务能力。

第二十六条（先行试点）

按照"分步实施"的原则，本市长期护理保险制度在徐汇、普陀、金山三个区先行试点，时间为 1 年左右，择期扩大到全市范围。

先行试点期间，长期护理保险基金在市医保中心的医疗保障专项资金账户下开设子账户进行核算，并按照试点启动当月职工医保基金中单位缴费的 1%，由职工医保财政专户结余划转至长期护理保险财政专户，用于支付先行试点期间符合长期护理保险规定的费用；先行试点期间资金不足时，按照上述规定另行申请划转；先行试点结束后，划转结余至长期护理保险财政专户第一类人员子账户。先行试点期间，暂不执行第六条有关资金筹资的规定。

本办法自 2017 年 1 月 1 日起施行，有效期至 2018 年 12 月 31 日。

附录九 山东省人民政府办公厅《关于试行职工长期护理保险制度的意见》

鲁政办字〔2017〕63 号

各市人民政府，各县（市、区）人民政府，省政府各部门、各直属机构，各大企业，各高等院校：

我省开展职工长期护理保险试点工作以来，各试点市高度重视，结合本地实际，精心组织实施，试点工作取得了良好效果。经省政府同意，决定在全省试行职工长期护理保险制度。现提出以下意见：

一、总体要求

全面贯彻党的十八大和十八届三中、四中、五中、六中全会精神，深入学习贯彻习近平总书记系列重要讲话精神，在认真总结试点经验的基础上，以解决失去生活自理能力的人员长期护理保障问题为重点，以基层医疗机构和老年护理机构为依托，建立长期护理保险制度，减轻参保患者家庭的事务性和经济负担，增进人民群众在共建共享发展中的获得感，促进社会和谐安定。

二、基本原则

职工长期护理保险坚持以人为本，提高人民群众的生活质量和人文关怀水平；坚持基本保障，根据当地经济发展水平和各方面承受能力，量力而行，合理确定基本保障范围和待遇标准；坚持责任分担，权利义务对等，建立多渠道筹资机制；坚持因地制宜，各市结合实际制订具体实施办法和政策标准，由点到面逐步推开；坚持机制创新，鼓励各地大胆探索，逐步完善可持续发展的体制机制，提升保障绩效和管理水平；坚持统筹协调，做好各类社会保障制度的功能衔接，协同推进健康产业和服务体系发展。

三、基本政策

（一）参保范围

参加职工基本医疗保险的职工和退休人员（以下简称"参保人员"）纳入长期护理保险覆盖范围。

（二）资金筹集渠道

职工长期护理保险资金通过职工医保统筹基金、单位补充医保资金、个人缴费及财政补助、福彩公益金等渠道解决。其中，个人缴费不低于筹资总额的30%，个人缴费可从职工个人医保账户代扣。各市要根据各方面的承受能力和职工长期护理保险待遇水平合理确定具体筹资办法、筹资比例和筹资标准。鼓励各地结合实际，探索拓宽包括用人单位缴费、接受社会捐助等资金渠道，建立动态筹资机制，并随经济社会发展逐步提高筹资水平。

（三）保障范围

职工长期护理保险重点保障长期处于失能或半失能状态的参保人员日常生活照料和与基本生活密切相关的医疗护理等所需服务费用。各市可根据当地保障需求和资金承受能力，低水平起步，科学确定重点保障人群和具体保障项目，并随经济发展和资金支撑能力提高逐步调整。

（四）待遇支付

职工长期护理保险资金支付协议护理服务机构和人员为参保人员提

供的符合规定的长期护理服务费用，可对保障对象发生的护理服务费用进行直接补偿或通过购买方式向提供服务的机构或护理人员支付费用。护理服务费用由护理保险资金和保障对象个人按比例或按定额分担，对贫困人员可以给予适当照顾。长期护理保险待遇可按机构护理、家庭护理等不同形式、护理不同等级、提供护理服务不同方式等制定差别化的待遇保障政策，原则上规定范围内的护理服务费用支付标准掌握在75%左右。参保人员享受职工长期护理保险待遇的资格条件、支付范围和具体支付比例，由各市确定。各地要积极探索享受护理待遇与个人缴费适当挂钩的办法，强化个人责任。

四、管理服务

（一）资金管理

职工长期护理保险统筹层次原则上与职工医疗保险相一致，资金按照以收定支、收支平衡、略有结余的原则使用，执行现行社会保险基金管理制度，在职工基本医疗保险基金中单独管理，专款专用。建立举报投诉、信息披露、内部控制、欺诈防范等风险管理制度，提高监管水平。

（二）服务管理

各市要建立健全对护理服务机构和从业人员的协议管理和监督稽核等制度，明确服务内涵、服务标准以及质量评价等技术管理规范。建立长期护理需求认定和等级评定标准体系，制定待遇申请和资格审定及变更等管理办法。对护理服务费用支出，探索实行总量预算控制下的复合式付费方式和结算办法。

（三）经办管理

各市要加强长期护理保险经办管理服务能力建设，制定经办规程，优化服务流程，明确相关标准，创新管理服务机制。鼓励各地通过探索购买服务、委托管理以及定制护理服务和护理产品等多种实施路径、方法，在确保资金安全和有效监控前提下，与具有资质的商业保险机构等社会力量合作，提高经办管理服务能力。加强信息网络系统建设，逐步实现与养老护理机构、医疗卫生机构以及其他行业领域信息平台的信息共享和互联互通，提高经办管理质量和效率。

五、配套措施

（一）加强与其他保障制度之间的统筹衔接

搞好与其他社会保险制度在筹资、待遇等方面的政策与管理衔接。对应由现有社会保障制度和国家法律法规规定支付的护理费用，已经纳入残疾人保障、军人伤残抚恤、精神疾病防治等国家法律规定范围的护理项目和费用，长期护理保险资金不再给予支付。

（二）积极促进长期护理服务市场的发展

积极推进公立护理服务机构等护理服务体系建设，引导社会力量、社会组织参与长期护理服务，积极鼓励和支持长期护理服务机构和平台建设，促进长期护理服务产业发展。充分利用促进就业创业的政策和资金，鼓励各类人员到长期护理服务领域就业创业，对其中符合条件的，按规定落实相关补贴政策。加大对护理人员的职业培训力度，按规定落实职业培训补贴政策。逐步探索建立长期护理专业人才培养机制。充分运用长期护理保险费用支付政策对护理需求和服务供给资源配置的调节作用，引导保障对象优先采用居家护理和社区护理服务，鼓励机构服务向社区和家庭延伸。鼓励护理对象的亲属、邻居和社会志愿者提供护理服务。

（三）探索建立多层次长期护理保障制度

积极引导发挥社会救助、商业保险、慈善事业等的有益补充，解决不同层面护理需求。鼓励探索老年护理补贴制度，保障特定贫困老年人长期护理需求，发挥其"兜底"作用。鼓励商业保险机构开发适销对路的保险产品和服务，发展与长期护理社会保险相衔接的商业护理保险，满足多样化、多层次的长期护理保障需求。

六、组织实施

建立长期护理保险制度是应对人口老龄化的一项重要社会保障制度安排。各地要高度重视，切实加强领导，认真做好组织实施工作。先期开展试点的市，要按照本意见要求进一步调整完善政策措施，提高管理服务水平；其他市 2017 年要选择 1—2 个县启动实施，利用 3 年左右时间在全省全面建立职工长期护理保险制度。人力资源社会保障部门要发挥统筹协调作用，会同有关部门确定职工长期护理保险资金的筹集标准、支付范围和待遇标准，制定管理规范和基本流程，指导社会保险经办机构做好资金筹集、支付等日常经办服务工作。财政部门要按照相关规定，会同有关部门将职工长期护理保险财政补助资金和福彩公益金纳入年度预算，对职工长期护理保险资金管理中的财务列支和会计核算办法作出规定，加强对资金筹集、管理和使用的监督。民政部门要配合人力资源社会保障部门做好职工长期护理与养老服务的衔接。卫生计生部门要加强对医疗机构的管理，规范医疗服务行为，督促医疗机构不断提高护理服务质量。各有关部门要通力配合、密切协作，研究工作中出现的新问题、新情况，不断完善方案设计。要建立宣传机制，加强正面宣传，引导社会舆论，确保职工长期护理保险工作的平稳顺利开展。

各市具体实施方案请于 2017 年 6 月底前报省人力资源社会保障厅、省财政厅备案。

山东省人民政府办公厅

2017 年 4 月 6 日

附录十《广州市加强养老服务人才队伍建设行动方案》

为贯彻落实《广州市人民政府关于加快养老服务业综合改革的实施意见》（穗府〔2015〕27 号），全面提升我市养老服务专业化、职业化水平，特制定本方案。

一、总体目标

到 2020 年，建立健全以职业技能培训为主，以养老职业教育为辅，用人单位在岗培训和社会继续教育与职业培训相结合的养老服务人员教育培训机制；建成一支具有崇高职业道德、熟悉现代服务理念、掌握先进专业技术和精湛专业技能的人才队伍，养老护理员达到 2 万名；全市养老服务机构一线从事护理、康复工作人员培训率 100%；每个社区居家养老服务机构配备具有养老服务职业资格或社会工作者职称的专业人才；养老护理员中级以上职业资格占 20% 以上、技师占 2%，养老服务职业化、专业化发展水平不断提高。

二、任务措施

（一）扶持老年服务与管理专业

将老年服务与管理相关专业纳入我市中等职业教育城市扶持专业，

就读有关专业或方向的全日制学生按《关于印发广州市扩大中等职业教育免学费政策范围进一步完善国家助学金制度实施意见的通知》规定享受免学费政策。市开设老年服务与管理等专业的职业院校，可向市本级福利彩票公益金申请专项资助，支持就读学生奖学金或生活补贴、课程（教材）研发、实训基地建设等项目，增加招生人数。（牵头单位：市教育局、人力资源社会保障局，配合单位：市民政局、发展改革委、财政局，各区政府）2018 年起，我市中等职业教育"老年服务与管理专业"与高等职业教育相关专业建立中高职衔接机制。（牵头单位：市教育局，配合单位：市民政局、发展改革委，各区政府）。

（二）建设养老服务培训实训平台

2017 年依托市、区居家养老服务指导中心建立全市养老服务培训指导、技能交流平台；各区依托管理水平较高的养老机构、社区居家养老综合服务平台建立养老护理员培训基地，并开展家庭老年人照顾者能力培训。2018 年全市养老床位达到 500 张以上的养老服务机构均建有中等以上院校和技工院校实习实训基地。2018 年前，推动市属高等医学院校与大型养老机构合作建立医养融合研究院，发挥人才培养、专业发展的功能。（牵头单位：市民政局；配合单位：市人力资源社会保障局、卫生计生委，各区政府）。

（三）建立养老从业人员持续教育机制

2017 年底建立养老护理员持续教育制度，由市民政局、人力资源社会保障局组织为在册的护理员提供免费技能提升培训。继续落实《关于进一步做好省级劳动力培训转移就业专项资金管理的通知》和《关于转发进一步落实劳动力技能晋升培训政策意见的通知》，符合条件的劳动者，通过自学或参加培训取得养老护理员相应等级国家职业资格证书，给予 1600 元至 2500 元不等的技能晋升培训补贴。2016 年到 2020 年所需资金在就业专项资金中统筹解决，通过委托有资质的培训机构开展家政服务员、养老护理员等养老服务业人才入职职业技能培训和在职技能提升培训。（牵头单位：市人力资源社会保障局；配合单位：各区政府，市财政局、民政局）。

（四）设立养老服务人力资源工作站

完善养老服务从业人员求职和就业登记公共服务制度。2017 年起依托市、区人力资源市场，定期举办养老护理员专场招聘会。2017 年在市老年人服务中心设立养老服务人力资源工作站，推动民政、人社、教育、妇联等部门单位信息资源开发利用，开展人才交流、信息发布、权益维护等工作。对取得养老护理员职业资格证书的养老服务人员和完成养老护理专业培训的养老服务从业人员实行登记制度。将照顾失能老人的亲属纳入养老服务人才服务范围，并依托持续教育机制为其提供免费技能培训；符合居家养老服务管理有关规定条件的，照顾者可纳入政府购买居家养老服务范围。（牵头单位：市人力资源社会保障局、民政局；配合单位：各区政府）。鼓励养老机构就近与医疗卫生服务机构签订合作协议，通过委托进修、继续教育培训、合作科研项目、定期巡诊、开设讲座等方式提高养老机构医护人员继续再教育水平，在职业资格考试、职称晋升上给予医疗卫生机构医务人员同等待遇，解决养老机构中医护人员队伍稳定问题。（牵头单位：各区政府；配合单位：市卫生计生委、人力资源社会保障局、民政局）。

（五）实施各类人才引进工程

2017 年起实施养老服务业引才工程，组织养老服务机构面向国内外招聘高层次经营管理人才和高级以上职称人员。完善人才、智力、项目相结合的养老服务产业柔性引才机制，鼓励养老服务机构采取咨询、讲学、兼职、短期聘用、技术合作等方式灵活引进医生、社会工作者等高端人才。继续加强广州市对口支援扶贫协作机制与人力资源市场对接，积极转移引进具备养老护理技能的劳动力。（牵头单位：市民政局；

配合单位：各区政府，市人力资源社会保障局、协作办、卫计委、发展改革委）。

（六）建立养老服务就业和岗位补贴

2017 年起，对入职本市经民政部门许可的养老机构，从事康复护理等养老服务一线工作并与所在单位签订三年及以上劳动合同的中等职业技术学校（技工院校）、高等院校全日制毕业生，在三年合同期满后的一年内分别给予一次性 5000 元、10000 元就业补贴资金。对入职本市经民政部门许可的养老机构，从事一线养老护理工作满五年、满十年的养老护理员，分别给予一次性 5000 元、20000 元的艰苦岗位补贴。以上两项补贴按规定申请市本级福利彩票公益金立项资助。（牵头单位：市民政局；配合单位：市人力资源社会保障局、教育局、财政局）。

（七）实施一线护理人员最低薪酬制度

2017 年开始，承接政府购买服务或享受政府运营资助扶持的养老服务机构一线护理人员实施最低薪酬制度，全日制就业劳动者的最低薪酬（不含加班费）宜不低于当年度我市最低工资标准的 1.5 倍，非全日制就业劳动者的小时工资宜不低于我市非全日制职工小时最低工资标准的 1.5 倍，执行情况与市、区财政给予的养老机构运营资助挂钩。对社区居家养老服务从业人员中无固定劳动用工主体的从业人员，符合《广州市促进困难群体就业补贴办法》规定条件的，可享受相应的就业专项资金补贴。（牵头单位：市民政局；配合单位：市人力资源社会保障局、财政局，各区政府）。

（八）发布养老服务从业人员工资指导目录

市民政局委托社会组织根据全市经济社会发展水平、职业技能等级和养老服务行业实际情况，自 2017 年开始发布养老服务从业工资指导目录。自费购买居家养老服务项目的小时工资可参考行业工资指导目录。（牵头单位：市民政局、人力资源社会保障局）。

（九）加强养老护理员各项保障工作

外地户籍符合条件的养老护理员纳入市公共租赁住房保障范围，可向市住房保障部门申请承租市本级公共租赁住房。养老护理员列入《广州市积分制入户职业资格及职业工种目录》，积分入户给予加分。继续按现行有关规定落实养老护理员子女入学待遇。各用人单位每年应为一线养老护理员安排健康体检，按照《劳动法》落实劳动保障权利，实施情况纳入养老机构年度报告范围。大力发展各类养老服务就业维权、服务监管的社会组织，强化养老服务从业人员维权和监督。（牵头单位：市民政局；配合单位：各区政府，市发展改革委、教育局、人力资源社会保障局、总工会、来穗局、住保办）。

（十）营造社会支持的良好氛围

从2017年起，每年由市民政局委托行业协会开展养老服务从业人员技能竞赛，成绩突出并符合相关条件的，推荐参评省、市"五一劳动奖章"、劳动模范等相关荣誉称号。2017年起，每年支持行业协会组织开展全市百名"最美养老护理员"、养老服务志愿者（义工）评选活动。继续探索实施"义工银行""劳务储蓄"等互助服务活动，鼓励低龄老人参与养老服务。（牵头单位：各区政府、市民政局；配合单位：市总工会、团市委）。

三、组织保障

（一）加强组织领导

将养老服务人才队伍建设作为推进全市养老服务业综合改革试点、推进养老服务业体制机制改革的一项重要内容，列入市社会保障工作（养老服务业综合改革试点）联席会议督办议题，并纳入全市人才工作总体规划。人力资源和社会保障、民政主管部门要加强统筹协调与政策引导，发展改革、教育、财政、卫生计生、住房保障、来穗人员管理等部门要各司其职、紧密配合，并动员社会力量广泛参与养老服务业人才培养。

（二）加大资金投入

加大对养老服务人才队伍建设的资金扶持，建立健全养老服务招投标竞争性分配资金制度。优化就业专项资金支出结构，逐步提高职业培训支出比重。落实职业院校生均拨款制度，安排现行生均拨款标准及时拨付资金。充分利用福利彩票公益金立项，加大奖补力度。鼓励社会各界和公益慈善组织对养老服务人才培养提供捐赠和培训服务。

（三）加强社会舆论宣传

各级政府、部门要充分认识加强养老服务业人才队伍建设的重要意义，广泛宣传养老服务业人才特别是养老护理人才的重要作用、人才培养使用等方面的政策措施、做法经验，以及先进典型事迹，在全社会形成尊重和争做优秀护理人才的良好风尚，不断提高养老服务业人才的社会地位，营造尊重劳动、崇尚技能、鼓励就业的浓厚氛围。

附 录 十 一 国务院办公厅关于全面放开
养老服务市场提升养老服务质量的若干意见

国办发〔2016〕91 号

各省、自治区、直辖市人民政府，国务院各部委、各直属机构：

养老服务业既是涉及亿万群众福祉的民生事业，也是具有巨大发展潜力的朝阳产业。近年来，我国养老服务业快速发展，产业规模不断扩大，服务体系逐步完善，但仍面临供给结构不尽合理、市场潜力未充分释放、服务质量有待提高等问题。随着人口老龄化程度不断加深和人民生活水平逐步提高，老年群体多层次、多样化的服务需求持续增长，对扩大养老服务有效供给提出了更高要求。为促进养老服务业更好更快发展，经国务院同意，现提出如下意见：

一、总体要求

（一）指导思想

全面贯彻党的十八大和十八届三中、四中、五中、六中全会精神，深入学习贯彻习近平总书记系列重要讲话精神和治国理政新理念新思想新战略，认真落实党中央、国务院决策部署，紧紧围绕"五位一体"总体布局和"四个全面"战略布局，坚持以新发展理念引领经济发展新常态，坚持中国特色卫生与健康发展道路，持续深化简政放权、放管结合、优化服务改革，积极应对人口老龄化，培育健康养老意识，加快推进养老服务业供给侧结构性改革，保障基本需求，繁荣养老市场，提升服务质量，让广大老年群体享受优质养老服务，切实增强人民群众获得感。

（二）基本原则

深化改革，放开市场。进一步降低准入门槛，营造公平竞争环境，积极引导社会资本进入养老服务业，推动公办养老机构改革，充分激发各类市场主体活力。

改善结构，突出重点。补齐短板，将养老资源向居家社区服务倾斜，向农村倾斜，向失能、半失能老年人倾斜。进一步扩大护理型服务资源，大力培育发展小型化、连锁化、专业化服务机构。

鼓励创新，提质增效。树立健康养老理念，注重管理创新、产品创新和品牌创新，积极运用新技术，培育发展新业态，促进老年产品用品丰富多样、养老服务方便可及。

强化监管，优化环境。完善监督机制，健全评估制度，推动行业标准化和行业信用建设，加强行业自律，促进规范发展，维护老年人合法权益。

（三）发展目标

到2020年，养老服务市场全面放开，养老服务和产品有效供给能力大幅提升，供给结构更加合理，养老服务政策法规体系、行业质量标准体系进一步完善，信用体系基本建立，市场监管机制有效运行，服务质量明显改善，群众满意度显著提高，养老服务业成为促进经济社会发展的新动能。

二、全面放开养老服务市场

（四）进一步放宽准入条件

降低准入门槛。设立营利性养老机构，应按"先照后证"的简化程序执行，在工商行政管理部门办理登记后，在辖区县级以上人民政府民政部门申请设立许可。在民政部门登记的非营利性养老机构，可以依法在其登记管理机关管辖范围内设立多个不具备法人资格的服务网点。非本地投资者举办养老服务项目与当地投资者享受同等政策待遇，当地不得以任何名目对此加以限制。

放宽外资准入。在鼓励境外投资者在华举办营利性养老机构的基础上，进一步放开市场，鼓励境外投资者设立非营利性养老机构，其设立的非营利性养老机构与境内投资者设立的非营利性养老机构享受同等优惠政策。

精简行政审批环节。全面清理、取消申办养老机构的不合理前置审批事项，优化审批程序，简化审批流程。申请设立养老服务类社会组织，符合直接登记条件的可以直接向民政部门依法申请登记，不再经由业务主管单位审查同意。支持新兴养老业态发展，对于养老机构以外的其他提供养老服务的主体，鼓励其依法办理法人登记并享受相关优惠政策。

（五）优化市场环境

进一步改进政府服务。举办养老机构审批过程中涉及的各有关部门，都要主动公开审批程序和审批时限，推进行政审批标准化，加强对筹建养老机构的指导服务。加快推行养老机构申办一站式服务，建立"一门受理、一并办理"的网上并联审批平台，进一步提高审批效率。根据消防法和有关规定，制定既保障安全、又方便合理的养老机构设立和管理配套办法。

完善价格形成机制。加快建立以市场形成价格为主的养老机构服务收费管理机制。对于民办营利性养老机构，服务收费项目和标准由经营者自主确定。对于民办非营利性养老机构，服务收费标准由经营者合理确定，有关部门对其财务收支状况、收费项目和调价频次进行必要监管，同时加强对价格水平的监测分析。对于政府运营的养老机构，以扣除政府投入、社会捐赠后的实际服务成本为依据，按照非营利原则，实行政府定价或政府指导价；对于以公建民营等方式运营的养老机构，采用招投标、委托运营等竞争性方式确定运营方，具体服务收费标准由运营方依据委托协议等合理确定。

加快公办养老机构改革。各地要因地制宜设置改革过渡期，加快推进具备向社会提供养老服务条件的公办养老机构转制成为企业或开展公建民营，到 2020 年政府运营的养老床位数占当地养老床位总数的比例应不超过 50%。鼓励社会力量通过独资、合资、合作、联营、参股、租赁等方式，参与公办养老机构改革。完善公建民营养老机构管理办法，政府投资建设和购置的养老设施、新建居民区按规定配建并移交给民政部门的养老设施、国有单位培训疗养机构等改建的养老设施，均可实施公建民营。改革公办养老机构运营方式，鼓励实行服务外包。

加强行业信用建设。建立覆盖养老服务行业法人、从业人员和服务对象的行业信用体系。建立健全信用信息记录和归集机制，加强与全国信用信息共享平台的信息交换和共享，通过企业信用信息公示系统向社会公示相关企业的行政许可、行政处罚等信息。引入第三方征信机构，参与养老行业信用建设和信用监管。建立多部门、跨地区的联合奖惩机制，将信用信息作为各项支持政策的重要衡量因素，对诚实守信者在政府购买服务、债券发行等方面实行优先办理、简化程序等绿色通道支持激励政策，建立养老服务行业黑名单制度和市场退出机制，加强行业自律和监管。

三、大力提升居家社区养老生活品质

（六）推进居家社区养老服务全覆盖

开展老年人养老需求评估，加快建设社区综合服务信息平台，对接供求信息，提供助餐、助洁、助行、助浴、助医等上门服务，提升居家养老服务覆盖率和服务水平。依托社区服务中心（站）、社区日间照料中心、卫生服务中心等资源，为老年人提供健康、文化、体育、法律援助等服务。鼓励建设小型社区养老院，满足老年人就近养老需求，方便亲属照护探视。

（七）提升农村养老服务能力和水平

依托农村社区综合服务设施，拓展养老服务功能。鼓励各地建设农村幸福院等自助式、互助式养老服务设施，加强与农村危房改造等涉农基本住房保障政策的衔接。农村集体经济、农村土地流转等收益分配应充分考虑解决本村老年人的养老问题。加强农村敬老院建设和改造，推动服务设施达标，满足农村特困人员集中供养需求，为农村低收入老年人和失能、半失能老年人提供便捷可及的养老服务。鼓励专业社会工作者、社区工作者、志愿服务者加强对农村留守、困难、鳏寡、独居老年人的关爱保护和心理疏导、咨询等服务。充分依托农村基层党组织、自治组织和社会组织等，开展基层联络人登记，建立应急处置和评估帮扶机制，关注老年人的心理、安全等问题。

（八）提高老年人生活便捷化水平

通过政府补贴、产业引导和业主众筹等方式，加快推进老旧居住小区和老年人家庭的无障碍改造，重点做好居住区缘石坡道、轮椅坡道、公共出入口、走道、楼梯、电梯候梯厅及轿厢等设施和部位的无障碍改造，优先安排贫困、高龄、失能等老年人家庭设施改造，组织开展多层老旧住宅电梯加装。支持开发老年宜居住宅和代际亲情住宅。各地在推进易地扶贫搬迁以及城镇棚户区、城乡危房改造和配套基础设施建设等保障性安居工程中，要统筹考虑适老化设施配套建设。

四、全力建设优质养老服务供给体系

（九）推进"互联网＋"养老服务创新

发展智慧养老服务新业态，开发和运用智能硬件，推动移动互联网、云计算、物联网、大数据等与养老服务业结合，创新居家养老服务模式，重点推进老年人健康管理、紧急救援、精神慰藉、服务预约、物品代购等服务，开发更加多元、精准的私人订制服务。支持适合老年人的智能化产品、健康监测可穿戴设备、健康养老移动应用软件（APP）等设计开发。打通养老服务信息共享渠道，推进社区综合服务信息平台与户籍、医疗、社会保障等信息资源对接，促进养老服务公共信息资源向各类养老服务机构开放。

（十）建立医养结合绿色通道

建立医疗卫生机构设置审批绿色通道，支持养老机构开办老年病院、康复院、医务室等医疗卫生机构，将符合条件的养老机构内设医疗卫生机构按规定纳入城乡基本医疗保险定点范围。鼓励符合条件的执业医师到养老机构、社区老年照料机构内设的医疗卫生机构多点执业。开通预约就诊绿色通道，推进养老服务机构、社区老年照料机构与医疗机构对接，为老年人提供便捷医疗服务。提升医保经办服务能力，切实解决老年人异地就医直接结算问题。探索建立长期护理保险制度，形成多元化的保险筹资模式，推动解决失能人员基本生活照料和相关医疗护理等所需费用问题。

（十一）促进老年产品用品升级

支持企业利用新技术、新工艺、新材料和新装备开发为老年人服务的产品用品，研发老年人乐于接受和方便使用的智能科技产品，丰富产品品种，提高产品安全性、可靠性和实用性；上述企业经认定为高新技术企业的，按规定享受企业所得税优惠。及时更新康复辅助器具配置目录，重点支持自主研发和生产康复辅助器具。

（十二）发展适老金融服务

规范和引导商业银行、保险公司等金融机构开发适合老年人的理财、保险产品，满足老年人金融服务需求，鼓励金融机构建设老年人无障碍设施，开辟服务绿色通道。强化老年人金融安全意识，加大金融消费权益保护力度。稳步推进养老金管理公司试点，按照国家有关规定，积极参与养老金管理相关业务，做好相关受托管理、投资管理和账户管理等服务工作。

五、切实增强政策保障能力

（十三）加强统筹规划

发挥规划引领作用，分级制定养老服务相关规划，与城乡规划、土地利用总体规划、城镇化规划、区域规划等相衔接，系统提升服务能力和水平。各地要进一步扩大面向居家社区、农村、失能半失能老年人的服务资源，结合实际提出养老床位结构的合理比例，到 2020 年护理型床位占当地养老床位总数的比例应不低于 30%。

（十四）完善土地支持政策

统筹利用闲置资源发展养老服务，有关部门应按程序依据规划调整其土地使用性质。营利性养老服务机构利用存量建设用地建设养老设施，涉及划拨建设用地使用权出让（租赁）或转让的，在原土地用途符合规划的前提下，允许补缴土地出让金（租金），办理协议出让或租赁手续。企事业单位、个人对城镇现有空闲的厂房、学校、社区用房等进行改造和利用，举办养老服务机构，经有关部门批准临时改变建筑使用功能从事非营利性养老服务且连续经营一年以上的，五年内土地使用性质可暂不作变更。民间资本举办的非营利性养老机构与政府举办的养老机构可依法使用农民集体所有的土地。对在养老服务领域采取政府和社会资本合作（PPP）方式的项目，可以国有建设用地使用权作价出资或者入股建设。

（十五）提升养老服务人才素质

将养老护理员培训作为职业培训和促进就业的重要内容。对参加养老服务技能培训或创业培训且培训合格的劳动者，按规定给予培训补贴。推动普通高校和职业院校开发养老服务和老年教育课程，为社区、老年教育机构及养老服务机构等提供教学资源及服务。完善职业技能等级与养老服务人员薪酬待遇挂钩机制。建立养老服务行业从业人员奖惩机制，提升养老护理队伍职业道德素养。将养老护理员纳入企业新型学徒制试点和城市积分入户政策范围。积极开发老年人力资源，为老年人的家庭成员提供养老服务培训，倡导"互助养老"模式。

（十六）完善财政支持和投融资政策

完善财政支持政策。各地要建立健全针对经济困难的高龄、失能老年人的补贴制度，统一设计、分类施补，提高补贴政策的精准度。对养老机构的运行补贴应根据接收失能老年人等情况合理发放。各级政府要加大投入，支持养老服务设施建设，切实落实养老机构相关税费优惠政策，落实彩票公益金支持养老服务体系建设政策要求。鼓励各地向符合条件的各类养老机构购买服务。

拓宽投融资渠道。鼓励社会资本采取建立基金、发行企业债券等方式筹集资金，用于建设养老设施、购置设备和收购改造社会闲置资源等。鼓励银行业金融机构以养老服务机构有偿取得的土地使用权、产权明晰的房产等固定资产和应收账款、动产、知识产权、股权等抵质押，提供信贷支持，满足养老服务机构多样化融资需求。有条件的地方在风险可控、不改变养老机构性质和用途的前提下，可探索养老服务机构其他资产抵押贷款的可行模式。

六、加强监管和组织实施

（十七）加强服务监管

各地要建立健全民政部门和相关部门协同配合的监管机制，加强对养老机构运营和服务的监管。严禁以举办养老机构名义从事房地产开发，严禁利用养老机构的房屋、场地、设施开展与养老服务无关的活动，严禁改变机构的养老服务性质。做好养老服务领域非法集资信息监测和分析工作，做好政策宣传和风险提示工作。对养老服务中虐老欺老等行为，对养老机构在收取保证金、办理会员卡和发行金融产品等活动中的违法违规行为，要依法严厉查处。加强养老设施和服务安全管理，建立定期检查机制，确保老年人人身安全。

（十八）加强行业自律

民政、质检等部门要进一步完善养老服务标准体系，抓紧制定管理和服务标准。落实养老机构综合评估和报告制度，开展第三方评估并向社会公布，评估结果应与政府购买服务、发放建设运营补贴等挂钩。政府运营的养老机构要实行老年人入住评估制度，综合评估申请入住老年人的情况，优先保障特困人员集中供养需求和其他经济困难的孤寡、失能、高龄等老年人的服务需求。

（十九）加强宣传引导

坚持以社会主义核心价值观为引领，弘扬中华民族尊老、敬老的社会风尚和传统美德，开展孝敬教育，营造养老、助老的良好社会氛围，加强对养老服务业发展过程中涌现出的先进典型和先进事迹的宣传报道，及时总结推广养老服务业综合改革试点中的好经验、好做法。依法打击虐待、伤害老年人及侵害老年人合法权益的行为。积极组织开展适合老年人的文化体育娱乐活动，引导老年人积极参与社区服务、公益活动和健康知识培训，丰富老年人精神文化生活。

（二十）加强督促落实

各地要把全面放开养老服务市场、提升养老服务质量摆在重要位置，建立组织实施机制，及时制定配套实施意见，对政策落实情况进行跟踪分析和监督检查，确保责任到位、工作到位、见到实效。各部门要加强协同配合，落实和完善相关优惠政策，共同促进养老服务提质增效。对不落实养老服务政策，或者在养老机构运营和服务中有违反法律法规行为的，依法依规追究相关人员的责任。国家发展改革委、民政部要会同有关部门加强对地方的指导，及时督促检查并报告工作进展情况。

附件：重点任务分工及进度安排表

国务院办公厅

2016 年 12 月 7 日

（此件公开发布）

附件

重点任务分工及进度安排表

序号	工作任务	负责部门	时间进度
1	鼓励境外投资者设立非营利性养老机构	民政部、公安部、国家发展改革委、商务部等	2016 年 12 月底前完成
2	全面清理、取消申办养老机构的不合理前置审批事项，优化审批程序，简化审批流程	民政部等	2016 年 12 月底前完成
3	根据消防法和有关规定，制定既保障安全、又方便合理的养老机构设立和管理配套办法	民政部、公安部、住房城乡建设部等	2017 年 6 月底前完成
4	完善价格形成机制	国家发展改革委、民政部等	持续实施
5	加快公办养老机构改革	民政部、各省级人民政府	持续实施
6	加强行业信用建设	民政部、国家发展改革委、人民银行、工商总局等	2017 年 6 月底前完成
7	提高老年人生活便捷化水平	住房城乡建设部、民政部、国家发展改革委等	持续实施
8	推进"互联网＋"养老服务创新	工业和信息化部、科技部、民政部、国家卫生计生委、国家发展改革委等	持续实施
9	探索建立长期护理保险制度	人力资源社会保障部、国家卫生计生委、财政部、民政部、国家发展改革委、保监会等	2016 年 12 月底前完成
10	制定养老服务相关规划	民政部、国家发展改革委等	2016 年 12 月底前完成
11	完善土地支持政策	国土资源部、住房城乡建设部、国家发展改革委、财政部、民政部等	持续实施
12	完善职业技能等级与养老服务人员薪酬待遇挂钩机制	人力资源社会保障部、民政部等	2016 年 12 月底前完成

序号	工作任务	负责部门	时间进度
13	探索养老服务机构其他资产抵押贷款的可行模式	人民银行、民政部等	持续实施
14	加强服务监管	民政部、人民银行、银监会、国土资源部、住房城乡建设部、公安部、全国老龄办等	持续实施
15	完善养老服务标准体系	民政部、质检总局等	持续实施
16	落实养老机构综合评估和报告制度	民政部等	持续实施
17	政府运营的养老机构实行老年人入住评估制度	民政部等	2016 年 12 月底前完成

附 录 十 二 广州市养老机构一览表

序号	机构名称	地址	联系电话
1	广州市老人院	白云区钟落潭新村广从十路 1288 号	87412484
2	广州市越秀区东山福利院	黄埔区黄麻乡黄麻路 885 号	82076192/82076990
3	白云街社区托老中心	越秀区白云路 63－65 号	83839577
4	大东街耆福护老中心	越秀区东华西路永胜街东里 50 号	83805221/83842221
5	梅花村街共和颐老院	越秀区共和路 3 号	87672822
6	广州市越秀区侨颐园	越秀区西华路第一津凉亭街 6－8 号	81099315
7	大塘街颐老园	越秀区东风东路钱路头直街 37 号	83861706
8	黄花爱心颐养院	越秀区水荫路 68 号二楼	37590412
9	光塔老人院	越秀区光塔路 21 号	83306765
10	广州市金德安老院	越秀区海珠北书同巷 35 号	81085687
11	广州市昊琛养老院	越秀区北京南路同庆坊 20 号	28322766
12	广州市金色晚年养老院	越秀区横枝岗 64 号	83590020
13	越秀区添寿老人院	越秀区五羊新城寺右北一街三巷 7 号三楼	87360920
14	金玉养老院	越秀区大新路 419 号	81330187
15	越秀区金桥养老院	越秀区纸行路 37 号三楼	81860233
16	红升侨颐养老院	越秀区寺贝通津 1 号 20－21 栋	87673963
17	广州颐福居养老院有限公司	越秀区横枝岗路 2 号大院	83596009

序号	机构名称	地址	联系电话
18	广州市孝慈轩养老院有限公司	广州市越秀区东湖西路 12 号之二	83795766
19	广州市海珠区社会福利院	海珠区广州大道南 1690 号	84298976
20	广东省社会福利服务中心	海珠区敦和路 3 号	84290357
21	广州市海珠区老人公寓	海珠区海联路 168 号	重建中
22	广州市海珠区南石头街何耀全福利院	海珠区广纸路丙东街 18 号	84351547
23	海珠区新滘老人公寓	海珠区新港东路黄埔村柳塘外街 30 号	34091406
24	海珠区华洲街瀛洲长者乐苑	海珠区瀛洲路小洲村安海二街 2 号	34083309
25	海珠区健之家颐养院	海珠区滨江中路 296 号自编 1 号	34422465
26	海珠区慈心养老院	海珠区江泰路二号之一	34368097
27	海珠区祈福颐老院	海珠区新滘镇池滘村沙头顶 2 – 3 号	34313939
28	海珠区仑头颐养院	海珠区官洲街启明坊外街 8 号	34088981
29	海珠区孝思养老院	海珠区龙导尾仁济直 8 号	84127713
30	海珠区百丈颐养中心	海珠区新滘西路 1 号	34419017
31	海珠区祥生康健安养院	海珠区革新路新民四街 20 – 25 号	84338272
32	海珠区康宜老人颐养院	海珠区南石西新二街 3 号	84303873
33	广州新海颐养苑	海珠区新港西路 167 号之一	84105039/84105202
34	广州市松鹤养老院有限公司	海珠区沙园路 1、3 号	84342542
35	海珠区乐怡养老院	海珠区同福东路南村田心坊 9 号	84482003
36	广州市海珠区康宇养老院	海珠区南华中路 196 号	34371184
37	广州市海珠区慈爱养老院	海珠区洲咀大街 13 号	844026086
38	广州市金禧养老院有限公司	海珠区同福中路天庆里 1 号西部分	84397983
39	广东颐年养老服务有限公司	海珠区赤岗西路 35 – 37 号	34476804
40	广州市荔湾区荔湾颐乐园	白云区西槎路上步三街 9 号	86175199
41	广州岭海老人公寓	荔湾区中山八路 75 号之一	81814011

序号	机构名称	地址	联系电话
42	广州市英明老人疗养院有限公司	荔湾区涌岸街38号	81895616
43	广州广船养老院	荔湾区鹤洞路6号	62740906
44	广州市养和怡老院	荔湾区东塱东裕围1号	81679558
45	广州市荔湾区家家乐长者托养中心	荔湾区南岸路垅头直街13号之8二楼	81271397
46	广州市荔湾区金宝养老院	荔湾区中山七路王家园上街17号	81298438
47	广州市荔湾幸福养老院	荔湾区幸福新村福儿路1号	81252449
48	广州市荔湾区晶辉养老院	荔湾区多宝路昌华横街9号	81706157
49	广州市荔湾区金羊友爱养老院周门分院	荔湾区荔湾北路荔溪南约大街35号	81824099
50	广州市荔湾区侨颐养老院	荔湾区龙津东路洞神坊41－43号	81865763
51	广州市荔湾区金羊友爱养老院	荔湾区西华路太保直街17号	81093798
52	广州市康桦怡养院	荔湾区海龙街北村四甫3号	81413315
53	广州市虹桥老人托养中心	荔湾区桥中南路191－195号	22052100
54	广州市颐寿养老院有限公司	荔湾区多宝路昌华新街32号	81722128
55	广州市荔湾区西塱敬老院	荔湾区西塱民心路8号	81616888
56	广州市穗康颐养院有限公司	荔湾区鹤洞路24号	81555396
57	广州市颐和养老院	荔湾区花博园生活配套区	81413203
58	广州市荔湾区安怡敬老院	荔湾区东沙大道201号二楼	81495551
59	广州市荔湾区颐和养老豪廷公寓	荔湾区东漖金沙经济开发区工业东区	81609118
60	广州市荔湾区西村颐养院	荔湾区广雅路136号	81782205
61	广州市荔湾区怡康养老院	荔湾区茶滘镇南大街3号之一	81570813
62	广州市荔湾区金花街养老服务中心	荔湾区西华路蟠虬街94号100号112号首层	81041943

序号	机构名称	地址	联系电话
63	广州市荔湾区海中敬老院	荔湾区海中大道 1 号二楼	81501226
64	广州市康健颐养院有限公司	荔湾区西海南路 28–33 大院内	81486988
65	广州市颐寿养老院有限公司第一分公司	荔湾区丛桂路丛桂新街 50 号	81213822
66	广州市荔湾区安宁敬老院	荔湾区乌石墩 3 号第一至第三层	81630152
67	广州市荔湾区长者养老院	荔湾区芳村大道 73 号内	81803107
68	广州市荔湾区裕升养老院	荔湾区西增路 62 号	36167327
69	广州市事尊老人公寓有限公司	荔湾区大冲口招村大街 2 号	81809433
70	广州市天河区珠吉街养老院	天河区珠吉街吉山新路街 109 号之一（5 楼、3 楼）	32010799
71	广州市天河区长寿村养老院	凤凰街广汕二路七号之一	87212656–8860
72	广州市天河区龙洞养老院	天河区龙洞东路二横路 2 号	87028809
73	广州市天河区长兴养老院	天河区乐意居美景街 146 号	37211398
74	广州市天河区富民养老院	天河区龙洞村富民路 69 号	28854045
75	广州市天河区岑村养老院	天河区长兴街岑村东外街 2 号	37210913
76	广州市燕岭颐养院	天河区粤垦路 533 号	020–87293603
77	广州市天河区凤凰长者康复中心	天河区柯木塱打石坳街 9 号	87211689
78	广东康德养老院有限公司	天河区元岗路 399 号自编 3、4、6、9 号	66651588
79	从化区敬老院	从化区江埔街下罗村	37987723
80	鳌头镇鳌头敬老院	从化区水西村	87875537
81	鳌头镇棋杆敬老院	从化区棋杆圩	87861394
82	鳌头镇龙潭敬老院	从化区官庄村	13902324996/87886330
83	吕田镇敬老院	从化区吕田镇吕中村 105 国道边	13694202997

序号	机构名称	地址	联系电话
84	良口镇敬老院	从化区良口镇良新村牛眠社	13662355589
85	温泉镇敬老院	从化区温泉镇中田村凤巢社	87850723
86	太平镇神岗敬老院	从化区太平镇广从南路卫生巷	13710314954
87	太平镇敬老院	从化区太平镇高埔村新村社	87802022
88	广州流溪河怡养院	从化区流溪河林场黄竹塱	87843187
89	白云区社会福利服务中心	白云区竹料大罗村石陂 001 号	87499271
90	广州友好老年公寓有限公司	白云区沙太路大源南艺福街 9 号	87430800
91	广州友好老年服务中心	白云区沙太路大源南 70 号	62671104
92	广州寿星大厦有限公司	白云区沙太路大源南路 100 号	87431300
93	广州市白云区大源养老院	白云区沙太路大源南路 105 号	62697338
94	广州市康泰养老院	白云区广州大道北同沙路 32 号	37355407
95	广州金盘护老中心	白云区沙太路大源南 103 号	87431300
96	广州高泉托养院	白云区太和镇永兴村十三队路口	87479122
97	广州市白云区东塱护老院	白云区龙归北村村前大街 13 号	36366136
98	广州市白云侨颐养老院	白云区石井石沙路 1 号	86419162
99	广州市白云区侨颐园养老院	白云区龙归夏良村高桥	87425889
100	广州路加颐养院	白云区白云大道北东平中路 9 号	86168100/86168033
101	广州市白云区博爱养老院	白云区太和镇大来南路 81 号	87428392
102	广州市心慈养老院	白云区机场路 28 号后座	86585221
103	广州南国颐景老年公寓	白云区柯子岭景云路 38 号	61120333
104	广州市良典养老院有限公司	白云区西槎路 571 – 573 号	28245158
105	广州市白云区金色老年公寓	白云区江高镇爱国东路 37 号	86203080
106	广州市享福老年公寓	白云区太和镇丰泰横路 1 号	62725688
107	广州市白云博爱园老人院	白云区增槎路 343 – 345 号	81733181

序号	机构名称	地址	联系电话
108	广州市康桦长乐老年公寓	白云区西槎路 415－421 号	22358111
109	广州市金晖养老服务有限公司	白云区金沙横沙大街 145 号	81987863
110	广州市白云区闻千岁关爱养老院	白云区同德横滘货场路 12 号	28271181
111	广州市白云区榕树湾颐养院	白云区夏花二路 961 号	36754323
112	广州市白云区凤和颐养院	白云区人和镇凤和村草塘经济社太岗路 13 号	36031980
113	白云区钟落潭镇敬老院	白云区钟落潭镇广从八路 736 号	87400130
114	白云区江高镇敬老院	白云区江高镇交通后街	86601121
115	白云区人和镇蚌湖敬老院	白云区人和镇蚌湖江人二路 140 号	86039083
116	白云区人和镇敬老院	白云区人和镇蚌湖江人二路蚌湖医院	36038334
117	广州市黄埔区福利院	黄埔区港湾路港湾西三街 70 号之一	82588263/82295773
118	广州市黄埔区萝岗福利院	黄埔区萝岗街长岭路长平段以南	待定
119	黄埔区龙头山寿星院	黄埔区庙头龙头路	62956512
120	黄埔区爱晚托老院	黄埔区长洲街长江路 320 号	82556246
121	广州市天鹿湖老年人护理中心有限公司	黄埔区联和街黄陂北社路 108 号	38317619
122	广州市景宜颐养院有限公司	黄埔区金坑水库 8 号	38319053
123	黄埔区九佛敬老院	黄埔区九龙镇衫埔路 115 号	87487429
124	黄埔区萝岗街颐愿园	黄埔区萝岗街荔红路 173 号	82081220
125	广州市黄埔区君健敬老院	黄埔区惠联路 62 号	87646339
126	广州市花都区养老院	花都区梯面镇金梯大道	86851160
127	花都区花东镇敬老院	花都区花东镇北兴街 26 号	86849900
128	花都区雅瑶镇敬老院	花都区新雅街新村雅新路 9 号	86164461
129	花都区赤坭镇敬老院	花都区赤坭镇长寿路 85 号	86841099

序号	机构名称	地址	联系电话
130	花都区炭步镇敬老院	花都区炭步镇桥南路 11 号	86843590
131	花都区狮岭镇敬老院	花都区狮岭镇振兴路	86998625
132	花都区狮岭镇芙蓉敬老院	花都区狮岭镇新民路 5 号	86854299
133	花都区花山镇敬老院	花都区花山镇两龙墟	86941055
134	花都区新华街颐养院	花都区新华街农新桥西北	13078892391
135	广州市花都区东方护理中心	花都区花东镇北兴港头村南圹山何木窿段	86798899
136	广州市花都区基督教慈恩护老院	花都区平步大道与 106 国道交汇处	86786338
137	广州市康寿颐养院乐苑	花都区狮岭镇芙蓉大道东侧	36892820
138	广州怡乐养老院	花都区新华街田美村二十二队横钊四巷 12 号	86811186
139	广州市番禺区社会福利院	番禺区市桥街坑口路 110 号	84871953
140	沙湾敬老中心	番禺区沙湾镇桃园路 2 号	39251189
141	大石敬老院	番禺区大石街市南路 45 号	84792945
142	新造镇敬老院	番禺区新造镇谷围新村松寿园 2 号	84727027
143	南村镇敬老院	番禺区南村镇市新路北段七星岗	84766627
144	石碁敬老院	番禺区石碁镇岐山中路 2 号	84858023
145	广州市祈福护老公寓有限公司	番禺区钟村街祈福新村都市活力花园 10 座 201－508	39902292
146	化龙敬老院	番禺区化龙镇宝堂路 61 号	84756823
147	石楼颐养院	番禺区石楼镇市莲路 340 号	84842392
148	钟村敬老院	番禺区钟村街中二村红山	84539482
149	沙头街敬老院	番禺区沙头街沙南路 60 号	84877004
150	石楼镇岳溪村敬老院	番禺区石楼镇岳溪大道 18 号	84869745
151	广州松明尚苑颐养院	番禺区大龙街旧水坑村开发路 4 号	39946063

序号	机构名称	地址	联系电话
152	乐怡居家养老服务中心	番禺区桥南街陈涌村金业路东排一号陈涌市场6楼	34878330
153	广州市荔园养护服务有限公司	番禺区石碁镇大刀沙路393号	39180876
154	万顷沙镇敬老院	南沙区万顷沙镇工业路70号	84942349
155	黄阁镇敬老院	南沙区黄阁镇莲溪村丹桂路5号	84971379
156	东涌镇敬老院	南沙区东涌镇濠涌下街1号之一	84908930
157	东涌镇鱼窝头敬老院	南沙区东涌镇鱼丰大街25号	84912831
158	大岗镇敬老院	南沙区大岗镇上村仙门前	84993752
159	榄核镇敬老院	南沙区榄核镇民生路	84926903
160	横沥镇敬老院	南沙区横沥镇兆丰路乐园街1号	84961399
161	南沙街敬老院	南沙区南沙环市大道中79号	84982261
162	珠江街敬老院	南沙区珠江街珠江北路272号	84946267
163	增城区颐养院	增城区增江街东桥东路55号	82747061
164	中新镇福和敬老院	增城区中新镇福和心岭路心岭村	82831040
165	永宁街永和敬老院	增城区永宁街永联路	82971407
166	小楼镇敬老院	增城区小楼镇小楼墟	82841505
167	派潭镇敬老院	增城区派潭镇文政路西	82821369
168	石滩镇三江敬老院	增城区石滩镇三江管理区爱卫路	82918373
169	石滩镇敬老院	增城区石滩镇立新路勤发市场旁	82921027
170	正果镇敬老院	增城区正果镇正果大道池田工业开发区	13527821233
171	增城区朱村街丹邱村颐养居	增城区朱村街丹邱村官田官南街7号之三	82852583
172	广州市增城爱心托老院	增城区新塘镇南埔村水南大道北36号	82468187

序号	机构名称	地址	联系电话
173	增城区新塘镇海滨敬老院	增城区新塘镇长提路 16 号	82772333808
174	从化区凤凰山颐乐养生文化村	从化市江埔街江村	37509113
175	广州市社会福利院	白云区龙眼洞村龙湖路 233 号	37305013
176	广州市民政局精神病院	白云区石井东秀路 143 号	86441525
177	广州市残疾人安养院	白云区陈洞村枝峰街 623 号	87442105

备注：1. 公办养老机构用宋体，民办养老机构用楷体表示。2. 以上统计数据截止至 2015 年 12 月 31 日。3. 各机构按照行政区划顺序列表。4. 资料来源于广州市政府网公开信息。

广州市社会科学规划领导小组办公室文件

穗社规办〔2016〕14 号

关于将市人力资源和社会保障局"建立长期护理保险制度研究"列入广州市社科规划重点委托课题的函

广州市人力资源和社会保障局：

　　接穗人社函〔2016〕388 号《关于广州市人力资源和社会保障局关于请支持将'建立长期护理保险制度研究'列入专项研究课题的函》，希望我办将"建立长期护理保险制度研究"列为 2016 年度专项研究课题，借助我办的研究力量，积极推动建立这一新兴民生保障制度。经与贵办以及拟推荐的研究团队多次沟通并座谈，我办同意将"建立长期护理保险制度研究"列入广州市哲学社会科学发展"十三五"规划重点委托课题(课题编号：2016SGZW-01)，由广州医科大学刘俊荣教授为负责人的研究团队与医保处合作开展相关研究工作。

特此复函。

广州市社会科学规划领导小组办公室

2016 年 4 月 18 日

广州市人力资源和社会保障局

成果采纳证明

由广州医科大学刘俊荣教授主持的广州市哲学社会科学发展"十三五"规划重点委托项目《广州市建立长期护理保险制度研究》（编号2016SGZW-01），通过文献检索、专家咨询、问卷调查、机构访谈等方法，完成了对广州市当前失能半失能人员基本数据、结构以及长期护理服务的供给能力等内容的测算和分析，明确了对失能半失能人员鉴定评估的指标体系和方案，构建了长期护理服务项目包，提出了开展长期护理保险的对策和建议。该项目所获取的基础数据，构建的服务项目包及提出的建议和措施，具有很强的可操作性和针对性，对于丰富长期护理保险问题的理论研究，推进广州市开展长期护理保险工作，解决失能人员的生活护理及与生活相关的基本医疗护理问题等，具有重要的参考价值和指导意义。不少数据和建议被我局制定的《关于开展长期护理保险制度试点的实施意见》所采纳。

特此证明。

广州市人力资源和社会保障局

2016年12月5日

参考文献

[1] 广州市物价局，广州市财政局，广州市民政局《关于规范我市养老服务收费问题的通知》（穗价〔2014〕118号）．公办养老机构护理等级及收费标准，2014．

[2] 中华人民共和国国家卫生和计划生育委员会发布．分级护理标准，2013．

[3] 陆颖．全国养老服务机构实务管理指南〔M〕．北京：中国社会出版社，2011．

[4] 广州市福利协会．2015年广州市94家民办养老院护理收费统计表，2016．

[5] 李小寒，尚少梅．基础护理学〔M〕．北京：人民卫生出版社，2012．

[6] 李春玉．社区护理学〔M〕．北京：人民卫生出版社，2012．

[7] 华前珍．老年护理学〔M〕．北京：人民卫生出版社，2012．

[8] 出和晓子（日）．日本护理保险制度研究——创立背景、改革过程和经验借鉴〔M〕．北京：中国人民大学，2009．

[9] 戴卫东．解析德国、日本长期护理保险制度的差异〔J〕．东北亚论坛，2007（1）．

[10] 戴卫东．长期护理保险制度理论与模式构建〔J〕．人民论坛，2011（10）．

[11] 高春兰，班娟．日本和韩国老年长期护理保险制度比较研究〔J〕．

人口与经济，2013（3）.

[12] 何林广，陈滔. 德国强制性长期护理保险概述及启示［J］. 软科学，2006（5）.

[13] 胡宏伟，汤爱学，王剑雄. 美、德、日三国长期护理保险制度发展评析与启示［J］. 广西经济管理干部学院学报，2013（2）.

[14] 荆涛. 建立适合中国国情的长期护理保险制度模式［J］. 保险研究，2010（4）.

[15] 刘金涛，陈树文. 我国老年长期护理保险筹资机制探析［J］. 大连理工大学学报（社会科学版），2011（3）.

[16] 卢法来，陈诚诚. 韩国长期疗养保险制度效仿日本的经验——从政策转移的视角看对中国的启示［J］. 社会保障研究，2012（2）.

[17] 伍江，陈海波. 荷兰长期照护保险制度简介［J］. 社会保障研究，2012（5）.

[18] 元奭朝. 韩国老人护理保险的批判性检验［J］. 社会保障研究，2008（1）.

[19] 张瑞. 中国长期护理保险的模式选择与制度设计［J］. 中州学刊，2012（6）.

[20] 曹信邦. 中国失能老人长期护理保险制度研究——基于财务均衡的视角［M］. 北京：社会科学文献出版社，2016.

[21] 戴卫东. 中国长期护理保险制度构建研究［M］. 北京：人民出版社，2012.

[22] 陈诚诚. 德日韩长期护理保险制度比较研究［M］. 北京：中国劳动社会保障出版社，2016.

[23] 郝君富，李心愉. 德国长期护理保险：制度设计、经济影响与启示［J］. 人口学刊，2014（36）.

[24] 曾妙慧，吕慧芬. 由社会福利政策纲领谈日本社区整合性照护体

系［J］．社区发展季刊，2009（130）．

［25］高春兰．韩国老年长期护理保险制度决策过程中的争议焦点分析［J］．社会保障研究，2015（3）．

［26］仝利民，王西民．日本护理保险的制度效应分析［J］．人口学刊，2010（1）．

［27］荆涛．长期护理保险——中国未来极富竞争力的险种［M］．北京：对外经济贸易大学出版社，2006．

［28］沈洁．养老护理政策的目标［J］．社会保障研究，2014（19）．

［29］唐钧．长期护理保险与医疗保险应分工［J］．中国人力资源社会保障，2015（7）．

［30］薛惠元，王翠翠．中国需要"银色拐杖"——护理保险制度［J］．卫生经济研究，2006（6）．

［31］杨燕绥．中国老龄社会与养老保障发展报告［M］．北京：清华大学出版社，2014．

［32］游春．长期护理保险制度建设的国际经验及启示［J］．海南金融，2010（7）．

后 记

　　该书作为广州市人力资源和社会保障局与广州市社科规划办重点委托课题的最终成果，得到了广州市人力资源和社会保障局、广州市社会科学规划领导小组办公室、广州市民政局、广州市卫生计生委、广州市医疗保险服务管理局、广州市医疗救助中心、广州市残疾人联合会、广州医科大学、广州市海珠区民政局、广东省医务社会工作研究会，以及有关医疗机构、养老机构等单位领导的大力支持，这也是该课题能够得以顺利开展并圆满完成预期任务的关键。在研究过程中，广州市人力资源和社会保障局医疗保险处林立处长、段咏慧副处长，市医保局综合业务处潘惠娟处长等多次出席课题专题研讨会，并对课题研究提出了具体的指导意见和建议。在此，课题组深表谢意！

　　由于课题研究时间十分紧张，从 2016 年 4 月立项到 2016 年 11 月结项仅有半年多的时间，且课题涉及内容极其宽泛，包括广州市失能半失能人员的基本状况、养老机构及服务人员的供给能力、长期护理保险服务项目及资金测算等，咨询专家及调查对象包括行政部门、医疗机构、养老机构、社区中心等单位的人员，工作量巨大，再加上课题组研究能力有限，研究成果难免存在不足和遗憾，敬请各位读者批评指正！

　　此外，该成果参阅了国内外大量的资料文献，因受篇幅所限未能一一列出，课题组对给予我们启迪和滋养的所有作者表示真诚的致谢！

《广州市建立长期护理保险制度研究》课题组

2017 年 12 月 18 日